読書と教育

◉戦中派ライブラリアン・棚町知彌の軌跡

池田知隆

Tomotaka Ikeda

現代書館

棚町知彌

(1925 - 2010)

わが転轍機にこの書を捧ぐ——

著者

目次

◀現在の成蹊学園本館（東京都武蔵野市）

第Ⅲ部　先生の戦後　99

第四章　検閲官から国文学徒へ　100

第五章　教員にしてライブラリアン　123

第六章　教養は生活の技術　149

第七章　国文学とデータベース　168

▶現在の国立有明工業高等専門学校（福岡県大牟田市）

▶園田学園女子大学近松研究所
（兵庫県尼崎市、同研究所提供）

読書と教育

◉

戦中派ライブラリアン・棚町知彌の軌跡

はじめに

人気漫画『ドラえもん』（藤子・F・不二雄）のひみつ道具に「どこでもドア」がある。ピンクのドアのノブに読み取りセンサーが組み込まれているから、「いつもの空き地」と言えば、近所の空き地が現れる。「どこでもいいから遠く」と思えば、宇宙の果ての知らない世界が目の前に広がる。

読書もまた、「どこでもドア」である。本をめくると、私たちをどんな世界にも誘い出してくれる。タイムマシンに乗せられたかのように、時間を超え、国境を越え、想像の大冒険の旅に導いてくれる——。しかしながら、若い人たちが「本というドア」に触れる機会がだんだん減っている。

『世界は一冊の本』（詩集、晶文社）と題した詩人・長《おさ》田《だ》弘《ひろし》[*1]さんの詩がある。教科書などあちこちによく引用されている素敵な詩で、いつ読んでも、いくつになっても胸にしみる。

本を読もう。
もっと本を読もう。
もっともっと本を読もう。

書かれた文字だけが本ではない。
日の光り、星の瞬き、鳥の声、
川の音だって、本なのだ。

〔略〕

人生という本を、人は胸に抱いている。
一個の人間は一冊の本なのだ。
記憶をなくした老人の表情も、本だ。

草原、雲、そして風。
黙って死んでゆくガゼルもヌーも、本だ。
権威をもたない尊厳が、すべてだ。

二百億光年のなかの小さな星。
どんなことでもない。生きるとは、

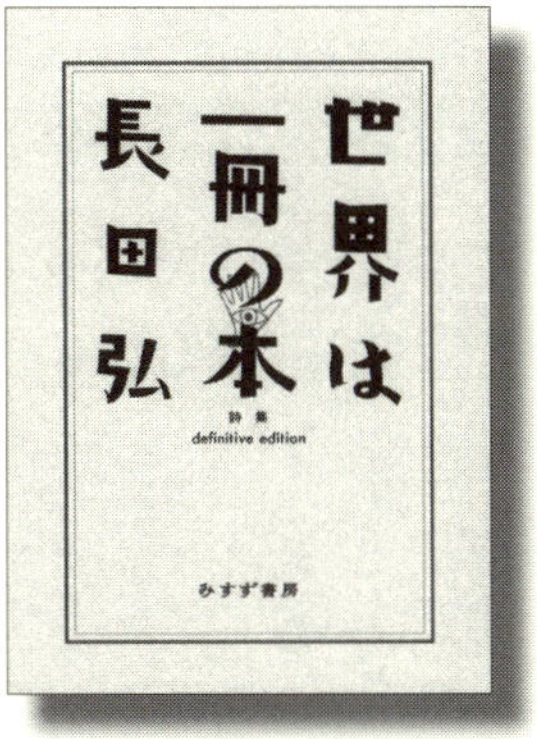

＊1　長田弘（一九三九～二〇一五）詩人・翻訳家・随筆家。『奇跡―ミラクル―』で毎日芸術賞。

考えることができるということだ。

本を読もう。
もっと本を読もう。
もっともっと本を読もう。

半世紀以上も前のことだが、私は「本を読もう」と繰り返し語る一人の国語教師と出会った。その教師は、本を開くことは、深く考えること、生きることにつながっている、と言い続けた。なかば強制的に小説、それも長編小説を読ませようとした。そのことをとおして、いま、どんな時代を生きているのか、しっかりと考えさせようとした。

棚町知彌《たなまちともや》。九州にある国立有明工業高等専門学校（五年制）で、この人から国語の指導を受けた。十五歳の私に、まだ三十代だった棚町は熱く語ったものだ。

「国語とは国を語ること、すなわち、自分と世界のかかわりについて語ることであります」

「私の講義を聴いても何にもならない。私の講義は消化剤であり、ビタミン剤である。栄養はすべて本にあります」

『キュリー夫人伝』（白水社版）に始まり、漱石の『三四郎』など岩波文庫を課題図書として次々と差し出した。講義では、まるでカラオケでも歌っているかのように朗読し、試験は読書感想文を書くことだった。三年間の国語教育の集約として、ロジェ・マルタン・デュ・ガールの『チボー家の人々』（白水社版、全五巻）を読了しなくてはならなかった。

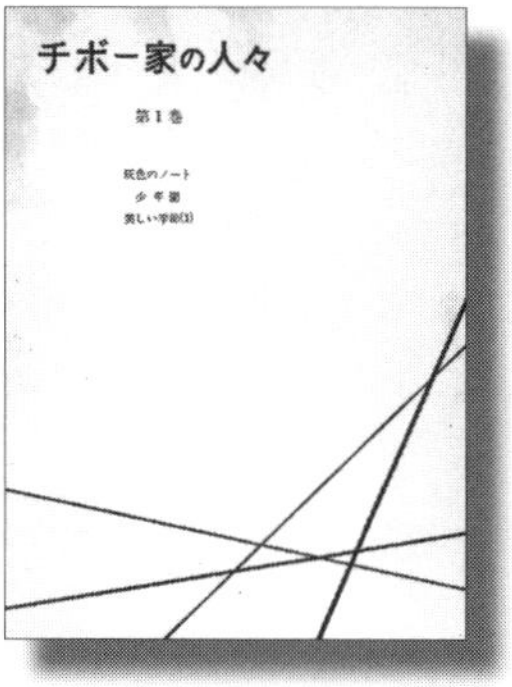

「強制こそ慈悲の心」。そう言わんばかりに、強引に本の世界に誘い込んだ。いまでは日本のどこにも見当たらない化石のような熱血先生だった。その出会いは強烈で、あのとき私の人生（という軌道）を左右する転轍機が「ガチャン」と作動したのではないか。技術者の道を歩むはずだった私は、彼との出会いが機縁となっていつしか新聞記者になってしまった。

棚町は、私より二回り上の丑年。作家の三島由紀夫、丸谷才一、落語家の桂米朝とおなじ一九二五（大正十四）年生まれ。司馬遼太郎（作家）より二つ下、吉本隆明（思想家）の一つ下で、ちょうど私の父母の世代にあたる。二〇一〇年七月に享年八十四で亡くなった。その経歴を簡単に紹介しておこう。

東京都の生まれ。父・丈四郎《じょうしろう》は検事。旧制成蹊学園（東京・吉祥寺）で学び、戦時中、在校生総代として出陣学徒への「壮行之辞」を読む。北海道帝国大学理学部数学科に進学したが、「徴兵猶予」取り消し手続きをして中国戦線へ。

敗戦後、占領軍の民間検閲局の下で働き、演劇関係の表現物の検閲に従事した。九州大学文学部国文科に入学し、博多工業高校、国立有明高専で国語など担当。山口大学、長岡技術科学大学の教授、国文学研究資料館研究部長、園田学園女子大学近松研究所所長を歴任した。

皇国少年に始まり占領軍の検閲官へ、数学から国文学まで、北海道大学から九州大学へ、工業教育改革から近松門左衛門の研究へという振り幅。時間を見つけては女性作家の署名本を中心に収集し、「最後は、古本屋のオヤジになったよ」と自嘲した（その「棚町コレクション」はいま国立女性教育会館に展示されている）。戦争・

敗戦・占領と続く昭和史の、まるで急所に触れて生きるような揺れの大きい人生行路をたどった。終始、時代の機微に深くかかわる生き方だったといってよい。

『君たちはどう生きるか』（吉野源三郎[*2]著、岩波文庫など）という本がある。児童文学者で雑誌『世界』編集長を務めた吉野源三郎が、旧制中学二年（十五歳）のコペル君に叔父さんが「ものの見方」などついて語る形で書いたもので、教養教育の古典とされ、多くの人に読み継がれている。

私にとっての棚町は、ちょうどコペル君の叔父さんだった。「君たちはどう生きるか」と、棚町は本の紹介をとおして全身で熱く問いかけ、そのたびに私はどう生きればいいのか、考えさせられたものだ。私もいつしか古稀を迎え、過去の記憶が次々と浮かび、結局のところ、私はどのように生きてきたのか、自らの人生を振り返ることも多くなった。だがその前に、私の人生の転轍機であった棚町自身はどう生きてきたのかを見つめ直し、解き明かしてみよう。それが自分の人生の再確認につながる。そう私は考えた。

先に引用した長田の詩に「人生という本を、人は胸に抱いている。一個の人間は一冊の本なのだ」とある。まずは棚町知彌という「一冊の本」を読みたくなった。

いま、「平和」から「戦争」の時代に向かっているのだろうか。目前で変化している時代風景をどう見つめたらいいのか。いまの風景が「平和」というものなら、「戦争」へと時代はどのように流れていくのか。かつて戦前・戦後をまたいだ〈戦中派〉として生きた棚町の経験からいま、学べることは何か、考えてみたい。

「皇国少年」として〝洗脳〟された棚町は敗戦後、占領軍検閲官として〝洗脳〟する側に回った。その後「三たび許すまじ〝洗脳〟を」と

◀岩波文庫版

ばかりに、若い人への読書教育に熱心に取り組んだ。この激しい変転の軌跡を彼自身はどう考えていたのだろうか。

棚町が他界した二〇一〇年ごろから急激にスマートフォンの時代になってきた。いまやスマホ一台があれば、それで何とか生きていけるという世界に変わろうとしている。聞けばなんでも答えてくれるスマホを手にした若い世代に、棚町式読書案内が通用するとはとても思えない。小説を強制的に読ませることなど時代錯誤の極致であり、読書を勧めることは時代の最前線から離れていくようでもある。

しかし、だからこそ、昭和・平成を駆け抜けた「戦中派ライブラリアン」の思いを記録する意味があると思われる。いまでは化石に等しいともいえる一国語教師の軌跡を古生物学者になったつもりで追いかけ、棚町知彌の人生を旅することにした。

＊2　吉野源三郎（一八九九〜一九八一）編集者・ジャーナリスト。雑誌『世界』（岩波書店）初代編集長。戦後民主主義の立場から、反戦・平和の姿勢で論陣を張った。

棚町知彌関係地図

*棚町知彌が学生・院生として、また教員・研究者として在籍した教育・研究機関。

第I部　先生と私

◀著者十八歳、沖縄・摩文仁の丘にて

▲有明高専一般教育科教員（1969年、前列右から２人目・棚町）

第一章　回想・有明高専の日々

◉試験は読書感想文

「彼女は女性であった。彼女は被圧迫国民のひとりであった……」

『キュリー夫人伝』[*3]の冒頭の一節だ。ラジウムを発見した物理学者マリー・キュリー夫人の娘、エーヴ・キュリーが書いたその伝記を朗読することから、棚町の講義は始まった。

一九六四（昭和三十九）年春、四月。私は国立有明工業高等専門学校（五年制）の電気工学科一年生だった。東京五輪が行われ、東海道新幹線が開業し、名神高速道路が開通した年のことだ。ぎっしりと文字がつまった分厚い伝記を手にするのは初めて。なによりも教科書を一切使わない授業が新鮮だった。

「高校、大学の七年分を五年でこなすには、それ相応のやり方がある」

「君たちにほんとうの意味での教養を身につけさせたい」

科学者としての人生、人間と科学のあり方、平和について棚町は熱く語りだした。

細い体に、怒り肩。鋭い眼光。教室の廊下を歩くときは本を小脇にはさみ、スタスタと急ぎ足で、ときどき飛びはねているように見えた。私は「カマキリ」とあだ名をつけ、食いつかれないようにちょっと距離を置き、

身構えた。

約一カ月かけて『キュリー夫人伝』を読み終え、次の課題図書は岩波新書の『余の尊敬する人物』だった。著者は東京大学総長の矢内原忠雄で、『武士道』の著作で知られる新渡戸稲造の章を読み、「教育とは何か」「学校の理想」について考えた。続けて、

・夏目漱石『三四郎』
・杉田玄白『蘭学事始』
・幸田露伴『五重塔』
・福沢諭吉『福翁自伝』
・島崎藤村『破戒』

を取り上げた。

「いいか、読むぞ」

棚町は授業中、朗々とそれらの一節を読み上げ、私は本の世界にぐんぐん引き込まれた。まさに名調子。いまでいうブックトーク（本の読み聞かせ）だ。小説のシーンが眼前に広がり、教室の空気が最高潮に盛り上がったとき、

「あとは来週」

＊3　『キュリー夫人伝』（川口篤・河盛好蔵・杉捷夫・本田喜代治共訳、白水社、一九五八）

と突然終わる。その途端、

「わーあ」

と教室内に喚声が起きた。

「もっと聞きたい」

キリリとして、にくらしいほどの見事なシメだった。

試験といえば、なんと読書感想文を書くこと。私は本を読むことは好きだったが、感想文は大嫌いだった。本の感想などはすぐにまとめられるものでないし、いやな気がしてならなかった。上の学年の高専第一期生たちも困りはて、第一回目の定期試験の答案は、読書感想文への抗議の内容で占められていた。

だが、その一期生たちもわずか二、三カ月の間に本（ほとんど小説）を進んで読むようになっていた。夏休みの前、古い木造の仮校舎（一期生たちは「やまびこ学校」といっていた）の片隅に開設された「手づくり図書館」でほとんどの本が貸し出され、書棚が空になった。それを見て小躍りした棚町は、独自の読書教育のやり方に自信を深めた。

そんな棚町の願いは、大河小説『チボー家の人々』（山内義雄訳）を学生たちに読み通させることだった。この小説の舞台になっているのは、何回もの独仏戦争で戦火にさらされてきたドイツ、フランスの国境地帯に位置するアルザス・ロレーヌ地方。第一次大戦に直面した人たちの苦悩が描かれ、日本では第二次大戦中、反戦思想の本として発禁になっていた。

クライマックスは「一九一四年夏」の章。主人公ジャックは兵役動員令が出た夜、恋人ジェニーにいう。

「いいかね、ジェニー。今日から戦争を認めるか、認めないか、それによって人間を分類しなければ……」

戦争は人間を狂気にする。フランスの若者もドイツの若者も〈祖国〉と〈正義〉のもとに死んだ。戦争反対、停戦のビラを飛行機からまいたジャックは墜落し、重傷を負った。そして、口がきけないままドイツ軍のスパイとして射殺されてしまう。

三年生の三学期、正規の国語の授業の終わりの日。取り上げられたのはアルフォンス・ドーデ著『月曜物語』の中にある「最後の授業」だった。『チボー家の人々』と同じアルザス・ロレーヌ地方が舞台だ。〈国家〉と〈人間〉。その大きな問題のもとで悩む人たちの姿をとおして、いったい何を問いかけたかったのか。課題図書がどうして『キュリー夫人伝』から始まり、『チボー家の人々』に至るのか。それは後に棚町の半生を知ることでわかる。

◉理想の教育とは

高専という教育制度は、一九六〇年代から始まる高度経済成長に向け、産業界の求めに応じて開設された。「中堅技術者の養成」を掲げたその高専もすでに半世紀の歴史を超える。NHKで毎年暮れに放映される「ロボコン」（ロボット・コンテストの略）などでその名は多少知られるようになったとはいえ、大学進学をめぐる受験競争の影に隠れ、いまなおその存在感は薄い。いまでは高専から難関大学の工学部三年に編入する学生も増え、いつしか大学入試をバイパスできる教育機関として見直されている。だが、当初は「受験地獄から解放された、伸びやかな学びの場」としての理想があり、その草創期を過ごした学生として当時の雰囲気を少しだけ書きとどめておきたい。

★

「私たちといっしょに学校を創《つく》ってみないかね」

私が有明高専の面接試験を受けたのは、福岡県と県境を接している熊本県荒尾市郊外の田畑に囲まれた古い木造の仮校舎だった。その薄暗い教室で、静かな笑みをたたえた初老の教授（甲木季資《かつきすえし》教授）にそういわれたのだ。手塚治虫の漫画『鉄腕アトム』にでてくる「お茶の水博士」のようなその風格に魅せられ、私は魔法にかかったように「はい」と言ってしまった。

特に電気に関心があったわけでも、エンジニアになることを熱望する科学少年だったわけでもなかった。それまでは、地元の県立高校に進学するつもりでいた。何かの一瞬、進路を変えてしまうのは、夏目漱石の小説『坊ちゃん』といっしょだ。作中の「坊ちゃん」もたまたま物理学校の前を通りかかったのがきっかけで入学の手続きをしていた。「今考えるとこれも親譲りの無鉄砲から走った失策だった」と漱石は書いているが、私もまた「ちょっとおもしろそうだな」という好奇心にかられ、進路の予定をすべてひっくり返してしまった。

その春の高校進学率は全国平均で六九・三パーセント（男七〇・六パーセント、女六七・九パーセント）、約七割が進学していた。私たちは「ベビーブーム世代」と呼ばれ、戦争直後に空前の出産ラッシュとなって生まれた世代である。私自身（昭和二十四年三月生まれ）もその末端に位置する。大

▲有明高専仮校舎（1963年）

学へ進学するときは最高の狭き門になり、高校に入った途端、悲壮な決意を固めて受験勉強をしなければならない。周囲からそういわれると、気が滅入った。

脇目もふらずあくせく勉強したあと、どんな人生が待ち受けているのだろうか――。単調な受験生活を想像するだけでも、耐えられない気持ちになった。そんなとき、十五歳から二十歳までの間、伸び伸びと過ごせそうな高専は魅力的に見えた。

「高校でもないし、大学でもない。かつての旧制高校のように自由で、自律的な雰囲気のなかで読書をとおして教養を高めていく。それは新しい高専においてのみ可能である」

棚町はそう繰り返し語っていたし、そこに集っていた教員たちも同じような理想に燃え、意欲に満ちていた。

有明高専が開校した年の十一月、地元の三井三池炭鉱で大爆発があった。四百五十八人が死亡、八百人以上のCO中毒患者が出る戦後最大の炭鉱事故だった。爆発で父や兄を失い、大学進学を断念し、授業料の安い高専へ進学してきた同級生たちもいた。熊本県の南端、水俣市では水銀汚染による水俣病が深刻化し、公害が社会問題となっていた。

「テクノロジー・アセスメント（技術事前評価）なんて言葉がしきりに言われている。だが、それは小手先の対症療法に過ぎない。根本から公害問題に対処するには、どのような技術者を養成するかにかかっている」

「読書指導の原点は、だまっちゃおれない、ということ。プロレタリア作家の小林多喜二の名作に『蟹工船』がある。そこは船ではないし、工場でもない。だからなんでもできる。それと同じく、大学でも高校でもない高専では、なんでもできる。高専にはまだ検定教科書も、指導要領もない」

「日本の強さは職人の強さにかかっている。これからの日本を担っていく技術者もしっかりと書く力を身につけてほしい」

私は「技術者である前に人間であれ」と棚町が発する言葉に酔いしれた。新設学校の伸びやかな空気を吸い、私の自我が少しずつ解き放たれるような気がした。

◉蹊の子

棚町は有明高専の図書室報を『蹊《こみち》』と名付けた。その理由を「岩波茂雄が岩波書店開店の挨拶状に掲げたモットーの一つ、桃李不言下自成蹊による」と記している（『蹊』三号）。

「桃李不言下自成蹊」とは、司馬遷が『史記』李将軍列伝で引用した諺だ。「桃や李《すもも》は、ものをいうわけではないが、美しい花を咲かせ、おいしい果実を実らせる。そのために、自然と人が集まり、そこに蹊ができる。優れた人格を備えた人の周りには、その人を慕って自然と人が集まってくる」という意味だ。棚町の母校、成蹊学園の名称もまた、その言葉に由来する。

成蹊学園は、安部晋三首相が小学校から大学（法学部政治学科）卒業まで過ごしたことでも知られているが、棚町も戦前、小学校から旧制高校卒業まで約十三年間を過ごしている。そこでの青春に自分のすべてがあり、自らを「蹊の子」とも語っていた。本の森につながる蹊を生きようとの決意がその題字に込められていた。

その『蹊』四号（一九六三年十二月五日発行）の巻頭に「太田伍長の遺書」*4が掲げられている。中国戦線で戦死した陸軍伍長が妻にあてた遺書で、その内容が「私自身知らぬ間に、そのあと続く棚町式読書案内の憲章となった」と棚町は語っている。

棚町憲章となったその遺書には、「いかなる職業につくとも、学問と芸術を愛することを忘れざるよう、訓育すべし」「いかにして父が死せしかを銘記すべし」とあった。

◉多彩な読書案内

棚町の授業方針は、

・必読書のカリキュラム
・原典主義
・作文教育の超重点化

であった。試験は当初、読書感想文一本に絞っていた。

だが、数年後、読書ノート方式に切り替えていく。学生が印象に残った文章を抜き書きすることを求め、なぜその文章が気に留まったのか、時間をおいて向き合うことを勧めた。学生に感想文を書かなくてはいけないという負担感を与える前に、まずは「読むこと」を優先させた。「ノー・ペーパーテストの宣言は十年守られたが、ノー・赤点（不合格者なし）は四年目から撤回した」と棚町はいう（『有明高専十年史』）。

棚町が推奨した本は実に多彩だった。たとえば、伊藤整の小説『氾濫』を読むように勧められたことがある。

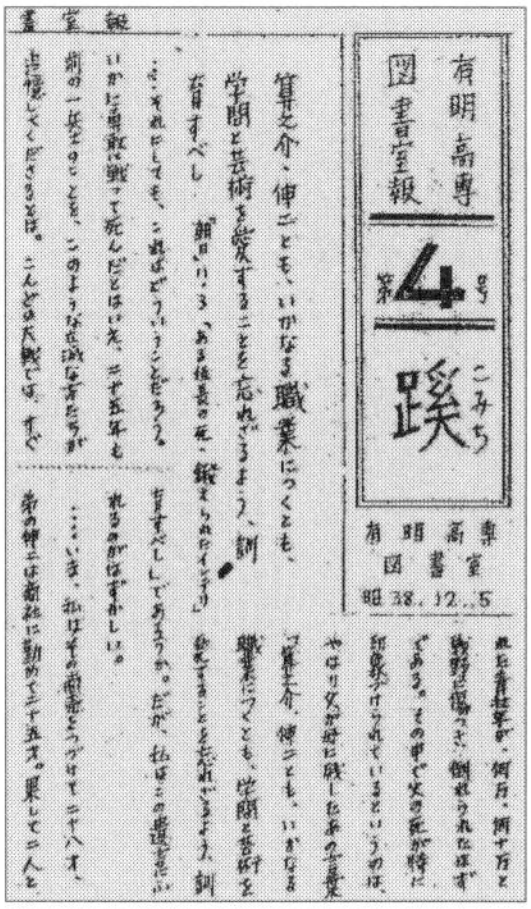
有明高専
図書室報
第4号
蹊《こみち》
有明高専
図書室
昭38.12.5

算之介・伸二とも、いかなる職業につくとも、
学問と芸術を愛することを忘れざるよう、訓
育すべし

▲図書室報『蹊』第4号（1963年）

＊4　「太田伍長の遺書」「ある伍長の死」（朝日新聞一九六三年十一月三日付、論説主幹・茂木政）と「父太田慶一のこと」（同十一月二十九日付、子の太田算之介氏の寄稿）。「私はこの言葉の中に、戦争という野蛮なものに対する父の怒りと悲しみがいっぱいにこめられているのを感じる。学問によって社会の役に立とうと願った父が、無意味な人間同士の殺し合いによって死ななければならなかった無念さを、それとなく私たち兄弟に伝えようとしたのに違いない。それは平和を求める父の願いでもあったろう。だが、一面、国の命令で兵隊となった以上、立派な兵士として最善をつくすのだという責任感を、父は身をもって示してくれたのだとも考えられる。そして、この思いにこそ、私は顔さえ覚えていない父の深い愛情を感じるのだ。」

昭和44年11月15日　明有高専だより　第2号　—4—

棚町式国語プログラム（1969年）

キュリー夫人伝 より
チボー家の人々まで

現代国語のカリキュラム
＝その1＝

棚町知弥

……誰が選んでくれたのでもない、自分で選んで歩き出した道ですもの、間違ひと知つたら自分で間違ひでないやうにしなくちや。
——森本薫『女の一生』第三幕——

杉村春子の十八番（おはこ）を借りて来たのは、なにも「間違」に気付いたというわけではない。

長を採り短を捨てるという人生の知恵は、至極あたりまえのことではないか。山びこ学校のような廃屋・仮校舎に第一期生を迎えたとき、大学でもない、高校でもない、新しい〈よいもの〉を創り出そう、ここには豊かな可能性があると感じた初心は、いまも基本的には変っていない。

可能性は、環境よりも一人々々の内にこそ、より多く求めらるべきである。自らを愛することなしに、どこに自主性とか自治とか求められようか。

二年目までは、読み返してから教室に出た。三年目は、ともかくも図書室のカウンターに終日座っていた。七年目の今日は……。高専制度再検討の声を聞くいま——来年度より四・五年への延伸を前にして——ここにカリキュラム案を活字にする事情は「個人的」でもあることを許されたい。

×　×　×

〈……殊に誰だつて本を読むことの好な子供はない。私一人本が嫌ひと云ふこともなからう、天下の子供みな嫌ひだらう。私は甚だ嫌ひであつたから……〉（福翁自伝）

■伝　記■

〈入学して〉

キュリー夫人伝（エーヴ）
何が彼女をそうさせたか

余の尊敬する人物（矢内原忠雄）「新渡戸博士」を中心に——学校の理想

蘭学事始（杉田玄白）

五重塔（幸田露伴）

福翁自伝（福沢諭吉）

〈夏休み〉

思出の記（徳富健次郎）の明と**田舎教師**（田山花袋）の暗

〈……事件や心持を充分に書けぬやうな日記なら廃す方が好いと云つたが、それと反対に日記に書けぬやうなことはせぬといふ処に、日記を書くといふこととのまこととの意義があるのではないかとかれは考へた。〉

夜明け前（島崎藤村）
大河のような長篇への誘い

藤村詩抄　または
啄木歌集・高村光太郎詩集・北原白秋詩集・萩原朔太郎詩集のうちよりすきな詩人を

〈後期〉

破戒（島崎藤村）

三年あたりで**青年の環**（野間宏）を

■青　春■

伊豆の踊り子（川端康成）

三四郎（夏目漱石）

×　×　×

ヰタ・セクサリス プラス
舞姫→若き日の鷗外

仮面の告白（三島由紀夫）

〈春休み・二年前期〉

■友■

わがいのち月明に燃ゆ

〈しかし友達ができることは実に運命的なことだ。我々は友なきことを悲しみつつも、ただ拱手傍観以外に道はないのだ。まずみずからを充実させて、みずから誇るにたる人格と教養をつちかうことのみが、我々のなし得ることである。〉（林 尹夫・18才）

■恋■

出家とその弟子（倉田百三）

〈「あのような人はいやです」と言うと、「あなたは好きです」ということを、ひそかにけれどいっそうつよく表現することになるのでな。〉

×　×　×

こゝろ（夏目漱石）
宣　言（有島武郎）
友　情（武者小路実篤）
——三人三様。あなたは。

■人　生■

〈たおれた親を食い尽くして力をたくわえる蜘蛛の子のように、力強く勇ましく私を振り捨てて人生に乗り出して行くがいい。〉（小さき者へ）

生まれいずる悩み有島武郎

暗夜行路（志賀直哉）
——すこし早いが——

〈夏休み・後期〉

車輪の下（ヘルマンヘッセ）

チボー家の人々——「灰色のノート」より「父の死」

真空地帯（野間宏）

■社　会■

怒りのぶどう（スタインベック）

土（長塚節）

女工哀史（細井和喜蔵）

×　×　×

■ア・ラ・カルト■

帰　郷（大仏次郎）

〈俺は外国で、いつも、ひとりでいた。いつか、それに慣れて見ると、ひとりでいるのも淋しいとは思わないようになった。自分で選んだ道なのだ。これは一筋に踏んで行くより他はない。それから、この世に生きているということはな、他の人間との関係のつじつまを合して行くことではなくて、どこまでも自分との勝負だけだ。こう思い込んで生きて来た男だ。だからね、だからね、他の人から見たら俺は薄情で冷たいんだよ。初めて会って、お前に会ってこんなことを言うのがその証拠だ。……〉

〈高学年に〉

されどわれらが日々（柴田翔）

〈俺は死ぬ間際に何を考えるだろうか——そうぼくは思ったのです。〉『佐野の手紙』

氾　濫（伊藤整）

〈真田は、学生時代から自分の研究のみならず接着性に関係のあるあらゆる文献に載っているデータをカードで分類していた。それは、いつどのように役立つものか見当もつかなかったが、彼は町工場の技師として無為に、無名に送るであろうところの自分の生涯の忙しい見透しに、その分類カードによって僅かに抵抗し、慰めを見出していたのであった。それを学校卒業後二十年も続けながら、時々真田は、これは徒労だ、単なる自己満足の収集だと思った。しかしまた時には、そのうちにそれが錬金術のような思わぬ結晶を産み出すかも知れないと考えた。……〉

◆**講義**はイントロダクションか、ダイジェスタ（消化剤）。
左の二原則による（**読書**）**ノート**が本体である。
◇記録なくして実験なし。
◇日記とは、時間を異にした「自分」という「他人」との対話である。（梅棹忠夫）
◆**精読**（課題）と**多読**（なんでも）の並行。
◆夏休み・春休みなどには、休みでないと読めないような大作を、一つか二つ読み上げる。長編小説は〈**歴史**〉である。

戦争と平和（トルストイ）　楡家の人々（北　杜夫）
風と共に去りぬ（ミッチェル）　細雪（谷崎潤一郎）
静かなドン（ショーロホフ）　迷路（野上弥生子）
カラマーゾフの兄弟（ドストエフスキー）
ブッデンブローク家の人々（トーマス・マン）

一介の研究者である主人公が、長年の研究成果が認められ、社会的地位を上げていく。それに伴う愛欲と野望に満ちた人間関係、華やかな世界の裏で渦巻く醜いエゴイズム、偽りの笑みを浮かべている人……救いがたい世界でうごめく人間の群像が克明に描かれていた。心理小説として高く評価されていたが、当時の私にはその小説としての完成度などはとても理解できなかった。

「どうしてこの小説を読ませたいのですか」

と訊けば、棚町はニヤリとしながらいった。

「主人公の技術者のように、地味な研究でもこつこつと粘り強く続けていけば、突然、花が咲くこともあるんだよ」

将来、歩んでいくであろう技術者としての、人生の裏と表を見せたかったようだ。

蛭川幸茂著『落伍教師』も思い出深い。「ヒルさん」「蛭公」との愛称で学生に慕われた旧制松本高校（信州大学の前身）の教師の自伝である。蛭川は東京帝国大学理学部数学科を出て、松本高校に赴任したときは満二十二歳。日本で一番若い旧制高校の教師で、校内に年上の学生が三十二人もいた。

「なんで、ここは乞食が走るんだ」

入学してきた作家、北杜夫は、いつも運動場を走っている男があまりにみすぼらしい格好なのでそう思ったそうだ。男は体育を教えていた蛭川だった。その愉快で、桁外れの教師について北杜夫は『どくとるマンボウ青春記』でいきいきと描いている。

松本高校の教授になった蛭川は、戦後の学制改革で旧制高校が廃止されたあと、小学校の教員になった。彼自身は「教師を落伍した」と思っていたが、周りの誰もが「ヒルさんこそが理想の教師じゃないか」と懐かしがり、その人間性を慕った。そんな旧制高校での伸びやかな青春群像を想像し、私は笑いころげた。

自由で、奔放で、人生についてなんでも語り合える場としての旧制高校。棚町もまた、「落伍教師」のように学生たちとの豊かな関係を持とうと願っていた。

「すごい本や。これ、読め」と叫びながら、ひときわ熱っぽく推薦していたのが『わがいのち月明に燃ゆ――戦没学徒の手記』（林尹夫《ただお》著、一九六七年刊）。林は旧制三高、京都帝国大学を経て学徒出陣で海軍航空隊に入り、敗戦直前の七月二十八日、四国沖を夜間哨戒中、撃墜されて戦死した。京大では西洋史を専攻した文学青年で、この本には三高時代から戦死二週間前まで記された日記や評論などが収められていた。学問への熱い思いを抱き、軍国主義や戦争には批判的な意見を持っていたが、同時に「この時代に生まれてこのような形で死を迎えることになるのも運命」と考えていた。

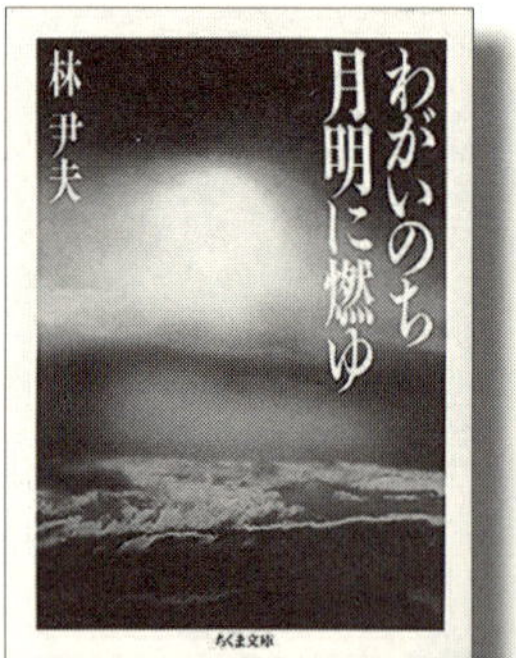

◀ちくま文庫版

そこには「ぼくの高校時代の目標、一、読まねばならぬ図書―和書三百冊、英書―五冊（一日四頁）、二、英語を日本語なみに読めるようにする」と書かれてあり、林尹夫の読書量と集中力はすさまじいばかりだった。自らの持ち時間がないという切実な思いもひしひしと伝わってきた。あとで学徒として出征するに至る棚町の青春期をたどっていくが、「この本こそ、君たちに一番言いたいことが書かれてある」と語っていた意味もよくわかる。大学入試準備を必要としない高専前期三年間、感受性が豊かなこの時期に「全人教育」を根底とした教育の可能性を追求しようという棚町の思いは、一般教育の他の教師も多かれ少なかれ共有していたように思う。

私には次の二人の授業も忘れがたい。

西誠也（英語）▲

▲瀬戸洋（ドイツ語）

英語の西誠也の授業では、一年間かけて英国の作家ジェームズ・ヒルトンの小説『チップス先生さようなら』を読んだ。全寮制男子校のパブリック・スクールにいた男性教師の半生を描いた作品で、これまでに何度も舞台化され、映画にもなった名作だ。大学を卒業したばかりの新任のドイツ語教師、瀬戸洋はドイツの作家テオドール・シュトルムの小説『みずうみ』を教材に選んだ。老いた男性が少年期を回想し、恋人との実らなかった淡い恋を描いた作品で、私は辞書を引きながら読み、そのロマンに魅せられた。

◉〈自由〉と〈強制〉

青春のころ、自由ではないと感じると不安になる。かといって、自由だと感じた途端、こんどは別の不安に襲われる。若いから何でもできるはず、といった根拠もない自信も生じる。不安と自信はつねに表裏一体の関係で、ちょっとしたことでも反転したりする。実は、本当のところ何をしたらいいのか見当もつかない、という根源的な不安が裏側に貼りついていたりするから厄介なのだ。こういう青春期の心理は、いまも昔もさほど変わらないのではないだろうか。ご多分に洩れず私自身がそうだった。

〈自由に生きるということはどういうことだろうか〉

自分ですべてを決め、自ら律していくのはなかなか難しい。普通高校に進んだ中学の同級生たちが大学進学に向けてまっしぐらに勉強している姿に私は焦りを感じるようになった。

〈青春のある時期に一つの目的のために全力を投入して努力することはそれなりにすばらしいことではない

か。それに比べて、オレは何をしているのか〉

そのモヤモヤを解放するために、私はサイクリングに熱中し、学校の外に飛び出した。外部の世界への好奇心を止めきれなくなった。生命力みたいなものがどんどん膨らみ、爆発寸前だった。一年生の夏、熊本から天草・長崎・雲仙を回る西九州一周。その冬、九州一周。二年生の夏には、山陰地方を回って名古屋まで往復する西日本一周。そして三年生の夏、日本一周に単独挑戦した。

先に引用した長田弘の詩に、

書かれた文字だけが本ではない。
日の光り、星の瞬き、鳥の声、
川の音だって、本なのだ。

とある。私の身体にうごめく魂みたいなものが棚町によって点火された。目の前に広がる世界に感性が全面的に解放されていく気がした。体内に渦巻く情熱に押し出されるままに、ひたすらペダルを踏み続けた。

▲日本一周単独走破の旅（著者・高専３年生、青森県の国道で）

★

一九六〇年代後半、時代は政治の季節にさしかかっていた。中国では文化大革命が起こり、若い紅衛兵たちの熱気が中国全土に渦巻いた。アメリカ、そして日本でもベトナム戦争反対の運動が広がっていった。世界の若者たちの息吹は九州の片田舎にも伝わり、私もまた、学校や社会のあり方への疑問を抱くようになった。

たまたま熊本大学の学園祭をのぞきにいったとき、長田弘が「情念について」と題して講演していた。詩集『われら新鮮な旅人』でデビューしたばかりで、初めてその名を知った。「青春時代にはなんでもできると思って、あぐらをかいてしまう」。その長田の言葉が強く印象に残った。

開校して四、五年経ち、「理想的な学校づくり」という当初の気概が次第に薄れていった。五年間の教育課程を終えた後、もっと勉強したいと思っても進学の道は閉ざされ、袋小路になっていた。

「自由な空気のなかで、あぐらをかいてはいないか」

「理想的な教育の場を創るといいながら、その実態はたんなるロボットのような技術者を養成する所に過ぎないのではないか」

学校側は、新設校として就職先の企業に好まれるような校風にしたい、と学生たちの自治活動などに警戒心を強めていた。社会で生きる上での教養、知性とは何か。そう考え始めたとき、おかしいことが目につきだした。

文化部活動のたまり場になるスペースがない。新聞を発行するにも学校の検閲・許可がいる。掲示板への自由な掲示も集会の自由も保証されていない。他の高専から学生会あてに届いた手紙は、学校がすべて開封し、検閲をしている。

「君たちは「学生」であって、「生徒」ではない」「自律して生きよ」。教師たちは学生たちにそう諭しながら、

▲三池鉱山炭塵爆発事故（1963年）

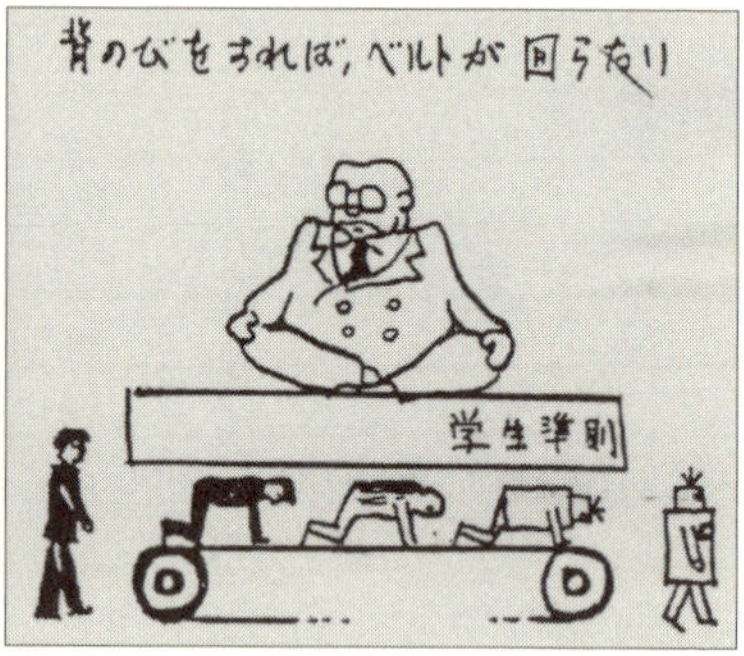

▲『有明高専新聞』第11号より

お題目以上には表現の自由や自治を与えようとはしなかった。

「自由と自治を認めないところに意欲的な人間は育たないのではないか」

「ロボットみたいなイエスマンをつくるために教育しているのか。人間というのはいかにあるべきか、など考えさせないために詰め込み教育をしているのではないか」

私の心のなかに、学校に対するそんな疑問がいつしか芽生えていた。

そのころ、学生の間で回し読みしていた本の一つに村上信彦著の長編小説『音高く流れぬ』（三一書房・全四巻）があった。軍国主義の足音が聞こえてきた昭和初期。自由主義をモットーにした学校（東京の旧制五中＝小石川高校がモデルらしい）を舞台に、自由を熱望し、激しく生きる青年群像がいきいきと描かれていた。

貧しい家庭に生まれ、両親を亡くして叔父の家に預けられた主人公、清水俊三郎。学問、友人、ケンカ、異性への関心、都会や自然の中での暮らし……について考え、悩み、思想に目覚めていく。その純粋で危うい一途な青春の日々。理想に燃える校長。理想と現実への妥協のギャップ。自由と放任のバランス……。普通選挙が実施され、女性の解放が叫ばれる一方で、軍備拡張、思想統制と時代が大きなうねりとなって流れていく。

悩みに悩む俊三郎たちに思いを馳せて、私の心も揺さぶられた。青春とは何か。ゆるやかな川の流れが急に激しさを増し、音高く流れだすときだ。山あいからの小さな川の水が岩に阻まれ、大きなしぶきをあげていく。青春期に抱いたさまざまな夢、憧れが、学校という「岩」にぶつかっていくかのようだった。

地元では、三井三池炭鉱で主婦たちによる坑底座り込みが行われていた。国会でCO中毒救済法案を通すために、炭鉱事故の被災者家族が地の底に入ったのだ。炭塵爆発から五年。一酸化炭素（CO）を吸い込み、植物状態になっている被災者を抱えて多くの家族が悲惨な生活に耐え、苦しんでいた。

「あの座り込んでいる人たちのことをどう支援できるのか」

炭鉱で働く家族をもつ級友たちに訊かれ、答えに窮した。社会で生きるとはどういうことなのか。会社に勤める立場になったときどのように向き合っていけばいいのか、わからなかった。

◉政治の季節の中で──山﨑博昭の日記

その秋、東京では第一次羽田事件が起きた。一九六七（昭和四十二）年十月八日。私と同じ年齢の京大一回生、山﨑博昭（当時十八歳）が、ベトナム戦争反対と佐藤栄作首相の南ベトナム訪問への抗議活動のさなか、羽田空港の近くで機動隊と衝突し、死亡した。そのニュースに激しいショックを受けた。私の体中をビリビリと電気が流れるかのようだった。

「彼らは、あそこで社会に対する意思表示をしている。そのことに私はどう応え、いまの自分をどう説明したらいいのか」

答えのでない問いかけが頭の中をぐるぐるとかけめぐった。簡単には答えはだせない。いらだちばかりが体内にくすぶった。

それから間もなくして、棚町は一枚のプリントを学生たちに配った。

小説を書こうと思う。犯罪論的なもの。無限の想像力。『罪と罰』における現代的意義。地球上に生を受けて、十八年と十カ月、私は一体何をして生きて来たのだ。現在にすら責任をもたず、未来に対する責任もなく、ひたすら懐疑と無関心の間を揺れ動き他人の言葉で自己弁護をする。この私は一体誰だ。僕には勇気がないという事は分かっています。〔後略〕

ガリ版でB４判の紙にぎっしり書かれていたのは、その山﨑博昭の日記の一部だった。週刊朝日の特集「山﨑博昭君の日記――羽田事件の主役は何を考えているか」（一九六七年十月二十七日号）の内容を個性的な文字で書き写していたのだ。

山﨑が持っていたカバンには、一冊のノートと十冊の本が残されていた。ノートはカントの『純粋理性批判』に関する書き出しから始まり、十冊の本はマルクス『経済学・哲学草稿』や経済学の本、キルケゴール『誘惑者の日記』のほか、ドイツ語とフランス語の教科書もあった。これらの本を紹介しながら、棚町は切り出した。

「山の中の学校では社会のことをあまりにも知らなさすぎる。君らと同世代の学生はこんなに本を読んでいるんだぞ」

棚町のこの言葉がよほど私の胸に突き刺さったのだろうか。それとも彼から突き付けられた「山﨑君の日記」が衝撃的だったのだろうか。たぶんそのどちらでもあったからだろうが、その年の暮れ、私はパスポート

週刊朝日 18

山崎博昭君の日記

羽田事件の主役は何を考えているか

羽田事件で死んだ京大生・山崎博昭君は、事件の三ヵ月前から日記をつけていた。その日記には、「地球上に生を受けて十八年と十ヶ月、私は一体何をして生きて来たのだ。…」と書かれている。全学連の主役たち――彼らはいったい何を考え、どのように行動しようとしているのだろうか。

▲週刊朝日特集（1967年）

を取得し、鹿児島港から沖縄に向かった。

日夜、ベトナムに爆撃機が飛び立っていた米軍基地などを見るためだ。海兵隊将校と知り合い、嘉手納基地内の米軍宿舎に泊めてもらったり、日本への復帰運動をしていた教員たちと学校の宿直室で夜を明かしたり、経済成長から取り残された沖縄の貧しさを目の当たりにした。目からうろこがポロポロ落ちるのを実感しながら、沖縄戦の最後の激戦地、摩文仁の丘で年を越した。棚町は激動する世界への私の目を開かせてくれた。

◉マッチポンプ教師

翌一九六八（昭和四十三）年になると、若者たちの反乱は激しさを増した。フランスでは「五月革命」がおき、アメリカではコロンビア大学をはじめ全米で大学封鎖が広がった。前年の羽田事件をバネに先鋭化していた日本の学生運動が例外であるはずはない。否、日本と世界で学生の動向が相互に連鎖し、影響を与えあっていた、というのが正確だろう。最高学府とされていた大学の権威が問い直され、東京大学や日本大学を筆頭に全国百数十校という規模での大学闘争が、燎原の火のように拡大の一途をたどっていた。

一月には米国空母、エンタープライズ号が佐世保に入港することで日本国内は騒然とした。「エンプラ（エンタープライズ）はベトナム戦争に直接加担している。黙って見過ごしていいのか」と、九州各地の大学に全

高専燃ゆ

われらが69《シックスティーナイン》

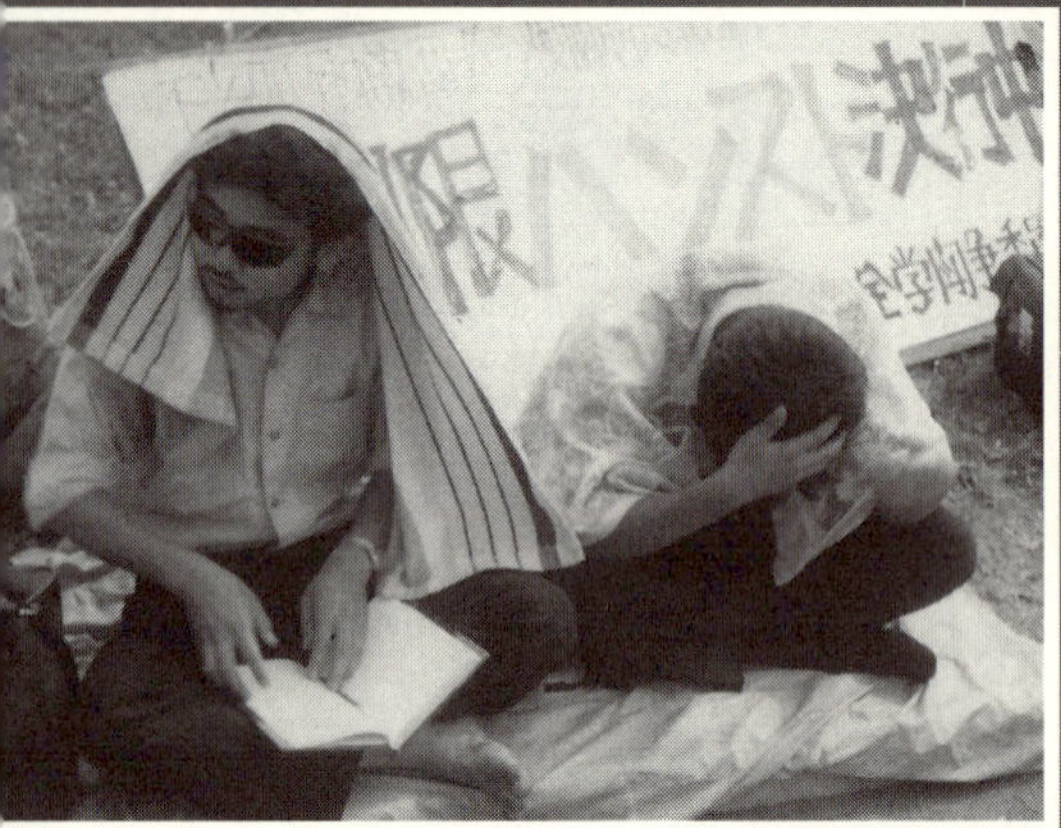

無期限ハンスト中の著者

立て看板の作業をする

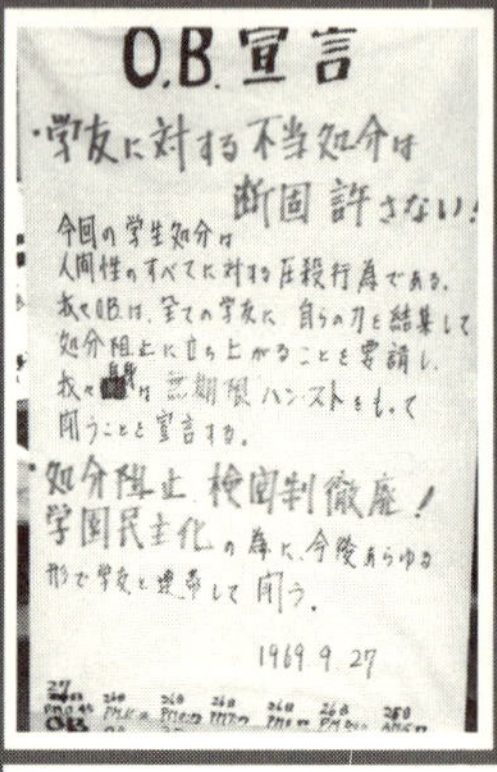

不当処分に抗議するOB 宣言

1969年９月闘争の中間総括

ハンストの背後は高専校舎

国から学生たちが抗議行動に集まっていた。宮沢賢治研究者として知られていた詩人でもあった国語担当教師・境忠一も「現場を見て考えたい」と佐世保港に向かった。ついでにいえば、当時、佐世保北高の生徒だった作家・村上龍も影響を受けたという。彼の『69 sixty nine（シクスティ・ナイン）』という青春小説はこの佐世保闘争がなかったら生まれなかったはずで、私たちは同じ空気を吸っていたのだ。

「私たち学生もこの問題を考えてみよう」

当時、学生会長をしていた私が緊急集会を呼びかけると、学校側は一方的に「集会は開催されません」と校内アナウンスで流した。会場の武道館の前で、学生主事補だった棚町は仁王立ちしていた。授業のときの温和な表情を一転させ、眼をつりあげ、顔に険しさを漂わせていた。

「集会は許可できない」

「チボー家を読め、といっておきながら、どうしてそんなに強圧的な態度をとるのですか。講義で話していることと、やっていることが違うじゃないか」

そういって詰め寄る友人もいた。

「悪法も法だ。集会は許可しない」

なにがなんでも「集会は開かせない」というその姿勢は変わらなかった。自由な学校を創ろうと学生に理想を語りながら、自由を求めて立ち上がった学生たちを抑え込むのに懸命だった。理想はあくまでも理想にすぎず、規則は守らねばならぬルールだから、集会を開くことを認めるわけにはいかない、というのだ。学生たちの「理解者」とばかり思っていた棚町はいつしか「抑圧者」の側に回っていた。

◀集英社文庫版

「学生主事補」という学校管理者側の立場になった棚町の振る舞いに私はすっかり翻弄された。ほんのささやかな山の中の学園紛争（その後もくすぶり続け、翌年にかけて十人近い中退者・留年生を出した）だったが、棚町の変わり身のすばやさに誰もが驚いた。誰よりも私自身が衝撃を受けていた。世の中の秩序が法のレベルを超えて揺らいでいるときに「悪法も法なり。法は守れ」という法治主義は有効なのか。ましてや一学園のルールなのに、例外も認めないのか――。しかし、悲しい哉《かな》、そのときの私たちには、そのように言い返せるだけの言葉がなかった。それにしても棚町はどうしてこんなに豹変してしまったのだろう。

「学生は直線的で、理想を求めてひた走っていく。いつの間にか、学生たちを〝洗脳〟してしまったのではないか」

棚町はそう思ってたじろいだのかもしれない。

教官の中には「棚町先生は熱心に理想を語り、校長に強く詰め寄っていたのに、それ以後、教官会議での発言もぴたりと少なくなった」と語る人もいた。もはや学校の理想を語る時期は過ぎ、管理者の側から現実的に改革の道を探るように自らを戒めたのだろうか。私には保身に走るかのような棚町の行動をまったく理解することができなかった。

余談になるが、それから五十年後、私は山﨑博昭を歴史に刻む事業「10・8山﨑博昭プロジェクト」にかかわることになった。記念碑建立・追悼集刊行・展示会開催（ベトナム戦争証跡博物館）という三つの目標をかかげ、実現にこぎつけたのだった。

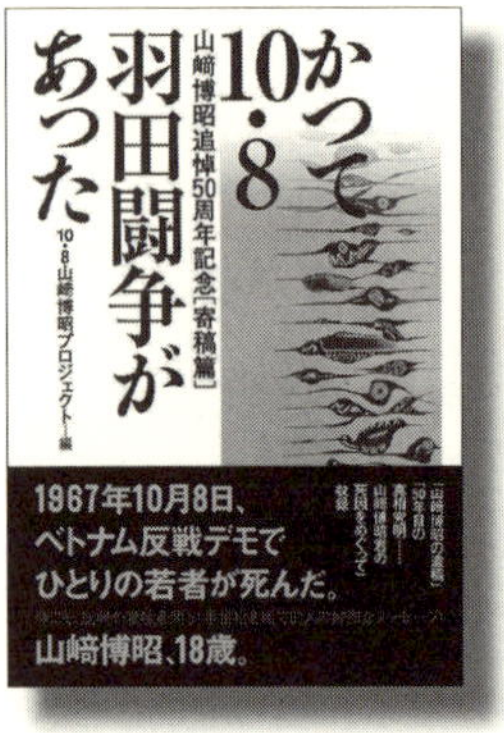

◀山﨑博昭追悼集

◉教育の怖さ

そのころ、棚町とともに国語を担当していた詩人の境忠一は「純粋で鮮烈な一年間」と題して一文をものしている。昭和四十二年度のわずか一年間の教師生活だが、「学生たちの感動の新鮮さには、教師としての感動を味わい〔略〕、20年に及ぶ教師生活の中では最高のものであった」という。

中学から進学したばかりの素朴な（といってよい）少年たちが、わずか数年の教育で、眼前に成長してゆく情景は、責任を感じるというより恐怖に近いものがありました。私には、そのような恐怖に耐える力はありません。

（『有明高専十年史』）

それは一方では、理科系にありがちな視野の狭さ、論理の短絡としてあらわれ、「特に、4、5年生の自信に満ちた自己肯定の強さには、それを育てるひとりであるだけに、匙をなげたこともあります」ともいう。境は最初の論集『評伝宮澤賢治』を完成するが、棚町はその校正を引き受け、厳密にやり遂げている。青年期の教育にかかわることの怖さを率直に語った境はその後、高専を去って福岡大学へ転任した。

人に何かを教え、育てるとはいったいどういうことなのか。若い人の心の導火線に火をつけ、燃え上がらせたのちに、強制的に消火させる。棚町式の「マッチ・ポンプ」も一つの方法なのかもしれない。そのことをとおして、社会の壁、人生の怖さを体験させる通過儀礼を若者に課すことなのだろうか。戦後の理想を熱っぽく語っていた棚町が、どうしてすらりと身をかわすように豹変したのか。そのことは、私のなかに大きな疑問として残った。

東京大学や日本大学を中心とした大学闘争は翌一九六九（昭和四十四）年一月十八・十九日の東大安田講堂攻防戦、同大学の入試中止をピークに、全国各地の大学や高校に燃え広がっていった。

その春、私は高専を卒業した。

五年前に入学して電気工学を専攻した四十人のうち、いっしょに卒業できたのは二十七人。大手の電器メーカーに就職する級友たちと別れ、私はクラスで一人だけ大学に進学した。技術者の道から外れ、政治学を学ぶことを決めたのだ。そのとき、棚町がよく朗読していた女優、杉村春子の十八番《おはこ》が思い浮かんだ。

「人間という奴は実によく間違いをする。まるで間違いをするために何かするみたいだ。ところで、あんたもその間違い組かね」

と問われ、主人公〔布引けい〕はきっぱりと言ってのける。

「（ぐっと首を上げて）いいえ、そんなことはありません、誰が選んでくれたのでもない、自分で選んで歩き出した道ですもの、間違いと知ったら自分で間違いでないようにしなくちゃ。」

（森本薫『女の一生』第三幕から）

それからちょうど二十年後、元号が昭和から平成にかわった一九八九年春、棚町と再会した。棚町は園田学園女子大学に新設された近松研究所の初代所長で、私は文化担当の新聞記者だった。

その後、何回か語り合ったとき、棚町は山﨑博昭の日記を引用したプリントを持参した。ちょっと照れくさそうに指し示したプリントに、こういうプリントを配ったのが、（君たちがやった）ベ平連（ベトナムに平和を！　市民連合）につながりませんか。『マッチ・ポンプ』とは言いえて妙。ちゃんと自覚しています（タチがワルイ）。

と書き添えていた。

有明高専での学園紛争は尾を引き、私も卒業後、母校の紛争にほんの少しだけかかわることになった。だが、のちに棚町の学生時代を追っていくなかで、彼自身がまったく似たような経験をしていたことを知る。戦時下にあった棚町の行動のほうがより激情的だった。まったく知らないところで私は棚町の行動を追体験していたことになり、歴史の繰り返しを感じることになる。

★

いささか著者自身のことを語りすぎてしまったが、次章からは二十年後の再会後に知った、起伏に富んだ棚町の生涯をたどっていく。

▲1969年の棚町知彌

棚町家略系図

＊棚町知彌をめぐるこれらの系譜上の人物については、第二章以降の本文を参照されたい。

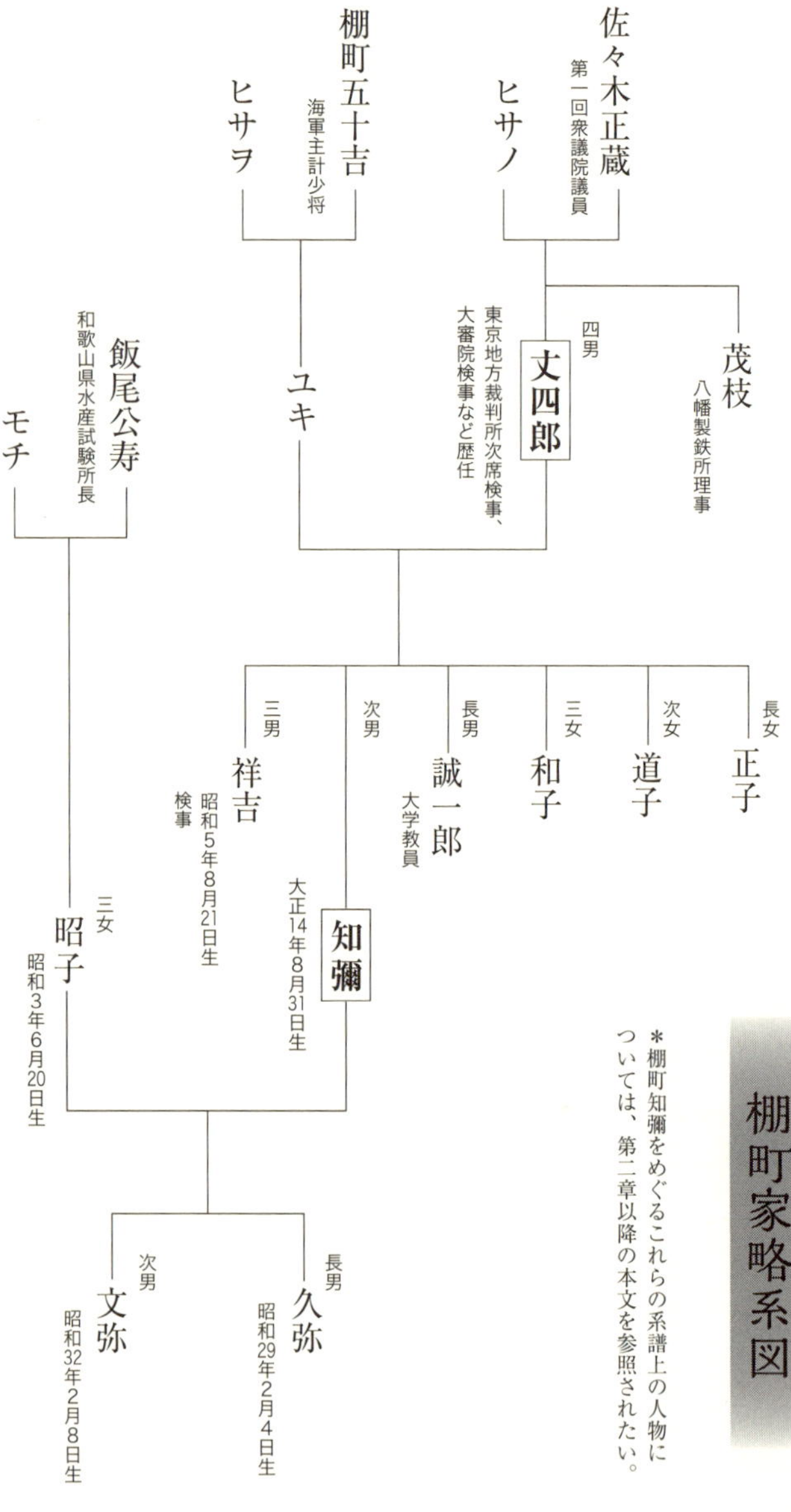

第Ⅱ部　先生とその父

◀勅任官大礼服姿の父・棚町丈四郎

▲旧制成蹊高等学校時代

第二章　思想検事の子として

◉国家神道の崇拝者

棚町知彌は一九二五（大正十四）年八月三十一日、東京市本郷区駒込動坂町で父・丈四郎と母・ユキの間に生まれた。関東大震災から二年後のことだ。姉三人と二歳上の兄がいて、五番目の二男。のちに五歳下の弟が生まれている〔三八頁の略系図参照〕。

本籍地は福岡県三井郡小郡村大字大板井（現在の福岡県小郡市）。筑後平野の中心地、久留米市に隣接した西鉄電車沿線の田園地帯にある。この小郡村は丈四郎（一八八八〜一九三八、旧姓・佐々木）の出生地である。棚町憲章となった太田伍長の遺書に「いかに父が死せしかを銘記すべし」という言葉があったが、棚町の父、丈四郎とはどのように生きた人物だったのだろうか。

丈四郎の父、佐々木正蔵は第一回衆議院議員として活躍した政治家で、筑後川の改修などに貢献した。丈四郎はその名の通り四男であるため、小郡村村長を務めた棚町家の養子になって棚町姓を名乗った。旧制五高（現・熊本大学）を経て東京帝国大学法科大学法律学科に学び、司法官（検事）となっていく。地方の名家に育って立身出世を目指す、典型的なエリートの道を歩んだ。

▲兄・誠一郎（左）と

東大では神道思想家でもある法学者、筧克彦《かけいかつひこ》[*5]に心酔した。神道を崇敬する丈四郎は「知彌」の名を「彌栄《いやさか》」から命名したという。

知彌が生まれたとき、丈四郎は三十六歳。普通選挙法が成立し、治安維持法が公布された年である（四月）。治安維持法は、共産主義運動を制限し資本主義と天皇主権に反対する運動を取り締まるための法律で、そこには、

・逮捕状を裁判官ではなく検事が出せる
・予備拘禁制度（期間二年、ただし更新可能）があり、事実上無制限に監禁できる
・弁護士を自由に選ぶことができない
・禁固刑がなく、有罪は即座に懲役刑となること

などの条文が盛り込まれた。

治安維持法はその後改正されるたびに取り締まりの対象が拡大され、厳罰化された。あらゆる政治活動を根こそぎ弾圧し、戦争への道を開いた根本的な悪法というのが戦後社会の通説である。

当時、丈四郎がいた東京地裁は朴烈《パクヨル》事件の「予審終結決定」を出している。予審とは、事件を公判に付すべきか否かを決めるために必要な旧刑事訴訟法（戦前）の手続きである。朴烈事件とは、無政府主義者とされていた朝鮮人、朴烈[*6]とその内妻、金子文子[*7]が共謀して、秋に結婚する予定だった摂政宮（昭和天皇）を暗殺しよ

＊5　筧克彦（一八七二～一九六一）　法学者、神道思想家。戦前における東京帝大法科で憲法学・国法学・行政法学・法理学などを担った。
＊6　朴烈（一九〇二～七四）　大正時代の朝鮮の社会運動家、無政府主義者。本名は朴準植（パク・ジュンシク）で、朴烈はペンネーム。在日本大韓民国民団の初代団長で、韓国に帰国後、朝鮮戦争で捕虜となり北朝鮮に連行される。
＊7　金子文子（一九〇三～二六）　大正期日本の社会主義思想家、アナキスト。内縁の夫・朴烈とともに検挙。予審中に朴が大正天皇と皇太子の殺害計画を示唆し、文子も天皇制否定論者だったため大逆罪で起訴、有罪。宇都宮刑務所栃木支所で獄死。

うと企み、爆弾を入手する準備をしていたというものだ。関東大震災に際して起きた朝鮮人大量虐殺事件の直後で、「この〔朝鮮人虐殺の〕問題がなかったら、朴烈と文子の大逆事件は生まれなかったであろう」と作家・松本清張は著書『昭和史発掘』の「朴烈大逆事件」の章で指摘している。清張は、具体性に欠けるこの事件が大逆罪にデッチあげられていく過程を克明に記している。

翌一九二六（大正十五）年三月二十五日、二人に死刑の判決が言い渡された。それから十日後の四月五日、「天皇の慈悲」という名目によって恩赦で無期懲役に減刑される。朴烈は恩赦を拒否し、敗戦後まで二十年間獄中に収容されたが、金子文子は四カ月後の七月二十三日に獄死した。刑務所内で自殺したと公表されたが、文子の遺族は自殺説に納得せず再調査を求め、死亡の経緯は不明のままになっている。

しかし、この事件が世間を騒然とさせたのは、判決前の予審中に撮影された一枚の写真が流出したことだった。文子が朴烈の膝の上で本を読んでいる姿を取り調べにあたった判事・立松懐清《たてまつかいせい》が撮影し、その写真が右翼の手にわたって次々と怪文書が出回り、若槻礼次郎内閣の倒閣運動に利用された。松本清張は、大逆事件を立件することにより出世しようとした立松判事と、「朝鮮民族独立の英雄」として名声を得ることを望んだ朴烈との思惑が一致した、という説を展開した。

▲朴烈と金子文子

この立松判事について棚町は、「〔事件後の〕ほぼ十年後の小学生になったときの記憶でも、立松氏は父のもっとも親しい先輩の一人でした。ことに〔立松氏の〕ふさ夫人は当時、東京音楽学校のソプラノの先生で、棚町家のおつきあいのなかで、ただ一人芸術家といえるような方だった」と当時の思い出を語っている（文芸批評誌『叙説Ⅱ』十号、花書院、二〇〇六年）。

丈四郎はこの朴烈大逆事件のほか、日本共産党に対する最初の弾圧となった第一次共産党事件[*8]に対する判決(八月二十日)にもかかわっていて、彼がこれらの仕事に忙殺されているさなかに知彌が生まれた。知彌誕生の三カ月前、丈四郎はこんな宣誓を書いている。

宣　誓

精力主義ノ奮闘的生活ハ最モ人生ヲ幸福ナラシムルモノト認メ之ガ準備トシテ左ノ条項ノ実行ヲ期ス

一、午前六時起床

新聞紙ハ床中ニテ読ム可カラズ

二、朝食前戸外ニ於テ皇国運動ヲナシ冷水摩擦・礼拝ヲ実行ス

三、登庁後ハ雑談ヲ禁ス

四、午後八時書斎ニ入リ読書又ハ習字ヲナスヘシ

五、午後十時臥床

身体ノ健康ヲ保ツハ第一義ナリ坐禅・静座・皇国運動・冷水摩擦・深呼吸ハ勿論禁欲ヲ旨トシ喫煙ノ如キハ過度ニ陥ラザル様摂生ヲ重ス可シ

大正十四年五月二十四日

於書斎

無外

＊8　第一次共産党事件　日本共産党に対する最初の弾圧事件。創立後非公然活動に従事していた共産党について、警察当局は一九二三(大正十二)年六月、堺利彦・山川均ら約八十名を一斉検挙。「第二の大逆事件」と宣伝され、共産党は打撃を受けた。

文中の「皇国運動《やまとはたらき》」とは惟神《かんながら》の道の象徴ともいえる体操で、「ヒィ、フゥ、ミィ、ヨ……」の掛け声で始まり、結びに「すめらみこと彌栄《いやさか》」と叫び、終える。末尾の「無外」は丈四郎の俳号で、のちに戒名にも使われた。

謹厳実直な人柄で、神道の精神をもとに自己を律していた。一本気な、思想に殉じるタイプであり、生真面目に信念を守ろうとする強い情熱の持ち主だった。棚町一家の厳格な家庭の雰囲気がしのばれよう。

◉国家を担う有為の存在

時代が大正から昭和に変わってまもなく、一家は本郷から東京府豊多摩郡大久保町字百人町に転居した。母方の祖父が海軍少将・棚町五十吉《いそきち》（一八七五〜一九四〇）だった縁で借家に住んだ。百人町の隣組には、海軍を退役した軍人が多かった。

文藝評論家の江藤淳（本名・江頭淳夫）の生家もまたそこにあった。江藤淳は知彌より八歳下にあたる。江藤の父方の祖父、江頭安太郎海軍中将はかつて山本権兵衛《ごんのひょうえ》*9の懐刀となり、日露戦争では大本営参謀、海軍省の軍務局長であった。母方の祖父には古賀喜三郎海軍少佐がおり、親族に連なる山屋他人《やまやたにん》海軍大将は元連合艦隊司令官である。

ちなみに棚町五十吉は、旧制三高（現・京都大学総合人間学部の前身）に学び、日露戦争では鈴木貫太郎*10中佐（敗戦時の首相）が率いる第四駆逐艦隊の主計長を務めた。最後は福岡県の海軍新原《しんばる》採炭所所長になっている。棚町には軍人の血が流れていたのだ。

一九三〇（昭和五）年、一家は東京府北多摩郡武蔵野町大字吉祥寺に自宅を新築し、移り住んだ。美しい欅の並木で知られる成蹊学園のすぐそばで、知彌はこの学校に入学する。

その前に丈四郎の人物像をもう少し詳しく追ってみたい。先に朴烈大逆事件・第一次共産党事件とのかかわりに触れたが、この父の経歴はそれに尽きるものではない。それをたどれば、大正から昭和初期にかけての思想検事がどのような社会的存在で、子である知彌にどんな影響を与えたのかがおのずと明らかになるかもしれない。

丈四郎が東京帝国大学法学部に在学中、国法学者の筧克彦に傾倒していたことはすでに述べた。筧は、研究室に畳を置いた上に神棚を祀った。大学での講義や文部省主催の講演で柏手を打ってから始めたことに端的に表れているように、「惟神の道＝神道」を説く名物教授として知られていた。

筧は、天皇機関説を説いて昭和史に大きな波紋を投げかけた憲法学者・美濃部達吉[*11]とは同期生になるが、美濃部博士とは思想的に対極的な立場であった。「神道に基づく祭政一致論」を唱え、天皇が統治権の主体であることを明示し、国体明徴運動[*12]を推進していく。満州事変の首謀者とされる石原莞爾[*13]（のち陸軍中将）や、二・二六事件を引き起こした皇道派の青年将校らに多大な思想的な影響を与えた。

＊9　山本権兵衛（一八五二～一九三三）　海軍軍人、政治家。通称「ごんべえ」。内閣総理大臣（第16・22代）、外務大臣（第37代）などを歴任。

＊10　鈴木貫太郎（一八六八～一九四八）　海軍軍人、政治家。海軍次官・連合艦隊司令長官を歴任。侍従長・枢密顧問官を兼任し、二・二六事件に遭遇するが一命を取り留めた。第42代首相に就任、陸軍の反対を押し切ってポツダム宣言を受諾。

＊11　美濃部達吉（一八七三～一九四八）　憲法学者。東京帝国大学名誉教授。大正デモクラシーを代表する理論家。昭和期には天皇機関説事件のため貴族院議員を辞職。東京都知事を務めた美濃部亮吉はその長男。

＊12　国体明徴運動　一九三〇年代に天皇機関説排撃へ向け軍部と右翼が起こした運動。憲法の立憲主義的解釈を否定したため、議会の地位低下に拍車がかかった。

＊13　石原莞爾（一八八九～一九四九）　陸軍軍人。関東軍作戦主任参謀として満州事変を起こした首謀者。『世界最終戦論』などの著作があり、戦史研究家としても知られる。日蓮主義の信奉者。

丈四郎の同期生には南原繁[*14]（のちの東京帝国大学総長）がいる。丈四郎と南原はともに一九一四（大正三）年に大学を卒業し、文官の就職先として一番人気があった内務省に入省した。南原はのちに大学に戻るが、丈四郎は大阪地方裁判所で見習いをしたあと、司法官補として東京地方裁判所に勤めた。当時は各裁判所内に検事局があり、判事でも検事でも好きなほうを選ぶことができた。

検事を志望した理由を、丈四郎は「判事は自分のところにきた者しか裁けないし、検事が論告求刑した量刑の範囲からしか決められない。しかし、検事は人を裁判にかけるかかけないか決められる。考えようによっては判事より検事の方が仕事に幅がある」と棚町に語っていた。さらにいえば、判事から司法大臣に昇りつめた人はほとんどいない。戦後に戦犯や公職追放の対象となった昭和史に残る司法大臣はたいてい検事出身だ。検事の道を選んだ丈四郎は、国家を担う有為の存在であろうとする、強烈な上昇志向の持ち主であった。

◉思想検察の主流に

丈四郎が検事の道を歩み始めた一九一〇年代の後半は、どんな時代だったのだろうか。ロシア革命（一九一七年）が起こり、ヨーロッパでは第一次世界大戦後の民主主義運動によって専制国家の王制が崩れ、共和制が広がっていた。国内では米騒動（一九一八年）があり、民衆運動の高揚が兆し始め、一九二二（大正十一）年には日本共産党が非合法下に結成された。

国内の治安体制の最前線にあったのは内務省・特高警察だった。その一方の核として役割を果たしていくのが思想検事（正式には思想係検事）である。戦前の治安体制の研究者・荻野富士夫によると、「特高警察官の総数は最大時で九〇〇〇人前後と推測されるのに対して、思想検事の総数（官制上の定員）は最大時でもわずか七十八人であった。しかし、人的規模ではるかに特高警察に見劣りしながらも、思想検察は治安体制のもう一つの基軸になりえた」（『思想検察』、岩波新書）という。

棚町検事の名は一九一九（大正八）年の「正力事件」の新聞記事で見ることができる。無政府主義の活動家、大杉栄が警視庁刑事課長警視だった正力松太郎[*15]（のちの読売新聞社主）を名誉棄損で訴えた先が「東京区裁判所検事、棚町丈四郎」となっていた。

この事件は、正力が取り巻きの新聞記者たちに「大杉は米、味噌、醤油などの支払いをせず、住居の立ち退きを迫られても、それを拒否し、立退料を請求して「家宅侵入詐欺並に恐喝」で処罰される」と語っているように、大杉の名誉を棄損しようとしたものである。それから四年後の関東大震災のさなか、憲兵隊が大杉栄・伊藤野枝夫妻と甥の橘宗一少年（満五歳）を誘拐し、殺害した。正力もその殺害をめぐるいきさつを知っていたといわれている。

関東大震災後に起こった虎ノ門事件という天皇狙撃事件にも、丈四郎はかかわっていた。一九二三（大正十二）年十二月二十七日、無政府主義者の難波大助が帝国議会開院式への出席途上の摂政宮・裕仁（皇太子、のちの昭和天皇）に向けて杖銃で発砲した事件で、難波の裁判に使う証拠写真が棚町の自宅に残されていた。丈四郎の死後にそのときの裁判資料が見つかり、家人は平田勳検事に返却したという。

そのころ、思想犯罪の対応では司法官僚は特高警察に大きく後れをとっていた。思想検事が主要な地方裁判所検事局に配置されたとき、警視庁特高課から社会運動の諸情勢について講習を受けていたという。一九二八

＊14　南原繁（一八八九〜一九七四）　政治学者。東京帝国大学総長。無教会主義キリスト教の信者。教え子に丸山眞男（政治思想史）がいる。
＊15　正力松太郎（一八八五〜一九六九）　内務官僚・実業家・政治家。元読売新聞社主。プロ野球、テレビ放送、原子力導入に尽力。

（昭和三）年三月十五日の三・一五事件[16]、一九二九（昭和四）年四月十六日の四・一六事件[17]で日本共産党指導者の大検挙による取り調べ・起訴がおこなわれ、これらをとおして司法官僚たちはようやく思想犯罪に習熟していった。

一九二八年六月に治安維持法が改正され、「国体」変革に対する処罰が厳罰化された。皇室に対する不敬罪には最高死刑が導入されたのである。そして、三〇年代に入ると思想検察は独自に「転向政策」を編み出し、特高警察と競合するようになった（前掲荻野『思想検察』）。

丈四郎がいた東京地裁は、一斉検挙によって共産党に大打撃を与えた三・一五と四・一六の両弾圧事件で中心的役割を果たしている。特高警察が拙速な取り締りに追いまくられているなかで、思想検察が思想犯罪全般の動静を観察し、治安体制の主導権を取ろうとしたのが「転向政策」だった。思想犯に対して判決を下すよりも、転向させて運動から離脱させるほうがより効果的に運動全体を弱体化できる、という判断にもとづくものだ。転向をめぐるノウハウ、論破・説得術は徐々に高度なレベルに達し、最後には「日本精神」を身に付けさせることが転向の要件であるとされた。この点において丈四郎は、神道精神を体現した検事として好適な存在であった（その後、東京控訴院検事として二審を担当している）。

一九三二（昭和七）年三月には血盟団事件[18]の捜査を担当。さらに翌三三（昭和八）年二月二十日、作家・小林多喜二が東京・築地警察署で凄惨な拷問の末に死を遂げたときも地検幹部の一人だった。

多喜二の虐殺に国内の労働者、農民団体など多くの人々は大きな衝撃を受け、世界にも波紋を広げた。中国の文学者、魯迅は次のような弔電を遺族に送った。「日本と支那との大衆はもとより兄弟である。〔略〕我々は忘れない。我々は堅く同志小林の血路に添って、前進し握手するのだ」（『プロレタリア文学』一九三三年四・五月合併号）。フランス共産党の機関紙『ユマニテ』（三月十四日付）は「日本軍国主義の手により東京にて殺害さる」と多喜二の虐殺を報じた。さらに作家ロマン・ロランの呼びかけで無数の抗議の声が沸き起こった。

多喜二虐殺をめぐる社会の風当たりを少しでも避け、世界の動向を知るため、丈四郎は一九三三（昭和八）年三月から翌年二月までの一年間、司法省から欧米各国に派遣された。東京地方裁判所検事（次席）から大審院検事事務取扱へ昇進するにあたっての、「洋行」という名の通過儀礼である。ロシア・ドイツ・フランス・イタリアを歴訪し、ファシズムが台頭する欧州の思想取り締まりの実情を視察して回った。

丈四郎渡欧中の六月十日、獄中における共産党指導部の佐野学・鍋山貞親が「転向」の共同声明[19]を出した。それをきっかけに雪崩を打つような組織的転向が起こり、共産党は壊滅状態に陥っていく。

東京地検の検事正として、佐野・鍋山、さらには京都帝国大学の経済学者でベストセラー『貧乏物語』などで知られる河上肇[20]の転向を指揮したのは宮城長五郎である。次席検事だった丈四郎は、その宮城の後を追って思想検察の主流を歩み続けていった。

---

*16　三・一五事件　予審判事の指揮で日本共産党（非合法政党の第二次共産党）・労働農民党・日本労働組合評議会など五十カ所の関係者数千名を検束。検挙者約三百人。三十名が治安維持法に問われて刑務所に収監された。

*17　四・一六事件　全国一道三府二十四県にわたる共産党員の一斉検挙。この年、四九四二人が治安維持法違反で逮捕され、共産党は壊滅的打撃を受けた。

*18　血盟団事件　一九三二（昭和七）年、国家革新主義者の日蓮宗僧侶・井上日召を中心に組織された右翼団体が「昭和維新」を実現するため一人一殺主義を唱え、井上準之助前蔵相、三井合名会社理事長の団琢磨を暗殺。さらに犬養毅首相らの暗殺を計画していた。

*19　共同声明　日本共産党幹部の佐野学と鍋山貞親が一九三三（昭和八）年六月、左翼労働運動の方針に関する転向宣言「共同被告同志に告ぐる書」を公表したこと。当時の左翼活動に大きな打撃を与えた。

*20　河上肇（一八七九〜一九四六）は、京都帝国大学でマルクス経済学研究を行っていたが、教授の職を辞し、共産主義の実践活動に入り、獄中生活を送る。『貧乏物語』のほか『資本論入門』『自叙伝』が広く読まれた。

エリート思想検事の海外視察と帰朝

棚町丈四郎アルバム

1933-34

◀パリ・エッフェル塔前の丈四郎

▲帰国時、駅頭で家族に出迎えられる丈四郎（前列左端・知彌、東京朝日新聞掲載）

◉大本教弾圧を指揮

共産主義運動が急速に衰退した後、検察当局の関心は民主主義運動や極右運動、新興宗教に移っていく。

国体明徴運動が高まっていくなかで一九三五（昭和十）年二月、貴族院本会議で天皇機関説非難の演説が行われ、軍部や右翼によって美濃部と機関説の排撃が激化する。美濃部は、自己の学説の正当性を説いたが、九月に貴族院議員の辞職に追い込まれた。

翌十月、丈四郎は五・一五事件[*21]で反乱罪幇助に問われた大川周明[*22]の判決にもかかわっている。

だが、丈四郎が取り扱った多くの事件のなかで最大のものは、なんといっても大本教事件[*23]（第二次）である。大審院の検事として大本教弾圧を指揮した丈四郎の名は、多くの新聞に掲載されている。

大本教は、司馬遼太郎『坂の上の雲』の主人公の一人でもある秋山真之のほか、陸軍や右翼とも関係が深く、思想検察としていかに対処していくのかが大きな課題となっていた。

一九三五（昭和十）年十二月八日、武装警察官五五〇名が京都府綾部の本部と亀岡の道場を急襲、治安維持法違反と不敬罪容疑で幹部を検挙し、ダイナマイトで教団建物を強制的に破壊した。その後の具体的方針を検討するための全国特高課長会議が翌一九三六（昭和十一）年二月二十五日、京都で行われ、検事である丈四郎も出

＊21　五・一五事件　一九三二年五月十五日、海軍将校が中心となって起したクーデター計画。犬養毅を射殺。陸軍士官学校生徒らが牧野伸顕内大臣邸・警視庁・日本銀行などを襲った。

＊22　大川周明（一八八六〜一九五七）　思想家。近代日本の西洋化に対決しアジア主義を唱える。東京裁判で民間人として唯一Ａ級戦犯の容疑で起訴されたが、精神障害と診断され訴追を免れた。イスラム研究でも知られる。

＊23　大本教事件　神道系の新宗教「大本」の宗教活動に対し内務省が行った弾圧事件。出口なおが創唱し、なお没後、出口王仁三郎が発展させたが、一九二一（大正十）年と三五（昭和十）年に不敬罪で弾圧され解散。高橋和巳『邪宗門』はこの事件をモデルにしている。

丈四郎の事件簿　当時の新聞記事から

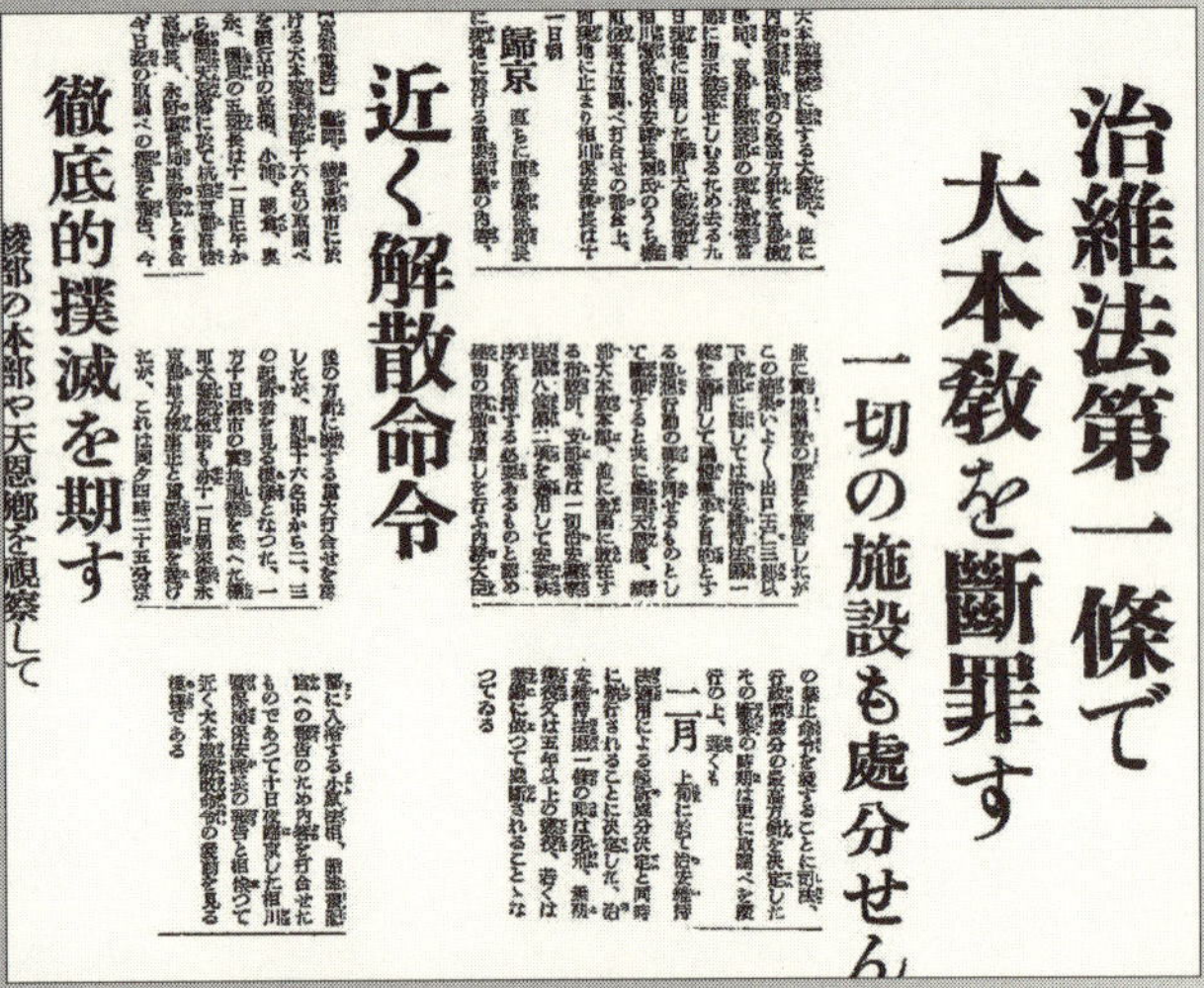

治維法第一條で
大本敎を斷罪す
一切の施設も處分せん
近く解散命令
徹底的撲滅を期す
綾部の本部や天恩郷を視察して

▶第二次大本教事件（時事新報昭和11年1月12日付）

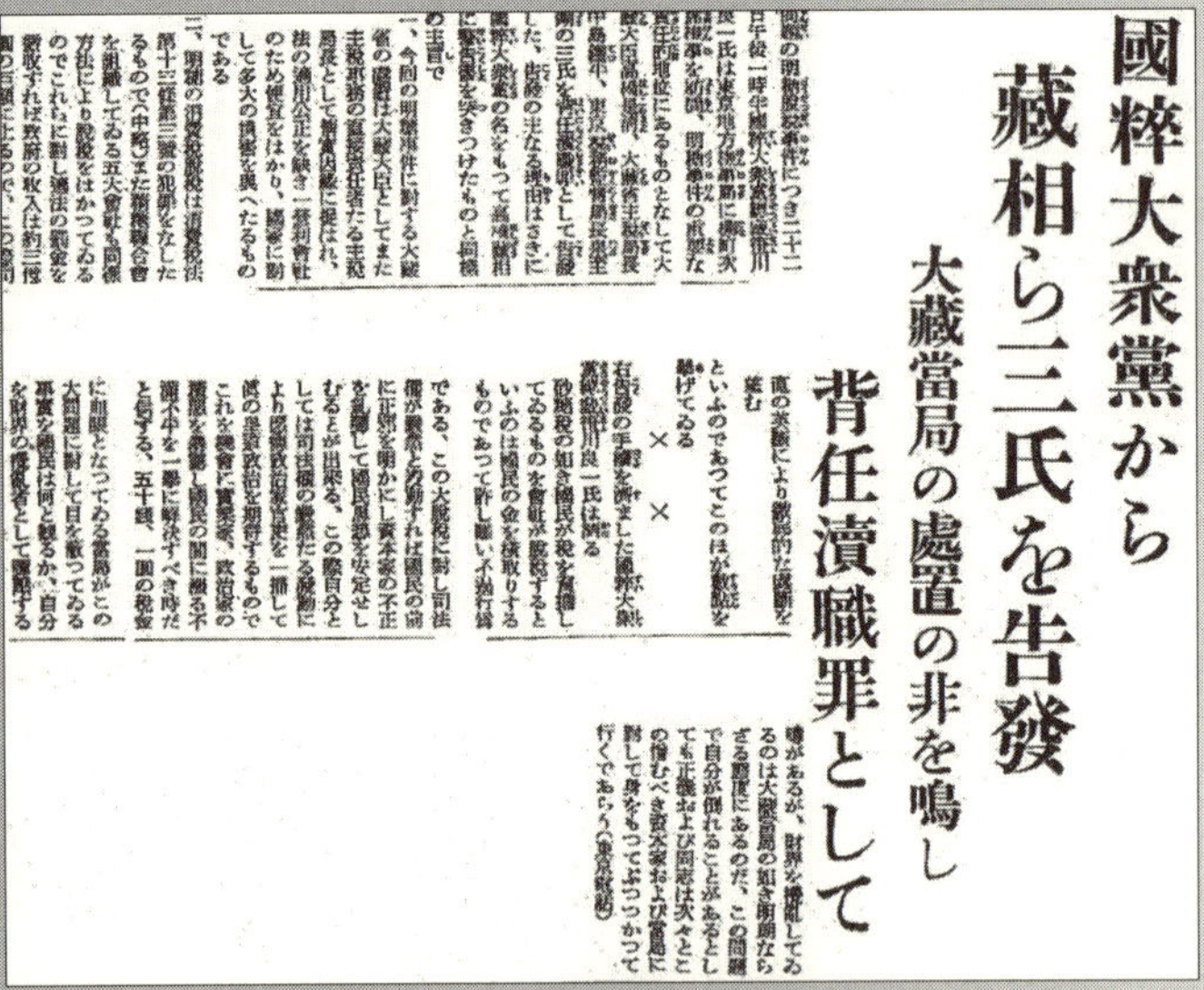

國粹大衆黨から
藏相ら三氏を告發
大藏當局の處置の非を鳴し
背任瀆職罪として

▶明糖疑獄事件（大阪朝日新聞昭和7年8月23日付）

席している。その翌朝、二・二六事件[*24]が起きた。知彌はその日の朝のことを次のように回想する。

二・二六事件の朝、まだ暗いころ、田無警察署（当時吉祥寺には警察署がなかった）の署長さんが安否確認に訪問された。父・丈四郎は留守で、祖父・五十吉が応接するのをきいた。鈴木貫太郎中佐の第四駆逐隊主計長として金鵄勲章をもらった祖父にとって、事件の知らせはショックだったと思う。

成蹊学園では、理科の教師から習ったばかりの言葉を掛け合わせて、友人とこんな会話をしたことも知彌の記憶にあった。「報告をきこしめされたテンチャンはぐらりとあそばされた。朕は重心（重臣にかけている＝筆者注）を失なえり」（『演劇研究』三十三号）。

思想検察の「転向政策」はやがて「思想犯保護観察制度」につながる。さらには一般社会に向けて「日本精神の実践と宣揚」に必要なものだとして「国家統制」の軸になっていく。

宮城長五郎が長崎控訴院の検事長になると、丈四郎は長崎の検事正に呼ばれた。宮城が名古屋の検事長に移ったあとの十二月下旬には、丈四郎も長崎から名古屋の検事正に移った。それからちょうど一年後の一九三八（昭和十三）年十二月二十一日、丈四郎は病死する。死因は膵臓炎で、心臓が弱っていて手術ができず発病後半月で死亡した。激務が祟ったのだろうか。享年五十の若さで、このとき知彌は十三歳である。戒名は廣徳院眞際無外居士。

＊24　二・二六事件　一九三六年二月二十六日、国家改造を目指す陸軍青年将校が部隊を率いて起こしたクーデター事件。決起後、帝都に戒厳令が敷かれ、二十九日に反乱は終息、軍法会議により首謀者十九人が銃殺された。

丈四郎の三回忌の二年後、上司だった宮城は司法大臣となっていた。「父は、良い時に死んだかもしれない。あと何年か生きていたら、多分東京へ行って、そのまま進めば、敗戦後には戦犯として巣鴨〔刑務所〕入りとなっただろうから」。そう棚町は追想している。

『棚町丈四郎先生遺稿集』（昭和十六年十二月発行、非売品）では、連名した人のトップは岸本義広*25だった。この遺稿集に登場する門弟有志は十一人で、ゾルゲ事件の吉河光貞検事、戦後の公安調査庁で破壊活動防止法の草案を作成した關之《せきいたる》など、のちに最高検の検事となった人たちが名を連ねている。

治安維持法は一九四五（昭和二十）年八月十五日の敗戦後も「共産革命」の危機に対処するために適用され、九月二十六日に同法違反で服役していた哲学者の三木清*26が獄死している。

司法省では岸本検事正を中心に協議し、「天皇制が残る以上は治安維持法第一条を残すべき」との意見が出たが、同法は十月十五日に廃止となった。特別高等警察をはじめ警察関係者や司法省関係者は公職追放されたが、しばらくすると彼らはそれぞれ戦後の司法界へ復帰していった。追放解除後、最高裁判事になった思想検事もあり、思想検察全体の流れは、戦後の公安検察へと受け継がれていった。

◉父への畏敬

官僚という人種、それも検事だった人の経歴だけを追ってみたところで、人間として生々しい実像に触れることはできないかもしれない。権力の中心にいて「正義」をふりかざす検事には、自分以外は人間ではないという傲慢さが見え隠れする。傍目からは、自分だけが血もあり涙もある人間であって、あとは人形かロボットとして見ているかのようでもある。さらには周囲をおもんばかり、自分の喜怒哀楽はできるだけ隠そうとしがちにも思われる。人間的なエピソードに満ち興味をそそられるような人物は、この種の人々のなかからは滅多にお目にかかれないに違いない。

特高警察と思想検察について前出の荻野は、「「陛下の警察官」「陛下の検察官」意識をかき立てながら、「倫理上の善悪の審判官」たることを自任自負することで、思想上の「罪人、非国民」に対する拷問も、苛酷な司法処分も容赦なく断行できた」（前掲『思想検察』）と記している。

では、棚町の父はどうだったのだろうか。

「倫理上の善悪の審判官」として生きた丈四郎の楽しみは、余暇に俳句を詠むことだった。丈四郎の兄・佐々木茂枝（八幡製鉄所に勤め、のちに同社理事）宛に「私は思想問題の研究に没頭して居ますが余暇には俳句をやります」と、作品を書き添えた手紙を送っている。文人としてのささやかな矜持もみられる。

文章を書くことは苦にならなかったようだ。欧米各国を視察した旅の記録をまとめ、『欧米管見』（一九三七年・佐世保日日新聞印刷部刊、非売品）と題して刊行している。

そのなかで、第一次世界大戦におけるフランスとドイツの最大の激戦地、ベルダンを訪れたことにふれ、「とても二〇三高地の段ではない。日本軍は日露戦争に勝ったと言っているけれども、世界大戦は日露戦争の頃とは戦争が変わってきている」と印象を記している。この地での戦死者は仏独両軍を併せ七、八十万人にのぼるという。海軍から欧州視察に派遣され、ベルダンでの国家総力戦の闘いの惨状をつぶさに見た軍人に

＊25　岸本義広（一八九七～一九六五）　検察官・衆議院議員。戦後、東京地検の検事正となり、法務事務次官・東京高検検事長。のちに大阪地検特捜部により公職選挙法違反で逮捕される。

＊26　三木清（一八九七～一九四五）　哲学者・法政大学教授。京都帝国大学で学ぶ。著書『歴史哲学』『人生論ノート』など。陸軍に徴用されマニラへ報道班員として派遣。一九四五（昭和二十）年三月、治安維持法違反により投獄、敗戦直後に豊多摩刑務所で獄死。

水野廣徳[*27]がいる。水野は帰国後、海軍を辞し、ジャーナリストとして軍縮策を打ち出していったが、丈四郎もまた軍事技術の進展による殲滅戦という戦争の変化を予見していた。

ドイツの動向に対しては、「ナチスのやっている思想取り締まりは強引で、実に乱暴な話である」と鋭く批判している。一方、イタリアのムッソリーニによるファシズムについては、「階級闘争熾烈なりし労使両方面に鉄槌を加え、之れを国家主義の下に労使一体の共存共栄主義に改めた事である。之れは我国の将来に於ても大に参考とすべき事柄である」と評価している。

イタリアのファシズムは、「国家主義のもとにした労使一体の共存共栄主義」と丈四郎が指摘しているように、社会の貧富の格差や失業の問題が深刻化するなかで、国家・資本家・労働者による協調組合制度をつくり、国家の介入によって問題を解決しようとした。国家が正しい路線を規定し、人を束ねていく。しかし、束ねられることを拒否すれば「非国民」として排除される。民族精神を強調しつつ国民を総動員し、戦争準備を進めていくやり方だ。

日本では一九三八（昭和十三）年に国家総動員法が制定され、すべての政党が解散して大政翼賛会[*28]に合流し、労働組合は産業報国会へと一本化していった。いわゆる翼賛体制である。こういう日本版のファシズムを形成していくにあたってイタリアのファシズムは参考になるとみていたのだろうか。この視察報告の記録を読む限り、丈四郎は欧米の政治情勢や民衆の生活について的確に観察している。

父が亡くなったのは昭和十三年の末でしたから、このようなことを活字にできたのでしょう。二、三年の後のことであったら、とても活字にできなかったはず。よい時に死んだと思う。

思想検察という存在について、棚町は次のように見ていた。

戦前の治安維持法や特高、思想検事は、極悪非道のように言われる。そういう面がなかった、とは言えない。最後の五年間は、確かにそうだったと思うけれども、それより前、昭和10年までのことを、もう一度、冷静に見直してもらいたい。コミンテルンを食い止めようとしたのが、治安維持法なのです。それを、小林多喜二が虐殺された、とかということにすり替え〔られ〕てしまっている。極端に言えば、日本が北朝鮮のように、ソ連に占領された方が良かったと思いますか、と反論して言わなければいけない。

（「棚町知彌氏に福岡検閲局時代を聞く」、『平和文化研究』第二十七集、長崎総合科学大学長崎平和文化研究所）

治安維持法については歴史学者や法曹関係者の間では否定的な意見が戦後、主流である。しかし、それは今日からみれば、戦後に避けることができなかった反動というべきものかもしれない。小林多喜二の虐殺や横浜事件[*29]の獄死者に見られるように、量刑としては軽くても、拷問や虐待で命を落とした者があまりにも多かったからである。一方、保守派とよばれる陣営には、少なくとも日本に革命が起こり、日本が共産圏に取り込まれるのを防止する役割は果たした、という治安維持法擁護論が根強くある。同法の対象が共産主義者から国策に

＊27　水野廣徳（一八七五〜一九四五）　海軍軍人・軍事評論家。愛媛県生まれ。日露戦争の日本海海戦を描いた戦記「此一戦」で知られるが、のちに人道的反戦思想に転じる。
＊28　大政翼賛会　新体制運動を推進する第二次近衛文磨内閣により一九四〇年十月に創立された、全政党・団体を一元的に糾合した組織。
＊29　横浜事件　一九四二年から起った雑誌『改造』『中央公論』などに対する言論弾圧事件。戦争に批判的であったジャーナリズムへの弾圧に拡大され、編集者六十名余が逮捕、約三十名が有罪とされ、四人が獄死した。

に都合の悪い意見を言う者すべてに拡大されたこと、すなわち法の存在よりも運用の仕方に問題があったとする見方もある。

しかし、棚町の評価は、「治安維持法などの治安立法は、日本がソ連の破壊活動から自国を防衛する手段として当然の法律である」というものであった。

たしかに国内治安を維持することも大切だろう。だが、どちらかといえばリベラル（と思っていた）な棚町式国語の授業を受けてきた私にとっては、治安維持法肯定論を聞かされるのは驚きだった。そのとき、高専時代の学生集会で「悪法も法なり」とばかりに鬼の形相で私に立ち向かってきた棚町のイメージが、一瞬だがよみがえった。けれども、新聞記者をやってきて世の中の複雑さを多少知るようになっていた私は、「じつは先生は、心底からそんなふうに思っていないのではないか？」という疑いを抱いたことも事実だ。

話を聞いて、ただ戸惑うばかりであった。

ともあれ、そのときはっきりわかったことがある。棚町にとって父・丈四郎はどこまでも尊敬に値する存在だったという一事である。いつも温和な表情をふりまいていた棚町だが、根っこのところでは社会の「治者」として生きた丈四郎の倫理観や社会観をしっかり受け継いでいたのだ。

▲父・丈四郎と母・ユキ

第三章　皇国青年への自己形成

成蹊小学校時代▲

◉早熟な数学少年

「精悍なるも小心。研究心あり」

これは知彌の性格について、成蹊小学校入学時の家庭調査書に丈四郎が記した評言である。「まさにそこに書かれてあるとおり。親父は私の性格をほんとうによく見抜いていた」。父の慧眼に棚町自身も心の底から感心していた。思想検察の最前線を担った人の言葉だからか、とても冷徹だ。

三島由紀夫も同様だが、棚町の数え年は昭和の年号と同じ数字なのでわかりやすい。井の頭幼稚園から成蹊小学校に入学したのは一九三二（昭和七）年四月。「満洲国建国」が宣言された翌月だ。

成蹊学園は、三菱財閥の支援を受けて創設された。一九二五（大正十四）年、イギリスのパブリックスクールをモデルに七年制高等学校となり、小学校を含めた十三年一貫教育の体制をとった。棚町が生まれた年でもある。当時、小学校課程を包含する旧制高校は稀で、小学校に入学すればたいてい帝国大学への道が開かれていた。生徒の多くが東京帝国大学に進んでいる。少年期から青年期にかけてこの学園で過ごした棚町は文字通り「蹊《こみち》の子」となった。

1932-44

成蹊学園での揺籃期

棚町知彌アルバム

◀小学校時代の遠足（鎌倉・鶴岡八幡宮）

▲中学校時代の遠足

この学園は、日本古来の教育理念ともいえる修養（精神を練磨し、優れた人格を形成することに努める）を基礎とし、「個性の尊重」と「人格の練成」を教育の根幹に据えていた。学園を創設した三菱財閥との関係はその後も続き、三菱財閥四代目総帥・岩崎小弥太（初代理事長）から三菱金曜会のトップが成蹊学園の理事長を務めている。

そうした校風に丈四郎は賛同し、二歳上の兄・誠一郎に続いて知彌も入学させた。幼年時代から少年時代をとおして貧困などを経験することもなく育っていく。まじめで、純真で、感受性に富んだ棚町は、どこまでも父が期待するとおりの少年であろうとした。それはすなわち皇国少年としての道である。

そのころの成蹊学園では、男子二十人と女子十人で一学級を構成し、同一担任が卒業まで持ち上がる学級運営方式を採っていた。棚町の担任は香取良範。算術教育の先端的指導者として教育界で知られる存在だった。また、数学のほか英語教育も重視していた。英字新聞を読むことができ、手紙が書けて、外国人と会話できることを在学中の目標として掲げ、小学校四年から六年にかけて英語の授業が設けられていたのだ。さながら今日の新学習指導要領の内容を、昭和初年代に先取りして実現していたかのようだ。

国語では、実践国語研究というグループを率いる西原慶一が、秋田から「生活綴り方運動」の滑川道夫（元日本児童文学会会長）をスカウトしてきていた。その滑川が初めて編集担当した学童作文誌『成蹊』（第二十四輯）の誌上において、日光に遠足したときの感想を綴った棚町の「日光旅行記」が超特選に選ばれた。五学年の後期のことだ。

一九三六（昭和十一）年の二・二六事件から一年後に出たその号には、棚町の一学年下の渡辺和子（一九二七〜二〇一六、カトリック修道女で元ノートルダム清心学園理事長）の「鳩」と題された作文も掲載された。渡辺の父は陸軍中将で旭川第七師団長だった渡辺錠太郎である。事件のとき、教育総監だった父が居間で青年将校らに襲撃され、命を落としたのを彼女は目撃している。他者への赦しを信仰上の信念とした人だったが、二・二六事件の背後にいたといわれる皇道派の「黒幕」たちだけは生涯許すことはなかった（保阪正康『昭和の怪物 七つの謎』）。

ところで、担任の香取はいつしか「綴り方少年」として自信をつけた棚町に、毎月、『算術教育』という雑誌に「算術教室」というタイトルで連載を書かせた。同誌は教授法を掲載する雑誌である。生活をとおして数理の世界を学ぶ「生活算術運動」の指導的実践者だった香取は、「六年生の算術の教え方は、六年生にしかわからない」と考え、その思いを棚町に託そうとしたのだ。棚町は「グラフの話」「正比例・反比例の話」などと題して、小学生の頭で考えた算術についてしっかりした原稿を書いている。用紙事情もあって四回で終わったが、小学六年生の立場から書いたその連載は探究心旺盛で、早熟な才能の片鱗をのぞかせていた。

ただ、小倉金之助（数学者、戦後、民主主義科学者協会会長）は、「そもそも対象にとりあげている文部省教科書がよろしくない。何か教師くさいこの子の文章が面白くない……」という講評を寄せている。少年には酷な評価といえる。当時の小倉が香取や出版社との間でやりとり

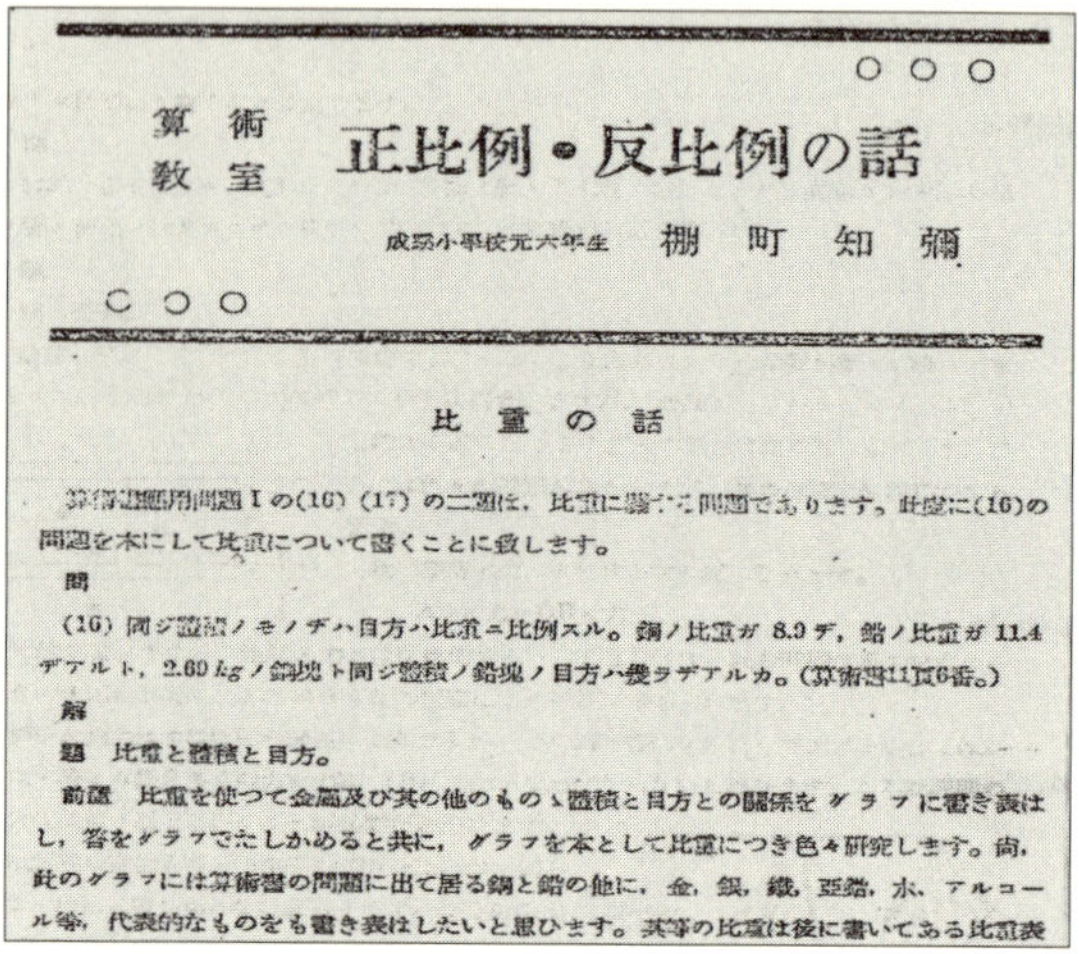

○○○

算術教室　正比例・反比例の話

成蹊小學校元六年生　棚町知彌

○○○

比重の話

算術書應用問題Ｉの(16)(17)の二題は、比重に關する問題であります。此處に(16)の問題を本にして比重について書くことに致します。

問

(16) 同ジ體積ノモノデハ目方ハ比重ニ比例スル。銅ノ比重ガ 8.9 デ，鉛ノ比重ガ 11.4 デアルト，2.69 kg ノ銅塊ト同ジ體積ノ鉛塊ノ目方ハ幾ラデアルカ。（算術書11頁6番。）

解

題　比重と體積と目方。

前置　比重を使つて金屬及び其の他のもの丶體積と目方との關係をグラフに書き表はし，答をグラフでたしかめると共に，グラフを本として比重につき色々研究します。尚，此のグラフには算術書の問題に出て居る銅と鉛の他に，金，銀，鐵，亞鉛，水、アルコール等，代表的なものをも書き表はしたいと思ひます。其等の比重は後に書いてある比重表

▲棚町少年の連載「算術教室」
（『算術教育』203号、昭和14年9月）

した葉書や書状を保存していた棚町は、「まったくそのとおりでしょう。才気走った小生意気な子供でしたから」と振り返る。たしかに、棚町の文章はあまりにもストレートで、子供っぽさや不良性が微塵もない。概して優等生の言辞ほどつまらないものはないというが、この評伝の著者である私自身にとっても正直面白くない。

余談になるが、棚町より三学年上に哲学者・鶴見俊輔（一九二二～二〇一五）がいる。著名な政治家・鶴見祐輔と妻愛子（後藤新平の娘）の長男として生まれた鶴見は、東京高等師範学校付属小時代から札付きの不良少年だった。非行の道をひた走ったのは、祖父や父への反抗心からであった。小・中学校を中退し家出や自殺未遂を繰り返すが、やがて渡米してプラグマティズムと出合いハーバード大学を卒業する。しかし、折からの日米開戦で祖国の敗北を予感して捕虜交換船で帰国している。鶴見のユニークな遍歴は興味深いが、それはきわめて特異な事例である。

▲17歳の鶴見俊輔
（黒川創著の評伝表紙より）

鶴見は生涯、優等生を「成績一番病にかかっている」と皮肉って嫌悪したが、優等生の典型を同世代に捜し求めるなら、成蹊学園時代の棚町少年が該当するはずである。山の手に住む早熟なお坊ちゃんの棚町は、父や教師の期待にひたむきに応えようとした。それはまた、人一倍敏感に〝時代の空気〟を胸に吸い込みながら成長することを意味していた。

◉国家神道へ傾斜する学園

小学六年だった一九三七（昭和十二）年九月、成蹊学園初代校長の浅野孝之が大病をして退任した（のちに回復し、旧制姫路高校・旧制七高造士館校長を歴任）。新校長に就任したのが、神宮皇學館教頭だった土田誠一（戦後に警視総監・防衛大学校長を歴任する土田國保の父）である。土田校長は神道教育を徹底させ、それまでの成蹊教育の理念を根本的に揺るがすような大改革を断行した。知育偏重を排し、人格主義にもとづく日本人としての人間教育をめざして、その拠り所を日本古来の神道に定めた。

　始業開始の鐘が拍子木に変わり、学内に報命神社が建てられ、寮では禊《みそぎ》が行われた。その「土田神道」の教育に対して教職員から強い反発が生じたが、すでに父親をとおして神道精神に感化されていた棚町はなんの抵抗も感じなかったという。

　先にふれた朴烈大逆事件、満州事変、国体明徴運動、二・二六事件などを契機として、国家神道を全国民的に推進しようとする雰囲気は棚町の周囲に満ち満ちていた。その時代の空気を昭和年表から探っておこう。

　ＮＨＫは昭和十二年十月十三日からの国民精神総動員強調週間運動の一環として第一回国民唱歌に「海ゆかば」を選び、放送している。この歌を作曲した信時潔《のぶとききよし》*30（東京音楽学校教授）は、成蹊学園の校歌「成蹊の歌」（昭和二年制定）を作曲した人でもある。

　海行《ゆ》かば　水漬《みづ》く屍《かばね》
　山行かば　草生《くさむ》す屍
　大君《おほきみ》の　辺《へ》にこそ死なめ

▲信時潔と代表作「カンタータ海道東征」
（ＣＤジャケット）

かえりみはせじ

荘重で、静かな「死の賛歌」である。聴く者の体の奥底からうねりを呼び起こすような響きがあり、人々を歴史の激流に包み込んでいく。のちに、太平洋戦争で「玉砕」が報じられるニュースの前では、必ずこの歌が流されるようになった。

その年七月七日には盧溝橋事件[*31]、その約二十日後に通州事件[*32]が起きて、日中戦争が本格化する。十二月十三日に日本軍は南京を占領し、いわゆる南京大虐殺事件が起きている。翌十四日に全国津々浦々の町村で南京陥落祝賀の提灯行列が行われ、東京市で四十万人が参加、デパートで祝賀セールが繰り広げられた。

この年の十二月、作家・山本有三[*33]が編纂した「日本少国民文庫」の最終刊として、吉野源三郎『君たちはどう生きるか』が新潮社から出版されている。主人公、コペル君の名は、天動説に異を唱えて地動説をうちだしたコペルニクスにちなんでいる。コペルニクスのように、地球は広い宇宙の天体の一つであるとし、動くものとして考えるのか、それとも彼を裁いた法王庁のように、地球こそ宇宙の中心だと自己中心的に考えるのか。この二つのものの見方の違いは、天文学という枠を超えて世の中のこと、人生のことを考えるときの重要な分

＊30　信時潔（一八八七〜一九六五）　作曲家・音楽学者・チェロ奏者。ドイツに留学し指揮と作曲、チェロを学ぶ。代表作に「沙羅」「海ゆかば」「交声曲（カンタータ）海道東征」など。

＊31　盧溝橋事件　一九三七（昭和十二）年七月七日、中国・北京近くの盧溝橋付近で演習中の日本軍中隊に対して射撃がなされたことを発端として日中戦争に突入した。

＊32　通州事件　同年七月二十九日、中国・通州において中国人部隊によって日本軍守備隊や日本人居留民が襲撃された事件。二百人以上が殺害・処刑された。

＊33　山本有三（一八八七〜一九七四）　大正から昭和期の小説家。文化勲章受章者。代表作に『真実一路』『路傍の石』など。

岐点である。吉野はコペル君の叔父さんをとおして、日本から世界を見るのか、世界の中の日本として考えるのかを問いかけている。

だが、こんな大切な問いかけがあったにもかかわらず、当時の国民はそれに背を向けていった。こう書く著者にしても、あの時代を生きていたとして、何も聞こうとせず成り行きにまかせて時勢に押し流されていくだけだったかもしれない。また、〈天皇―戦争―名誉ある死〉という幻想に包み込まれなかったと断言する自信もない。疾風怒濤の時代には一市民として目前の生活に追いまくられ、生き抜くことに精一杯で、国家が戦争への坂道を転がり落ちていく危険を感知することも難しいだろう。

翌一九三八（昭和十三）年の三月、土田校長を迎えた最初の小学校卒業式で、棚町は卒業生代表として答辞を読んでいる。「〔土田神道による〕洗脳を受けたというよりも、洗脳を行う権力に全エネルギーを出して協力する皇国少年になっていたという。

尋常（中等）科に進んだその年の暮れ、治安維持に全人格を投入していた父・丈四郎が突然亡くなった。父が体現していた皇道精神を、棚町は父の遺志として受け継いでいく。

◉学内エリートをめざす

一九四一（昭和十六）年十二月八日、日本はハワイ真珠湾への攻撃によってアメリカとの戦争に突入した。当時は支那事変（日中戦争）にさかのぼって「大東亜戦争」と呼称されることになった。戦後、「太平洋戦争」と呼ばれるようになる日米全面戦争の開戦である。

「記憶せよ、十二月八日。／この日世界の歴史あらたまる。／アングロ　サクソンの主権、／この日東亜の陸と海とに否定さる。」――詩人、高村光太郎[*34]はこういうフレーズで始まる詩を書き、以後おびただしい戦争詩を矢継ぎ早に発表した。そして「一億一心」という掛け声とともに、国民総動員体制が極限的に強化された。

翌一九四二（昭和十七）年四月、棚町は成蹊高校文科甲類（英語）に進学した。日本軍は破竹の勢いで海外に侵攻し、南方のニューギニアにまで上陸、戦線は拡大する一方だった。朝から晩まで軍国主義的な教育をたたきこまれ、棚町もまた「皇軍は絶対に負けない、いくところに正義がある」と思い込んでいた。

それまで成蹊高校は文科も理科も、甲（英語）・乙（独語）あわせて一クラス（四十数名）だったが、その春から戦時態勢のため理科が倍増され、理甲一クラス・理乙一クラスとなる。一般中学からの編入生も増え、全学年の三分の一強を占めるようになった。

数学好きの少年だったはずの棚町が、高校ではなぜ文甲（英語）を選択したのだろうか。

それは「とにかく自分が文甲に入って学園を引っ張っていくのだ、という誇大妄想にかられていた」からだという。文甲は学内組織編成上の最右翼。その先頭にあたる文科の級長になり、学校全体のリーダーになろうという心意気だった、と率直に語る。リーダーになるためには、得意なことだけでなく何でも取り組まなければならない。成績に秀で周囲から優等生として見られて育ったことで、いつしか自分には不可能なことはないと思い込むほど自信過剰になっていた。

▲現在の成蹊高等学校

＊34　高村光太郎（一八八三〜一九五六）　詩人・歌人・彫刻家・画家。『道程』『智恵子抄』などの詩集が著名で、日本近代を代表する詩人。評論や随筆、短歌も多数ある。

高等科の一年生は全員が「明正学寮」という寮に入る決まりだった。自宅は学園の横門（東門）から約百メートルのところにあり、寮のほうが教室までの距離ははるかに遠い。寮は南・北の二棟に各六室あり、一階は対面机を連ねた洋風の自習室、階上が畳敷きの和風の寝室である。一部屋に十二人ぐらい入居し、棚町は北寮五室の室長になった。戦後、米軍兵士が残した混血児のための施設「エリザベス・サンダースホーム」で知られる沢田美喜（岩崎弥太郎の孫娘）の二男で、歌手の安田祥子と結婚した沢田久雄（外交官）も一緒だった。

「同級生には、三菱財閥の岩崎一族で東京高等師範附属中学からきた軟派生や、神戸一中（日本一の教練中学）出身のH君とか、後に東北大歯学部や歯科大をつくる銃剣術部員のO君とかも同室だった。いちばんの話し相手は東大文学部のボス・井上哲次郎の孫で、亡父が理系教授だったT君（理甲）だった」

学友たちはみな会社の重役、国の役人、高級軍人、大学教授といったエリート層の子弟で、庶民階層の出身は一人もいない。そんな友人たちに囲まれて青春期を過ごしたことは棚町の誇りでもあった。

寮長も務め、さらには高等科在籍中一貫して生徒代表で通した棚町にとって、学校運営をとおして最も親しくなったのが教頭の鈴木一郎（数学担当）である。この人は小学六年間を過ごした香取学級の同級生の父親でもあった。「ウルフ」とあだ名され、勤労動員や実務の多くを率先して担っていた鈴木教頭だが、「神がかり」の土谷校長だけは苦手にしていた。鈴木とは「教頭と学生というより、同志のような関係」だった、と棚町は振り返っている。

◉教練指導のリーダー格

入寮十日後の一九四二（昭和十七）年四月十八日、「ドーリットル空襲」が東京を見舞った。航空母艦に搭載されたアメリカ陸軍航空隊の爆撃機によって、日本本土への初の空襲が敢行されたのだ。作戦の名は空襲の指揮官ジミー・ドーリットル中佐に由来する。校庭にいた生徒を狙い撃ちした機銃掃射もあり、民間人からも死傷者を生んだ。

六月に入り、ミッドウェー海戦（六月五日）で日米の戦況は一変した。日本海軍の機動部隊は、アメリカ機動部隊との航空戦の結果、空母四隻と多数の艦載機を一挙に失った。日本は戦争における主導権を奪われ、これ以後、戦況は悪化の一途をたどる。

そんななかで棚町は学校の報国団長に任命された。「国防訓練部銃剣道班幹事ヲ命ス」。文部省からの指示により射撃部・馬術部・銃剣道部を含めた従来の体育部全体が「国防訓練部」と改名され、その部長として陸軍戸山学校（新宿区）の銃剣術講習会に通った。

十七歳の誕生日だった八月三十一日、寮から出火した火事騒ぎがあった。

「学校では夏休み終りの作業として全校あげて草とりをしていた。昼食休憩で校舎の屋上にいたとき、「寮が火事だ」と、鈴木教頭が大声で叫びながら校庭を走っていた。現場へかけつけると、北寮が炎につつまれ、用務員が火の粉をかぶりながら北寮と南寮をつなぐ渡り廊下の屋根を切り離していた。武蔵野消防署のポンプ車も駆けつけ消火にあたったが、空気がカラカラに乾燥していたので北寮は完全に焼け落ちた」

寝室の隅に吸い殻がたくさんあったのを多くの寮生が見ていた。にもかかわらず、火元と目された北寮五室の室長だった棚町に、消防や警察が審問することはなかった。「なにしろ超模範生徒でしたからね」

米軍の空襲に備え、学園では村の消防団が使う「腕用消防ポンプ」を購入した。学内警防団が組織され、自宅が近い生徒や寮生の一部が団員となった。棚町は防火教育を担当することになり、ポンプ操法の指導テキスト（マニュアル）を作成した。いわば〝学内権力〟の一角を占めていたのだ。

翌一九四三（昭和十八）年二月には文部省主催のデンマーク体操講習会に派遣され、寒風吹きすさぶ練兵場でひ弱な身体を徹底的に鍛え上げた。この体操は、海軍大佐・堀内豊秋が訪日デンマーク人の体操術を見学して開眼し、考案したという堀内式海軍体操である。堀内はその後、日本初の落下傘部隊としてインドネシア・メナドへの奇襲降下作戦を指揮、海軍省製作の国策アニメ『桃太郎 海の神兵』にその活躍が描かれている。棚町は四月の新学期から毎朝の朝礼時、生徒全員の体操を壇上で指導した。小学生のころから体操で一度も「甲」をもらったことのない少年が号令台上で「アン・ドウ・トロワー」と率先して体を動かしたのだから、使命感というものは恐ろしい。

学園生活でいちばん親しくしていた同級生の鎮目《しずめ》恭夫《やすお》（科学史家、一九二五〜二〇一二）は、「棚町は中背の漏斗胸で、見栄えも格好もよいとはいえず、運動神経もむしろ鈍い。にもかかわらず、まるで全校生の指導者然として振る舞っていた」と回想している。

その夏、八ヶ岳山麓の野辺山高原で行われた文部省全国大学高専報国団幹部錬成会にも派遣される。「いつしか教練小僧になっていた」。棚町はまさに、皇国教育を壇上から衆に向かって煽動する存在になった。

▲親友の鎮目恭夫（右）と

◉語学習得に打ち込む

学生のリーダーを自任するからには、勉学で後れをとるわけにはいかない。語学の習得にはとくに人一倍打ち込んだ。旧制高校といえば高下駄を履いて寮歌を高唱するバンカラ学生をイメージするが、棚町の話を聞くと当時の生徒たちの学力水準の高さ、猛烈な学習ぶりに驚かされる。

成蹊高校は英語の教師陣が充実していた。高等科一年のころは英語が「メシより好き」になり、英語学界の最先端といわれ用例集が特色の『ソーンダイク大辞典』まで買った。尋常科（中学）一年から七年間、英語を教えてもらったのは清水護という、東大の市河三喜門下の秀才だった。棚町宅の向い、西原春夫（のちの早大総長）宅の隣の借家に住んでいて、戦後、ＩＣＵ（国際基督教大学）に日本人教授第一号として招かれた人である。

「ちなみに、その清水家の隣の西川正身さんは東京商大の先生だった。当時まだ珍しかったアメリカ文学専攻で、市河三喜の愛弟子だと聞いていた。ほかに戦後、ノーマン・メイラーを日本に紹介した山西英一先生にも習ったし、その息子は同級生だった」

ドイツ語教師には、ヘルマン・ヘッセの翻訳で知られる高橋健二、『コンサイス独和辞典』の倉石五郎[*35]がいた。二人の猛烈な授業ぶりは卒業生たちの回想にしばしば登場する。毎年、卒業生が二十人足らずの文乙から、東大の岩崎英四郎（本郷）・藤村宏（駒場）の両教授を輩出した。

「この名物教授たちの授業を受けられないのが残念で、二年のころ週一時間の個人教授を志望し、倉石宅のある大久保まで毎日曜の夜に通った。いつも和服に袴の先生と対面して、シュペングラー『ドイツ哲学史』を和訳した。倉石先生は不変化詞の権威で、和訳といってもそのＶＯＮ（前置詞）の三格だか、四格だかをはっきりさせなければ、「ダメ」の一言でおしまい。あとは何も教えてくれない。そこで次の週は「ダメ」への再トライ。ダメがたまって一行も進まないまま時間切れになることもありました」

＊35　倉石五郎（一八九九〜一九七六）　ドイツ語学者。中国文学者・倉石武四郎の弟。

倉石宅では、終了五分前に運ばれる洋菓子と紅茶が楽しみだった。そのころ洋菓子は店先から消えていたので、どうしてそれがあるのか不思議だった。土曜日に戸山の陸軍学校で銃剣術を学び、日曜は倉石独語というのが高校二年生の週末の日々だった。

◉二人の国語教師

国語については二人の教師の思い出を棚町は記している（「恩師の思い出」博多工高新聞、一九五五年）。一人は東大で俳文学を講じるかたわら国語の講師として出講していた文学博士・志田義秀[*36]。のちに棚町が九州大学で師事することになる杉浦正一郎の恩師にあたり、芭蕉研究の第一人者だった。当時六十歳を超えていたが、たった三分バスの延着で遅刻したことを生徒に詫びるという、几帳面で謹厳そのものの人柄だった。

高校生の一般教養としての国語授業であるから大学の専攻学生と違って真面目に傾聴しない。爆弾も身近かな当時、痩身鶴のごとき先生は、われわれが専攻学生ではないからといって少しもゆるがせにすることなく、厳密そのものの講義を進められた。しきりに咳をする生徒があっても、本当に「困りました、なるべく咳をせぬようにしてください」と深刻な顔をして考え込まれたものである。『平家物語』だったかのとき、「四条烏丸の邸」云々というところで、絶句赤面された。しばらくあって、あっけにとられているわれわれ悪童に、衷心より恥かしそうに「まことに相すまぬことです。うっかりして、とんだことをしました。四条と烏丸通りの角の邸といえば四カ所が考えられる。その何の角か調べるのを失念しました。お恥かしいことです」と断られたのには、一同唖然たるとともに先生の学究としての良心に打たれたものである。もっとも、そのときはあきれた方が強かったというのが正直のところである。「四条通りと烏丸通りの角」といってしまえばそれだけのことである。それを自ら許さなかった先生の学問的良心には、ただただ敬服するのみである。

もう一人は、現代俳句の大家として知られる中村草田男[*37]（本名・清一郎）で、尋常科（中学）一年から高等科まで教えた。この人からは『万葉集』を学んだ。「高浜虚子門下の逸材で、早くから因習的な世界から脱した人生探究の俳句を唱道された方」としてその記憶をこう綴っている。

作品に「青い灯赤い灯」とか「女給の手」とか、悪童にとっては、もっともっと先生を困らせる種に事欠かなかった。背中が心持ち曲っておられ、カリエスと異名つけられた先生が、やかましい教室に入って来られ、片足を後へはね上げて教机につっ伏すような独特のお辞儀をされてから、黒板を振り返ると、意地悪い自作の句が書いてある。ドッとはやされて、ふだんでも泣きそうな声で話される先生は、ひたすらに「やめて、やめて」といわれたものである。

▲中村草田男

*36　志田義秀（一八七六〜一九四六）　国文学者・俳人。俳号は素琴。東洋大学教授。『東炎』を創刊・主宰。
*37　中村草田男（一九〇一〜八三）　『ホトトギス』で客観写生を学び、ニーチェなど西洋思想から影響を受け、石田波郷・加藤楸邨らとともに人間探求派と呼ばれた。『萬緑』を創刊・主宰。

▲吉祥寺の自邸庭で祖母・母・兄弟と（後列中央・知彌）

さらに草田男の『万葉集』の講義については――

「暁と夜烏鳴けどこのおかの木末《こぬれ》の上はいまだ静けし」（巻七の歌）。大意は、烏などはもうあかつきになったと告げるけれども、あのように岡の森は未だ静かなのですから、もう少しゆっくりしておいでなさい、と女が男にいう後朝《きぬぎぬ》の別れの歌であるが、このとき、先生は声をひそめて「こんなことを皆さんにいってはどうかと思うけど、都々逸《どどいつ》の――三千世界の烏を殺し、ぬしと朝寝がして見たい――という感じですね」といわれた。『万葉集』といえば、柿本人麿でも「大君は神にしませば天雲のいかづちのうえにいほりせるかも」とか、海犬養岡麿《あまのいぬかいのおかまろ》の「御民われ生けるしるしあり天地の栄ゆるときにあへらくおもえば」などの歌が、軍国主義的に強調されていた時代である。「壮行や深雪《みゆき》に犬のみ腰をおとし」の句にレジスタンスを秘められた先生が、戦後の今日もご健在で「いくさよあるな麦生《むぎばえ》に金貨天降るとも」と叫ばれる世にあわれたことは、かつて先生を困らせた一教え子として、よろこばしく存じあげている。

当時の学校の雰囲気がしのばれるので長々と引用したが、ふたたび棚町の学生生活に戻ることにしよう。

◉配属将校の家庭教師に

「じつは、強面《こわもて》の配属将校の家庭教師もやっていたんだ」

棚町はそのことがなにより自慢らしく、懐かしそうに語った。私は何度聞かされたかわからない。その配属将校は「パイ公」というあだ名の陸軍大佐・原田寅良。円周率を示すギリシャ文字のπ《パイ》（割り切れない）に由来する。ませた上級生が軽蔑・嘲笑の意を込めてつけたのだが、多くの生徒はそんなことは知らずに「パイ公」と呼んでいた。別の名は「赤トラ」。赤ら顔のトラで、呑ん兵衛のトラではなく勇猛な虎を意味した。

「お前たち、戦争に負けた国民は惨めなもんだぞ」

教練のなかで原田大佐は、大陸での中国人虐殺の情景を語った。「赤トラ」という名はそんな蛮行への批判を込めたあだ名ではなく、着任早々それまでの配属将校を「藤」「西村」と呼びつけにし、生徒を驚かせたからだった。尋常科四年生の秋から文甲の二年生の夏まで二年間勤務していたが、学園では配属将校に文部省以上の圧力を感じていた。その「赤トラ」に英語をひそかに教えていたことが、棚町のなによりも愉快な思い出なのだ。

大佐は、陸軍幼年学校出の職業軍人である。だが、陸軍大学卒（いわゆる天保銭組）ではなく、慣例では昇進もせいぜい大佐止まりだった。陸軍大学の卒業生に授与される卒業徽章は、胸部に菊花と星章をかたどり、江戸時代の天保通宝に似ていることから、陸大卒業生を「天保銭組」と呼んだ。陸大を出ない将校は「無天保銭組」とされ、両者の間で感情的な対立が生まれる。一九三六（昭和十一）年に陸大卒業徽章は廃止されるが、それでも差別は続いていた。

配属将校の任期は普通二年である。大佐は任期を終えたあと陸軍司政官を志したが、それには採用試験を突破しなくてはならない。行政学も英語もからっきしダメだったので、棚町に英語の指導を頼んできた。中央大学法学部（夜間部）に入学した大佐の英語の教材は『レッセ・フェール（自由放任主義）』と題するフランス革命を扱った英語のテキスト。棚町の家で週二日、時には日曜に世田谷の大佐宅へ出張することも。棚町は英語辞書を片手に同時通訳のように和訳し、大佐はひたすら鉛筆で訳を書き込む。合間の息抜きに、大佐は生かじりのドイツの地政学《ゲオポリティーク》を講釈してくれた。

一九四三（昭和十八）年一月八日、原田大佐は代々木練兵場の陸軍始（陸軍の仕事始め）観兵式の在郷軍人席へ棚町を自分の家族として招待した。そのとき、棚町は白馬に跨がった大元帥陛下（昭和天皇）を間近に見る。体が震えて止まらなくなった。

一年間で中央大学夜間部を卒業した大佐は司政官試験をみごとに合格。その夏、配属将校の任期を終え、スマトラ島（インドネシア）の日本軍政司政官として現地へ赴任した。その直前、郷里・山口県吉敷郡小郡町から届いた葉書に、「常に精神的の御厚情深く御礼申上候。永久に忘れ難く存し候」と書かれていた。

翌年、スマトラから届いた軍事郵便はがきには、

「拝復。一月一日の手紙（中略）を受領　仕《つかまつり》候。色々内地の様子を承《うけたま》はり、誠に有難く御礼申上候。当地は雨期も終の候となり、田地は皆米の田となり、愉快に存し候。果物も沢山あり、安く食へられ、何不自由なく暮し居《おり》候。本も先般昭南《シンガポール》にて買求め申候。今や敵の反抗所々に試みられ、愈々《いよいよ》決戦の期の到来かとも存せられ実力発揮の時か来たと存候。祈御健康。匆々」

その後、「赤トラ」がどうなったかはわからない。

「赤トラ」から中国戦線での皇軍の蛮行、中国人虐殺の様子を聞いたとき、棚町はどう思っていたのだろうか。ついに尋ねる機会を逸した疑問である。日中戦争は日本による侵略に違いない。しかし、それよりも広大な大陸への憧れのほうが島国に住む日本の青少年の心を捉えていたのかもしれない。

地平線の彼方に真っ赤な太陽が落ちていく。その大陸で何が起こっていたか、当時の若者が正確に知ることは難しかっただろう。まして、それに対する批判的見解を形成するなど――。棚町の回想を聞くにつけ、世界の側から日本を客観的に眺めるコペル君の眼差しをもつことは、けっして容易ではないと感じる。

棚町少年はただひたすら、「王道楽土」「五族協和」の夢に突き進んでいた。

◀出陣学徒壮行会（NHK「昭和と戦争」DVDより、左上・東條首相、左下・江橋慎四郎）
下・成蹊高等学校の配属将校を囲んで（将校の左・棚町）

◉壮行之辞を読む

寮の隣部屋には山本五十六[*38]元帥の長男・義正がいた。府立一中（のちの日比谷高校）から理甲に入っていたのだ。一九四三（昭和十八）年四月十八日、山本元帥の搭乗機がブーゲンビル島上空で撃墜され戦死したとき、棚町は土田校長の供をして山本宅を弔問した。六月五日、東京日比谷公園内で行われた国葬にも参列した。皇族・華族ではない平民の国葬は、戦前これが唯一の例であった。そのときも棚町は日本が敗けるとは夢にも思わず、聖戦に身を委ねていこうと決意していたという。

戦局はますます悪化の一途をたどった。それに伴い深刻な労働力不足が生じ、中等学校以上の生徒・学生が軍需産業や食料生産に動員された。東條内閣は六月「学徒戦時動員体制確立要綱」を閣議決定し、学校報国隊を強化して戦技・特技・防空訓練を充実させ、女子には救護訓練を行わせた。成蹊高校の教育期間は三年から二年半に短縮されている。

九月二十二日に三年生の卒業式が行われ、このとき生徒総代として送辞を読んだのも棚町だった。いまは戦時中だから卒業生はお国のために兵隊として尽くしてほしい、と熱弁をふるった。

「輦轂《れんこく》の下、西つ方、武蔵野の自然に抱かれたる大なる学び家成蹊に……」と始まり、「嗚呼《ああ》、空翔る英霊、孤島守る忠魂の吾等を招く声聞ゆ。吾等六百成蹊健児、礼調の精神を以て団結を固くし、進みて国難に赴かん」と綴った送辞は、現代人には読みづらい。冒頭の「輦轂の下」とは、「天子のおひざもと」という意味で、当時の皇国青年の心情が伝わってくる。中国の古典にでてくる古語をふんだんに使った皇国調とでもいった独特のリズムがあるが、過大な修飾語に私は辟易《へきえき》する。今日の高校生にはどうあがいても書けない文章だ。とはいえ、難解な語句をよくぞ使いこなしたものと感心させられる。

十月二十一日、冷たい時雨《しぐれ》がそぼ降る明治神宮外苑競技場で、文部省・学校報国本部主催の出陣学徒壮行会（いわゆる学徒出陣）が挙行された。

ザックザックと軍靴の音を響かせ、トラックを行進する男子生徒は約二万五千人、それを拍手で見送る女学生約六万五千人の姿があった。着剣した小銃を肩にした学徒はゲートル姿で、悲壮な面持ちである。そこで吹奏されたのは、大日本帝国陸軍の公式行進曲、別名「抜刀隊」。いまも、自衛隊・防衛大学校の観閲式で流れる、賊軍の総大将・西郷隆盛を称えた不思議な歌だ。さらに上野音楽学校生の女声コーラスによる「海ゆかば」の荘重な合唱が神宮の森にこだました。昭和史を振り返るとき、定番といってよいほど繰り返し映像で流される光景である。

出陣学徒を送る側として観客席に参列した棚町は、青白い顔をした東條首相の訓示を聞いた。対する答辞を

＊38　山本五十六（一八八四〜一九四三）　第26・27代連合艦隊司令長官。新潟県長岡出身。最終階級は元帥・海軍大将。ブーゲンビル島上空を前線視察の途中、撃墜され戦死。

読んだのは東京帝国大学文学部生の江橋慎四郎。このなかの、自らが考えた文言という「生等《せいら》、もとより生還を期せず」という言葉は有名である。われわれは生きて帰って来ることなど考えない、というあまりに悲壮な決意表明であった。ちなみに江橋は、この文言にもかかわらず戦争の時代を生き抜き、戦後は教壇に立って東大名誉教授となった。

　出陣学徒たちの入隊日は十二月一日。そのため地方出身学生の多い大学では、早めに壮行会が開かれた。法文系の大学二、三年生は全員が出征の対象であり、浪人入学や留年生の多いナンバースクールでは表裏六年という猛者《もさ》もいて、出陣学徒が三ケタにのぼる学校もあった。成蹊高校の場合、原則として浪人を入学させていなかったため、学徒出陣する学生は三人だった。十一月十八日の壮行会では式典を盛りあげるために陸軍戸山学校の軍楽隊を招待し、荘重な雰囲気を演出した。ここでも棚町は、毛筆で書いた奉書「壮行之辞」を読みあげている。

　注釈ぬきで引用するので、存分に味読していただきたい〔読みやすくするためルビと句読点を補った〕。

壮行之辞

ブーゲンビルの重なる大戦果を聞く此《こ》の佳《よ》き日、勇躍壮途に赴かれる諸兄に対し何等《なんら》加ふる詞《ことば》を認めません。　私共、或《あるい》は未だ適齢に達せざる為、或は又特に命ぜられて、学園に留る者は斯《か》かる緊迫せる時局下に於《おい》てすら、尚、学窓に残されたといふ国家の意に思ひを致す時、其《そ》の責任の極めて大なるを

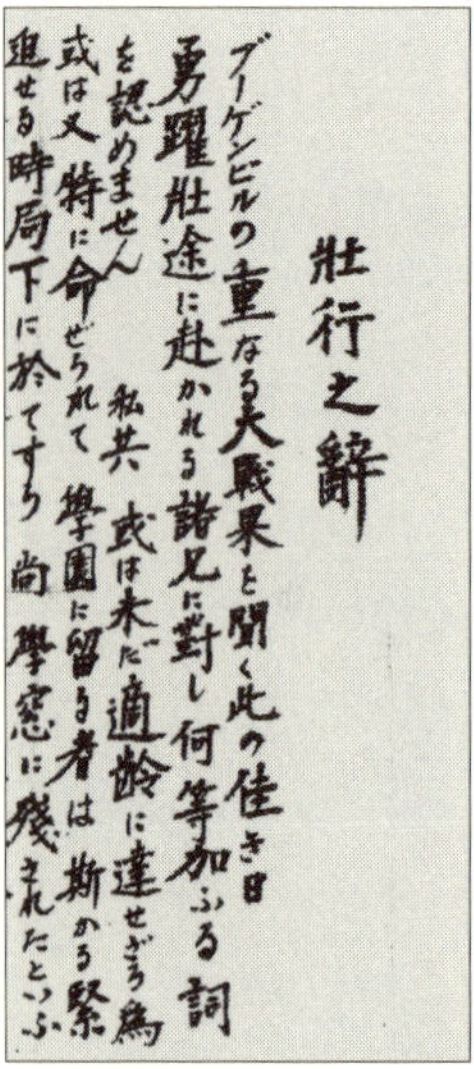
壯行之辭
ブーゲンビルの重なる大戰果を聞く此の佳き日
勇躍壯途に赴かれる諸兄に對し何等加ふる詞
を認めません
私共　或は未だ適齢に達せざる爲
或は又特に命ぜられて　學園に留る者は斯かる緊
迫せる時局下に於てすら　尚　學窓に殘されたといふ

痛感する次第であります。
口にのみ学校即戦場を唱へつゝ、日々の実践に於《おい》て怠る事あるが如きは絶対に許されぬのであります。私共、唯今諸兄を送るの感激を以て、召されるの日まで学徒としての本分を全ふせむ事を諸兄に誓ひます。
学校即戦場の真義に徹する時、征く者も送る者も無いと思ひます。
杉本五郎中佐の絶筆に曰く、
汝我を見んと要せば尊皇に生きよ。尊皇精神のある処《ところ》常に我在りと大義に生くる事により、私共は諸兄と常に共にあるを得、又然《しか》あらねばならぬのであります。
諸兄につゞく成蹊健児六百のある事を念頭に置かれて、御健闘あらん事を祈つて止みません。　橘曙覧《たちばなあけみ》の歌、
天皇の勅にそむく奴等の首引き抜て八つもてかへれ

昭和十八年十一月十八日

成蹊高等学校在学生総代　棚町知彌

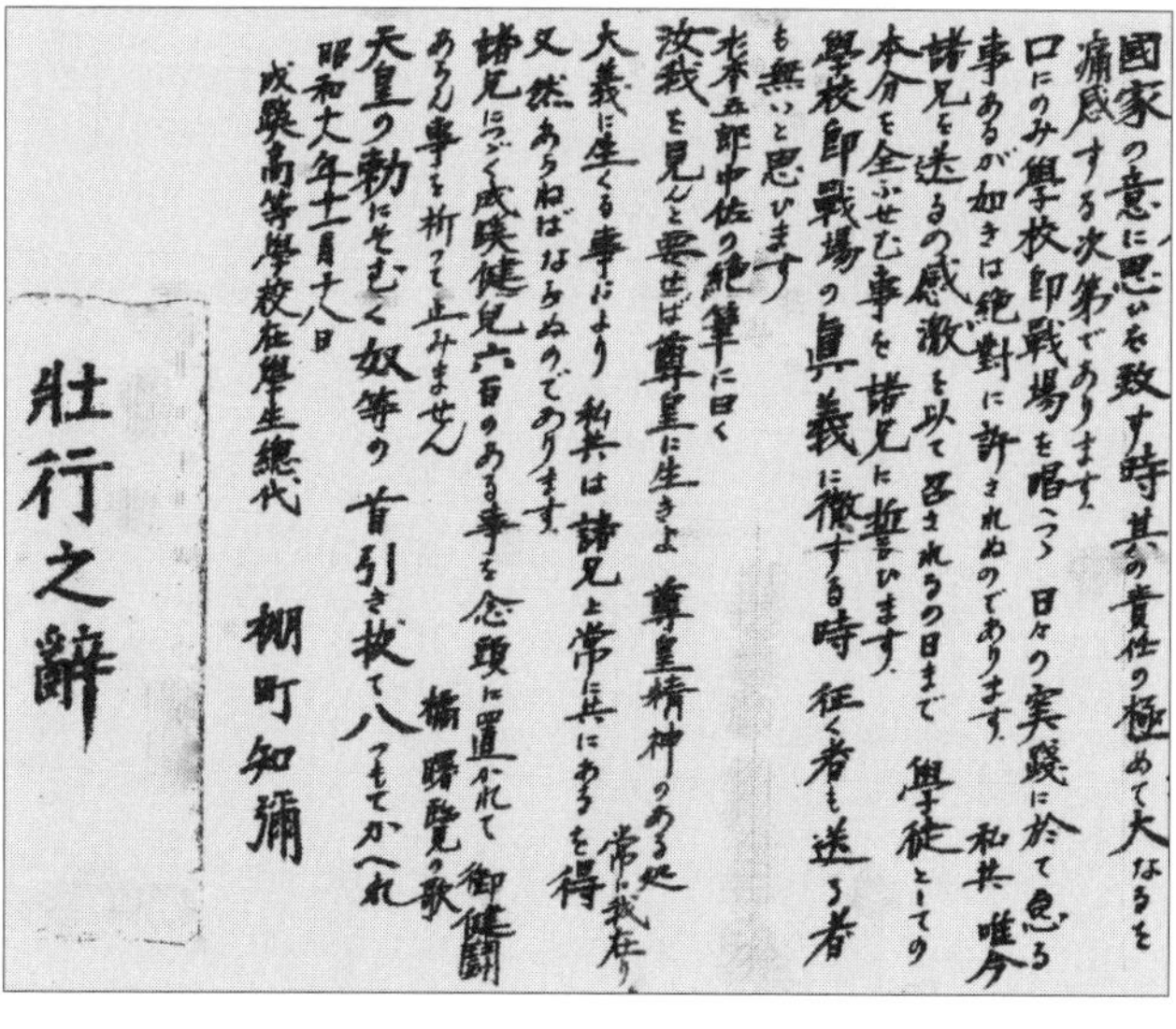
壯行之辭

國家の意に思いを致す時其の責任の極めて大なるを
痛感する次第であります
口にのみ學校即戰場を唱へつゝ　日々の實践に於て怠る
事あるが如きは絶對に許されぬのであります　私共　唯今
諸兄を送るの感激を以て召されるの日まで　學徒としての
本分を全ふせむ事を諸兄に誓ひます
學校即戰場の眞義に徹する時　征く者も送る者
も無いと思ひます
杉本五郎中佐の絶筆に曰く
汝我を見んと要せば尊皇に生きよ　尊皇精神のある處常に我在り
大義に生くる事により　私共は諸兄と常に共にあるを得
又然あらねばならぬのであります
諸兄につゞく成蹊健兒六百のある事を念頭に置かれて御健闘
あらん事を祈つて止みません　橘曙覧の歌
天皇の勅にそむく奴等の首引き抜て八つもてかへれ
昭和十八年十一月十八日
成蹊高等學校在學生總代　棚町知彌

ちなみに文中に登場する人物名についてのみ紹介しておくと、「杉本五郎」（一九〇〇〜三七）は陸軍軍人で、

中国激戦地に従軍し手榴弾を浴びて倒れたが、軍刀を杖として立ち上がり、宮城に向かって正対、挙手敬礼をして立ったまま絶命したという。遺言が『大義』という名で出版されてベストセラーとなり、当時の思想界にも影響を与えた。「橘曙覧」（一八一二〜六八）は歌人・国学者。安政の大獄で謹慎中の松平春嶽の命を受け、『万葉集』の秀歌を選んだ。

◉十八歳の工場長

翌一九四四（昭和十九）年四月、全国の学徒は軍需工場へ動員された。空襲が激しくなると工場への通勤も難しくなる。成蹊高校では六月十三日、学舎体操場が軍需工場に転用され、三菱電機大船工場の分工場として航空機用受信機の製作が始まった。その「三菱電機成蹊工場」の開場式で、またもや棚町は生徒総代として宣誓している。

「我等一同、学徒ノ本文〔分〕ニ稽《かんが》へ、現下ノ戦局ニ鑑《かんが》ミ、誓ツテ学校工場ノ目的ヲ達成センコトヲ期ス」

この学校工場は、三菱電機本社の労務担当部長と鈴木教頭との苦心の合作だった。学業と勤労奉仕の両立という理想のもと、午前中は授業、午後は受信機の製作にあてられた。受信機は航空機用無線電話のレシーバーで、工具といえばコイルを巻く巻線機とハンダ銀・ドライバーだけ。隔日、運搬係の生徒数名が製品をリュックサックに詰め、電車で神奈川県の大船工場へ納入し、帰りは材料を学校工場に持ち帰った。工場内外の作業に人員を配分すること、材料の調達と工場作業の進捗に応じて生じる隙間の時間に授業を割り込ませること、といった運営面を鈴木教頭と棚町が統括したが、実際には学生の自治に委ねるという方式で、棚町の双肩にその役割が背負わされた。さながら「十八歳の工場長」といったところ。映画好きの人なら、昭和十九年に撮られた黒澤明『一番美しく』（これは女子挺身隊の話だが）を想起してもらうと、学校工場の雰囲気が理解できるだろう。

「すべてが軍人の統制下に置かれていた時代に、自治と自由のもとで活動できるのは楽しかった。人事や給与など、総務の仕事もすべて学生が担当した。徹夜作業になるとドボルザークの交響曲「新世界」のレコードをかけてみなを鼓舞激励した。いま聴いても判る唯一の西洋音楽はこの曲です」

奇しくもこの曲は、そのころ太平洋上で日本海軍との艦隊決戦を求めていた米海軍提督レイモンド・スプルーアンス中将が自艦において大音量で奏でていたという。こういう話を聞くと、日米の戦争が「ロマン主義対合理主義」の戦いだった、などという説明が怪しく思えてくる。

七月九日、マリアナ諸島サイパン島で日本軍玉砕。太平洋上の制海権・制空権を日本はほとんど喪失し、本土空襲の危険が迫った。

八月二十三日、運営責任者である棚町は、運営幹部合宿について「趣意書」と題する声明を土田校長に提出した。例によって難解な語句をちりばめながら、要旨次のことを訴えている。

「学校工場は学校が主力となるべきもので、たんなる労力供給に終わってはならない。あくまでも学徒の気力・体力のすべてを尽せるようなものにし、修養や精神的なものを重視して、精根込めて生産に従事できるようにしなければならない。手が空いているときは製炭・農業に余力を注ぐべきだ。そこで校内に合宿し、整然とした規律節制のもとで溌剌たる意気で精進することを中核にすえる。暇があれば土を耕し、書を繙《ひもと》き、切磋

▲黒澤明『一番美しく』
（東宝ＤＶＤジャケット）

▲大学入学時のポートレート（1944年）

琢磨の風を醸成すること、全校清新の気が横溢することを願う。」

さらには「神洲ヲ護持シ」「護皇精神具現ノ道場」のための「理想的学校工場」をつくるのは、「焦眉ノ急ニシテ最大ノ御奉公ナラント確信スル」といった調子であった。

棚町が提唱した合宿運営はいわば共同体《コミューン》方式である。吉祥寺にある学園の敷地は、三菱財閥から四代目総帥・岩崎小弥太所有の岩崎農園約一万坪と隣接する約八万坪の土地を寄贈された、広大な土地だった。そこに農場・工場・勉学の場を兼ね備えた学園自治共同体を築こうという壮大な構想である。

◉戦時下のストライキ騒動

一九四四（昭和十九）年九月十五日の成蹊高校の卒業式――。このときも、またしてもというべきか棚町は第十八回文科卒業生総代として答辞を読んだ。著者など「やれやれ」と溜息をつきたくなる。どんな答辞だったかも推して知るべしであろう。

学園を去った棚町は、北海道帝国大学理学部数学科へ進学した。

ところがその後、彼が母校に託した思いとはうらはらに、教練の軍人を含む一部の教師によって、学校工場から生徒の自治を取り上げることが決定された。鈴木教頭も運営から外され、工場は十一月八日に土田校長の管理下へ移行することになった。

この事態に抗議して、学校工場はただちにストライキに入った。運営委員の生徒たちは校内の住宅に籠城し、夕闇のなか校庭に大きな輪を作り、マントをひるがえして校歌・寮歌を合唱しながら自治存続の示威を試みたという。

「工場を止められたって!?」

北海道で報せを受けた棚町は、青函連絡船や夜行列車を乗りついで十一月十日に帰京すると、薄暗い夕方の校長室へ押しかけた。楠公（楠正成）のかぶとを指さして「腹を切ってください」と土田校長に詰め寄ると、校長は「いいや、切らない」と、にべもなく首を横に振った。

誰よりも熱烈に「土田神道」を信奉し、いつしかその聖なる使徒であることを任じていた棚町は、学校工場の自主運営は「土田神道」思想の延長線上にあるものと信じ込んでいた。それが当の本人の言葉によって裏切られたのだ。箱根の温泉に療養中だったM常務理事のところへ仲間とともに押しかけ、「校長解任」を訴えようと試みたが、それもはねのけられてしまう。

もはや万策は尽きた――。

「いま思えば、終戦直後に「国賊！」と叫んで連隊長を射殺し、その場で自決した蓮田《はすだ》善明《ぜんめい》*39のような心情だったのでしょう」

そうだったのか。先生だって私たちと同じように学校当局と対立していたのか。そう思いながら話を聴いていた著者だが、彼の口から蓮田善明の名が出てきたとき、意表をつかれた思いがした。同じ熊本県人だからよく知っている。若き日の作家・三島由紀夫に文学の道へ誘う決定的な影響を与え、さらに三島を壮絶な最期へと導いた亡霊とも評された日本浪曼派の詩人・国文学者。その蓮田と同じような激越な熱情にそのときの棚町も突き動かされていたというのだから。

その後、ストライキは中止を余儀なくされ、運営委員の学生たちは辞表を校長室に持参した。校長は黙ってそれを受理した。学生たちのスト行為は退学処分にあたるとして教授会で議論が交わされたが、結局、処分が下されることはなく、土田校長の長い説教を受けただけで学校工場をめぐる「ストライキ騒動」は終わりを告げた。

この話、著者などには、上からの統制のみを重視して、下からの自発的な運動は絶対に許容しようとしない日本型全体主義（ヨーロッパのファシズムでは、下からの運動が権力奪取に発展する）の在り方を暗示しているように映り、まことに象徴的な事例だと思う。

一九四五（昭和二十）年に入ると、とうとう学校工場自体も中止となった。相次ぐ空襲にさらされながら、学生たちは三菱電機大船工場のほか東大航空研究所や海軍の技術研究所にも動員されていく。学校の校舎も陸軍に接収され、授業はまったく行われなくなっていた。

八月十五日の敗戦の日——。

校長は学生を校庭に集め、新しい未知の事態にむかっての心がまえを諄々と説いた。勤皇・神道・国体を説いてきた土田校長だが、このあと間もなく急逝する。学園内に建てられていた報命神社の本殿は、解体されて教職員や近所の住民の炊事用の薪となっていった。

この戦争直後の話に移る前に、皇国青年・棚町自身の〝敗戦〟への道行きをたどっておかねばならない。

◉徴兵猶予取消の顚末

じつは進路の選択にあたって、棚町の揺れ幅は大きかった。好奇心が旺盛で、あらゆることへ関心を抑えき

＊39　蓮田善明（一九〇四〜四五）　国文学者・文芸評論家・詩人。熊本県出身。日本浪曼派として活躍し、青年期の三島由紀夫の思想形成に影響を与えた。陸軍中尉でもあった蓮田は、太平洋戦争時の出征地・イギリス領マラヤのジョホールバルにおいて、敗戦直後の連隊長の変節ぶりに憤り射殺。直後自身も同じ拳銃で自決した。

れなかったのかもしれない。

小学校五年のときは、滑川道夫の影響で「綴り方少年」だった。だが、担任の香取良範が小学校算術教育の先端的指導者でもあり、棚町は雑誌『算術教育』に連載を書くようになった。尋常科時代になると「算術」熱は冷め、高等科では文甲（英語）を選択している。

一方、学園運営で協力しあった鈴木教頭が昼間、農作業を指揮し、夜にはノートをとりながらトポロジー（位相幾何学）に取り組む姿に感動してもいる。戦況の悪化にともなって心の中で「戦力としての科学教育」熱が再燃し、大学進学にあたっては理学部数学科を選んだ。その時々において、何が自分をいちばん活かしうるかを最優先に考えて選択しているようにも見える。無意識的かもしれないが、周囲から「期待される人間」になりたかったのかもしれない。

当時、各大学は旧制高校の過去の入学実績によって入学者を選抜していた。東大・京大の数学科はすでに理科の志望者で満員だった。棚町は愛読していた『零の発見』（一九三九年、岩波新書）の著者・吉田洋一（北大教授）が鈴木教頭の同期生だと聞いて、北大理学部数学科を選んだようである。

「理科系進学者は「徴兵猶予」となっていたので、下の学年には文系志望を理科に変える者も多かった。しかし、私たちの学年では、生死を分けるかもしれない文・理間の差別にはほとんど無抵抗・無感覚だったのです」

ところがである。棚町は北大理学部に進学すると、徴兵猶予取り消しの手続きをしてまで兵役を志願するのだ。この件については、長い間、家族に何の釈明もしないまま過ごしてきたようだが、「私事ながら、これだけはやはり残しておきたい」という思いから、当時

▲吉田洋一『零の発見』（岩波新書）

の役場とのやりとりを保存していた。出陣学徒への「壮行之辞」を読み、自他ともに軍国主義者を任じていただけに、この兵役免除の取り消しの一件だけはどうしても明確にしておきたい事案だったようだ。

棚町はいう——

「村の兵事係がせっかく延期適格だといっているのに、それを断って兵役志願するなんて大の親不孝者だと祖母や母が悲しんだ。でも、理学部に入っているから徴兵猶予だと言われるけれども、それは間違いなんです。戦時もいよいよ末期にさしかかると、医学部に入っていれば猶予になるが、理学部では猶予にならない。このことを本籍地の福岡県小郡村役場の兵事係は知らなかった。だから私は、「それは間違いですよ」と正直に申告して入営したわけだ。ところが家族は、「徴兵猶予になっているのに自分から断って兵隊に行った」などと言う。息子たちさえそう思い込んでいる。だから、どうしてもはっきりさせておきたい」

入営について一九四四（昭和十九）年十月二十八日付けで村役場兵事係から母ユキ宛にきた文書に次のように書かれている〔当時の兵役関係書類はすべて漢字カタカナ交じり文だが、以下、漢字ひらがな交じり文に改め、句読点を補うなど読みやすくする〕。

> 十月十七日付を以て知弥（ママ）君の入営に関する書信拝見致したる処、北大理学部は入営延期学部指定部により延期該当と思考致され、村長と談合の上、地方事務所に紹介致候処《いたしそうろうところ》地方事務所より聯隊区に連絡。調査の結果、入営延期可然者《しかるべきもの》なるに付《つき》、早速入営延期届提出するに如《し》くとの電話回答により、当地に於《おい》て書類調製。本二十八日地方事務所経由、送付致候に付、取敢《とりあえ》ず御報知候。

「入営延期しかるべき者なるにつき」——すなわち、村長や連隊と連絡して調査した結果、入営延期できるの

1944

徴兵猶予取消の顚末

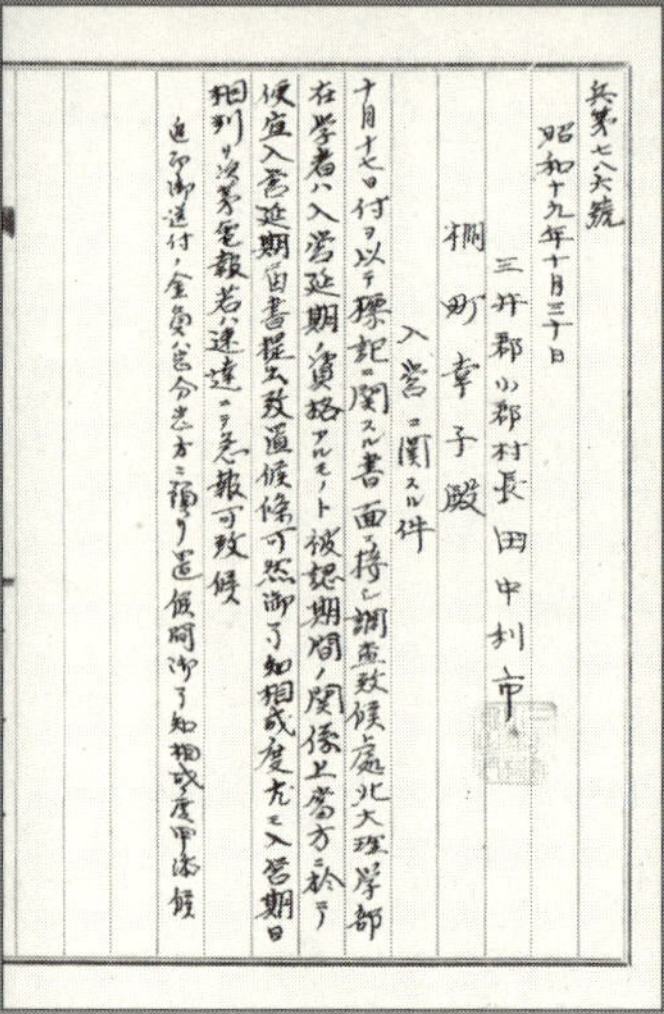
兵第七八六號
昭和十九年十月三十日
三井郡小郡村長 田中利市
棚町幸子殿
入營ニ関スル件
十月十七日付ヲ以テ標記ニ関スル書面ヲ持ヒ調査致候處北大理學部在學者ハ入營延期ノ資格アルモノト被認期間ノ関係上當方ニ於テ便宜入營延期願書提出致置候條可然御了知相成度尤モ入營期日判明次第電報若ハ速達ニテ急報可致候
追テ御送付ノ金員ハ當分当方ニ預リ置候間御了知相成度申添候

小郡村からの兵役猶予通知

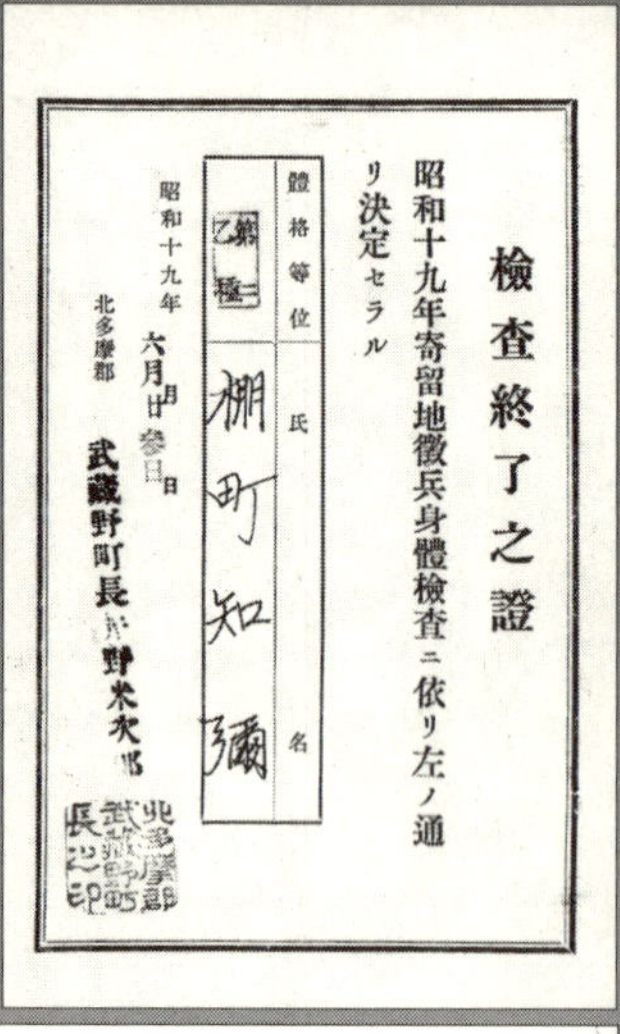
檢査終了之證
昭和十九年寄留地徴兵身體檢査ニ依リ左ノ通リ決定セラル

體格等位	氏名
第二乙種	棚町知彌

昭和十九年六月廿参日
北多摩郡
武藏野町長 野米次郎
北多摩郡武藏野町長之印

徴兵検査修了通知（現住地・武蔵野町）

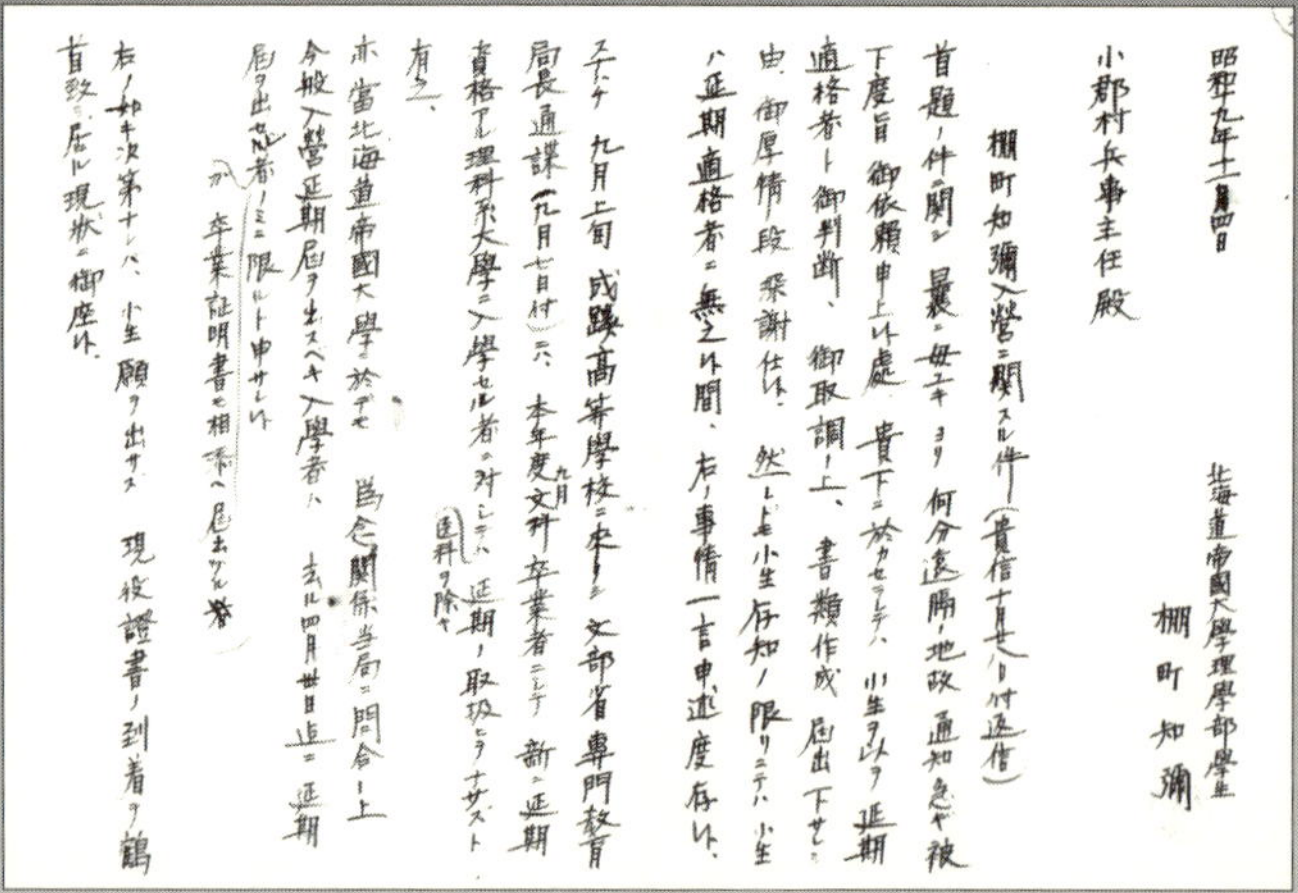
昭和十九年十一月四日
北海道帝國大學理學部學生 棚町知彌
小郡村兵事主任殿
棚町知彌入營ニ関スル件（貴信十月廿七日付返信）
首題ノ件ニ関シ最近ニ母上ヨリ何分遠隔ノ地故通知急ギ被下度旨御依頼申上ル處貴下ニ於カセラレテハ小生ヲ以テ延期適格者ト御判断、御取調ノ上、書類作成届出下サレ由、御厚情段深謝仕ル。然レ共小生存知ノ限リニテハ小生ハ延期適格者ニ無之ル間、右ノ事情一言申述度存ル。
ステニ九月上旬 成蹊高等學校ニ來リシ文部省專門教育局長通牒（九月七日付）ニハ 本年度文科卒業者ニシテ新ニ延期資格アル理科系大學ニ入學セル者ニ対シテハ（医科ヲ除キ）延期ノ取扱ヒヲナサズト有之、
亦當北海道帝國大學ニ於テモ 念ノ為関係当局ニ問合ノ上 今般入營延期届ヲ出スベキ入學者ハ去ル四月廿日迄ニ延期届ヲ出セル者ノミニ限ルト申サレル（加 卒業証明書モ相添ヘ届出サル者）
右ノ如キ次第ナレバ、小生願ヲ出サズ 現役證書ノ到着ヲ鶴首致シテ居ル現状ニ御座ル。

棚町の北大からの猶予取消願書

で、さっそく入営延期届を提出するように、とのことだった。さらに十月三十日付けで、三井郡小郡村長・田中利市（村長公印）から母親・棚町幸子（戸籍名はユキ）宛に、

十月十七日付を以て標記に関する書面に接し調査致候処、北大理学部在学者は入営延期の資格あるものと被認《みとめられ》、期間の関係上、当方に於て便宜入営延期届書提出致置候条可然《いたしおきそうろうじょうしかるべく》御了知相成度《あいなりたく》。尤《もっと》も入営期日相判り次第、電報若《もし》くは速達にて急報可致《いたすべく》候。

といってきた。

これに対して棚町は、十一月四日付けで次のように返事している。

小郡村兵事主任殿

棚町知彌入営に関する件（貴信十月廿〔二十〕八日付返信）

首題の件に関し曩《さき》に母ユキより、何分遠隔の地故《ゆえ》、通知急ぎ被下度旨《くだされたきむね》御依頼申上候処《そうろうところ》、貴下に於《お》かせられては、小生を以て延期適格者と御判断、御取調の上、書類作成届出下されし由《よし》。御厚情の段深謝 仕《つかまつり》候。然《しか》れども小生存知の限りにては、小生は延期適格者に無之《これなく》候間、右の事情一言申述度《もうしのべたく》存候。すなはち、九月上旬成蹊高等学校に来りし文部省専門教育局長通牒（九月七日付）には、本年度九月文科卒業者にして新に延期資格ある理科系大学に入学せる者に対しては、医科を除き延期の取扱ひをなさずと有之《これあり》、亦《また》当北海道帝国大学に於ても、為念《ねんのため》関係当局に問合《といあわせ》の上、今般入営延期届を出すべき入学者は、去る四月卅〔三十〕日迄に延期届を出せる者が卒業証明書も相添へ届出《とどけい》づるのみに限ると申され候。右の如き次第

なれば、小生願を出さず、現役証書の到着を鶴首《かくしゅ》し居《お》る現状に御座候。右取扱は今回始めての特例と存ぜられ、甚《はなは》だ乍失礼《しつれいながら》、貴地当局の見解違ひにては非《あら》ずやと愚考致され候間、何分重ねて御取調の上、至急御報知被下度《くだされたく》、御礼旁々《かたがた》奉願上《ねがいあげたてまつり》候。

追而、入営の如く定まるを衷心より希望致居候。現役証書の到着を待ち、心身鍛練に勉め居り候。

北大入学後、文部省から母校に「文科系からは医学進学者を除き入営延期の取り扱いはしない」との通達があり、いま入営を心より希望し、心身鍛錬に努めている、という内容である。さらに七日付けで再度入営するように依頼している。

〔前略〕尚《なお》重ねて奉願上候、先に申候事以外にも小生特殊の事情有之、即《すなわ》ち高校卒業前、勤労動員公務に挺身致し、其為《そのため》理科系基礎学学習充分にする能《あた》はず（文科出身なれば）、当地大学入学後は近々入営と考へ、過労衰弱せし身体を強化するに専心、一向入営の日を待ち居りし次第なれば、今度延期の御取扱受け候とも、果して如何程《いかほど》の事出来候や（尤《もっと》も一人前は充分致さんも）怪《け》〔懸〕念《ねん》致され候。今回入営致し下されば必ずや御役に立ち申すべく、勉学は幸ひ万一帰還せし場合の事として入営せしめられ度《た》く、此方必ずや皇国の御為《おんため》役立たんと確信致され候間、たとひ延期と定まりたりとも、貴殿御尽力もて来春一月の組になりと入れられ度《た》く。此段重ねて奉願上候。謹言

たとえ入営延期の取り扱いをうけても村長の尽力で入営できるようにしてほしい、と重ねて懇請している。どうあっても兵士になりたいというこのような願い出は、進んで死地に赴くに等しい行為であり、現在の若い

人にはわかりにくいかもしれない。それにしても、並々ならぬ執念というべきではないか。

こういう経過をたどったあと、田中利市（村長公印）から「聯隊区司令部に交渉の結果、十二月五日通信兵として入隊の予定」との連絡があり、十一月二十二日、札幌の下宿先に入営の電報も届いた。この結果、大学医学部または医大へ進学した三名を除いて成蹊高校文科卒業生四十余人から徴兵猶予はなくなり、棚町はこの年の年末までに入営を果たした。

郷里の兵事係の誤解を解かずそのまま徴兵猶予を決め込んでいたならば、棚町のその後の人生には大きな悔いが残っただろう。皇国に殉じることを公言してきただけに、猶予という選択は彼にはなかったのだ。

◉通信二等兵で中国戦線へ

戦況がどうなっているのか、どこの戦地に送られるのか何もわからないが、死への道をまっすぐに歩んでいることに違いはない。かくして棚町は福岡連隊に入営した。

福岡市・東公園にある亀山上皇銅像前で〝首実検〟（本人確認のこと）が行われた。十三世紀後半の蒙古襲来の際、亀山上皇が「わが身をもって国難に代わらん」と伊勢神宮などに敵国降伏の祈願をしたという故事にちなみ、ゆかりのこの地に銅像が建立されていた。ここには元寇を予言した日蓮の銅像もある。

兵隊検査は「第二乙種」だった。それまで着ていた服を軍服に

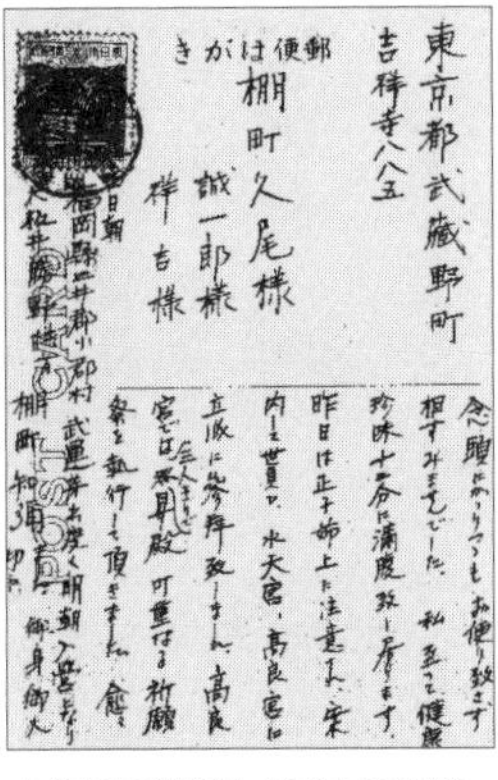

▲福岡の連隊から東京の家族へ出征前のハガキ

着替えると、竹筒を三本支給された。太い竹筒がメシ用、中ぐらいが汁（菜）用、細いのが水筒である。金属の飯盒も水筒も支給できない状態であることに衝撃を受け、まさに〝死出の旅〟同然であることを思い知った。家族との面会のため春吉（福岡市中央区）の旅館へ連れていかれると、母・長姉・叔父が来ていた。

「そのとき、母はステーキを持参していたが、ノドを通らなかった。そのことが新兵の飢餓時代の悪夢となった」

十二月十日すぎに博多港を出港し、釜山・京城・新義州・安東・北京・上海を経て杭州へ――。支那派遣軍上海電信聯隊・杭州独立中隊の通信二等兵になった。数学科の学生だったからか、暗号解読に強いとみられたようだ。

翌一九四五（昭和二十）年八月十五日。日本敗戦の知らせは、北京・安定門城外の陸軍通信学校で聞いた。わずか八カ月の従軍経験だが、幹部候補生の軍曹になっていた。「わたしの終戦（北京）」と題して綴った、次のような文章がある（『演劇研究』第三十一号、二〇〇七年）。

北京・安定門外。文字通り「落雀の候」。軍通信学校の仕上げの教育はきついどころではなかった。原因不明の下痢の薬はカケ足。八月はじめの乗馬訓練で落馬。フカアブミで片足捻挫し、入室患者となったおかげで、生きて八月十五日を迎えることが出来た。玉音放送から解散して内務班に戻り、同室者にポカリとなぐられた。「これからが……」と口走ったのが、将校になる夢を絶たれた奴のアタマにきたのだろう。すごい雨が降り、暗号書を焼く煙ばかり。高粱粥《コーリャン》が銀メシになり、飯盒一杯の白砂糖を、干し鱈でスプーンを作って一、二日でナメた。

じつは、中国での従軍体験について、棚町はこれ以上のことを書き残していない。戦地で彼はいったいどんな現実を見たのだろうか。のちに、次のように語ってはいる〔「棚町知彌氏に福岡検閲局時代を聞く――その二」、『敍説Ⅱ』十号、花書院、二〇〇六年〕。

戦時期の最後の一年間、中国に行っていた人間として（言うが）、日本人は悪いこと、マッカーサーの日本占領よりもずっと悪いことを日本人はしていた。日本が、中国や東南アジアを占領していた時にしていたことより、マッカーサーの占領の方がよっぽどましです。正しいとか、良いとかは、敢えていいません。ところが、そんなことは日本では言われない。毛沢東によって台湾に追い出された蒋介石には、日本人は感謝すべきだと思っています。どんな復讐を中国人からされても黙ってごもっともです、と言わなければならないほどの悪いことを日本人はしている。それとは、全く反対のことを、蒋介石がしたのです。

皇軍が中国で具体的にどんな悪いことをしたのか、それをどのように思ったのか。書くことがなかったとは思えない。むしろ、ありすぎるぐらいだったはずだ。戦争に行くまでの自分がいかに優等生として生きたかについてはじつに雄弁に語っているにもかかわらず、実際

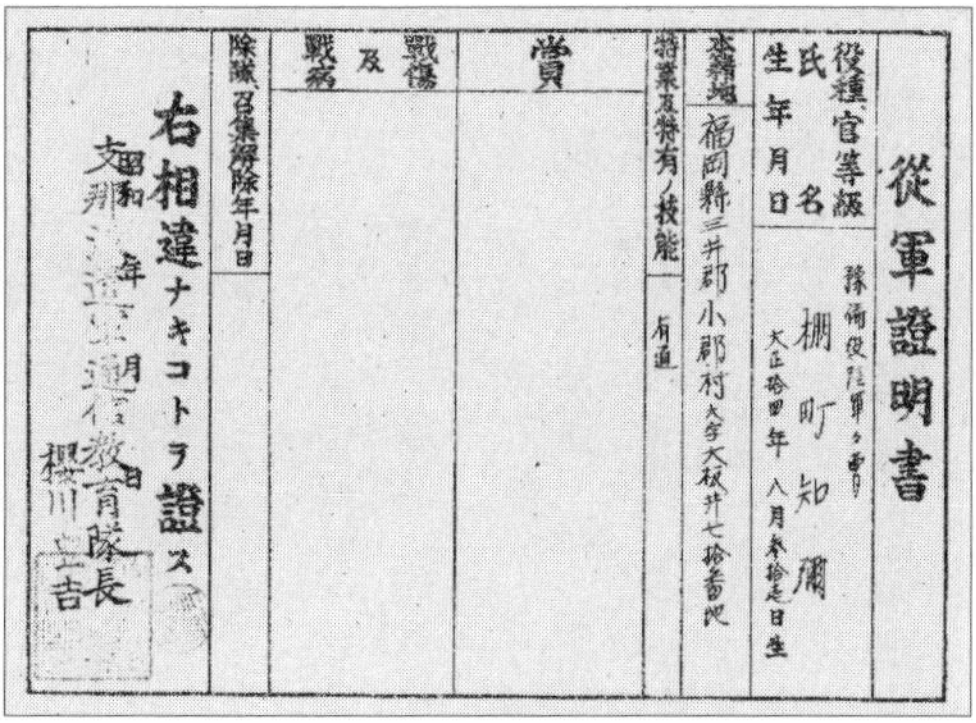
従軍證明書
役種、官等級　豫備役陸軍
氏名　棚町知彌
生年月日　大正拾四年八月参拾壱日生
本籍地　福岡縣三井郡小郡村大字大板井七拾番地
特業及特有ノ技能
賞
戰傷及戰病
除隊、召集解除年月日
右相違ナキコトヲ證ス
昭和　年　月　日
教育隊長

▲支那派遣軍発行の従軍証明書

に戦地で見たことと、体験したことについては、言葉に発し、書き残したものがほとんどないのだ。活字にしてしまえば、精神のバランスを失いかねなかったのだろうか。それとも、自分のプライドを保つために沈黙したのだろうか。いまにして思えば、直接そのことを訊く機会を逸してしまったのは著者にとって無念の一語に尽きる。

ただ、「わたしの復員」と題された次のような文章もあった〔『演劇研究』第三十一号、二〇〇七年。文章をわかりやすく一部補正〕。塘沽《タンクウ》―佐世保―(二日市)―東京・吉祥寺というルートをたどって帰還している。

塘沽（中国天津）から米軍LST（上陸用舟艇）に乗せられたときお仕着せのジャンパーの背中につけられたPOW《プリズナーオブウォー》（捕虜）番号は、たしか、一万四千何番だった。ですから、復員は早い方、十二月初めでした。DDTを首から吹きこまれて一晩泊った佐世保海兵団から、南風崎《はえのさき》駅への坂道で聞いた「また捕虜が帰ってきた」という子どもの声が忘れられない。日本中どこへでも「列車に乗れる」復員証書という書付けをもらって、海兵団を出るときに部隊は解散した。

たまたま文筆関係の使い走りに行って、そのまま聯隊本部の一員として乗船した。「誰かひとり部隊長殿について復員本部へ」という班長（衛生曹長）の一言で、副官ではなかったが、温厚そのものの桜川（豊吉）大佐殿についてのこの二日市で下車した。そのときの心理は我ながらわからない。武蔵温泉の海玉館とかいう宿屋で一晩か二晩泊ったあと、「もう君はどうぞ」と言われて別れた。まる一年前、日蓮銅像まえでの入営を見送ってくれた、福岡在住の長姉に連絡とることもなく「まだ焼けていない」博多駅から上り列車に乗った。

わけもわからないままノコノコと部隊長について行き、自分自身をこれからどう処していいかまったくわからなかった当時の棚町の混乱ぶりがうかがわれる。

敗戦の年の暮れ、一面焦土と化した東京には焼け跡の匂いが満ちていた。吉祥寺駅から「四六九番」の自宅に電話をすると、母が近くの八幡神社境内まで走って出迎えに来てくれた。駆けつけた母は、慌てていたため下駄を履いていなかった。この話、著者は木下恵介の映画『陸軍』（昭和十九年）で、田中絹代扮する母が出征する息子をどこまでも追いかけるラストシーンを思い出す。出征と帰還の違いはあるが、父との関係に偏重した感のある棚町に父とは異なる母親の面影を見るようで、なんだか救われる思いがする。

しばらくすると鈴木教頭から「会いたい」という手紙がきて、それには「日本の再建は教育から。来るべき総選挙に立候補して見たい」と援助を仰ぐ内容だった。しかし鈴木は学園に残り、一九五六（昭和三十一）年に校長として退職している。

ともかく二十歳にして一家の大黒柱にならざるをえなくなった。

それまでは父・丈四郎、祖父・五十吉の遺族恩給と郷里の田畑の小作料で暮らしを立てていたが、敗戦後は多くの庶民と同様、一家の食糧を確保することが急務だった。どうすれば家族が食べていけるか、頭はそのことでいっぱいだった。在村地主でなければ実家の田畑を守れないので自作農になることを決心し、十五年間住んだ約六十坪の家の家財をトラックに詰め込んだ。借家人が二年分の前家賃を出してくれたり、足踏み式ミシンが百数十円で売れたりといった幸運に恵まれつつ、帰宅から十日後、九州へ向けて祖母・母・入院加療中の

木下恵介『陸軍』▲
（松竹ホームビデオジャケット）

兄（東京大学第二工学部冶金学科在学中の海軍委託学生）・中学生の弟の五人家族は旅立った。

★

以上が、棚町先生から聞き取りした終戦のころのあらましである。

読者、とりわけ現代の若い人たちはここまでの展開でどんな感想を持っただろう。あんなにバリバリの皇国青年だったにしては、この評伝の主人公はあまりに淡白に〈戦争〉を跨ごうとしていないか？――じつは著者もそう思っている。とくに彼の、そのことにこだわろうとしない心の動きがわからない。八カ月間という短い期間とはいえ中国戦線に従軍したこと、何を見、あるいは見なかったか、ということ。そして敗戦に直面して考えたであろうこと。すなわち、皇国青年の〈理想〉と戦争の〈現実〉とが擦り合わされたとき、どんな化学変化が棚町青年の内部で起こったのか、ということである。それらを著者は聞き取りによってうまく引き出せなかった、という忸怩《じくじ》たる思いを持っている。

とくにあれほど徴兵猶予に抗い、そのことを明確にしておきたいと望んでいたのに、大陸で体験したことについてはあまりに抽象的だ。ひどい〈現実〉を体験して〈理想〉が吹き飛んでしまった、と想像することもできるが、いずれにしてもここは棚町が望むとおり（？）あっさりと素通りしたくない。

とはいえ、この評伝が三幕構成の劇《ドラマ》であるとするなら、じつはまだ第一幕の幕が降りたところ。これから新たな戦後の激動が彼を待っている。まずはそれを追っていこう。

では、棚町先生の軌跡の「戦後編」に移る。

第Ⅲ部　先生の戦後

◀ライブラリアンとしての国語教師をめざしたころ

▲有明高専開校当時の教職員（前列右端・棚町）

第四章　検閲官から国文学徒へ

戦後の闇市▲

◉検閲官の仕事

一九四五（昭和二十）年八月十五日、敗戦――。

その途方もなく大きな歴史の断層を日本人は、どのように乗り越えていったのか。あるいはうまく乗り越えることができないまま、時間の経過に流されていったのだろうか。ここは戦後の歴史をたどるうえでも簡単に素通りできる場面ではない。

戦時中、戦争協力詩を数多く作った詩人・高村光太郎は、敗戦後、自責の念から花巻市郊外に粗末な小屋を建ててこもり、七年間、独居自炊の生活を送った。しかし、「鋼鉄の武器を失へる時／精神の武器おのづから強からんとす。／真と美と到らざるなき我等が未来の文化こそ／必ずこの号泣を母胎として其の形相を孕まん。」（「一億の号泣」）という彼の詩が発表されたとき、棚町とほとんど同年で同じく皇国少年だった吉本隆明のように、高村の抱く自責に違和感を覚える人もいたのである。

中国戦線にいた火野葦平《ひのあしへい》*40に芥川賞を授けに行き、座談会『近代の超克』（昭和十七年）にも連なった評論家・小林秀雄*41は、「この大戦争は一部の人達の無知と野心とから起こったか、それさえなければ、起こらなかったか。どうも僕にはそんなお目出度い歴史観は持てないよ。僕は歴史の必然性というものをもっと恐ろしいものと考えている。僕は無知だから反省なぞしない。利巧な奴はたんと反省してみるがいいじゃないか」とうそぶいた（雑誌『近代文学』一九四六年二月号の座談会「コメディ・リテレール――小林秀雄を囲んで」）。

文学者といわれた人々にしても、戦中―戦後の断層の乗り越え方は千差万別だった。けれどもこれらはインテリとか知識人というべき人々の例である。

戦地から命からがら復員したり、国内の銃後にいても家を焼かれたり肉親を喪った人々の心中は、いっそう複雑だった。その人が社会や軍隊でどんなポジションにいたかという立ち位置によっても思いがおのずと違ってくる。けれども、「戦争犯罪」や「戦争責任」を問われたインテリ層に比べて、多くの一般の日本民衆は案外、敗戦に至るいきさつをドライに切り離していったともいえる。

俳人の久保田万太郎*42が終戦の日に詠んだという句がある。

何もかも　あっけらかんと　西日中《にしびなか》

戦争が終わって一夜にして決然と鮮やかな変貌を遂げた人もいれば、自分の心に微調整を加えながら少しずつ変節していった人もいる。しかし、多くの人々は焦土に立ちすくんで虚脱感を抱き、ひととき途方にくれはしたものの、次の瞬間にはじつに「あっけらかん」と前を向いて必死に生き抜こうとした。それが民衆という

*40　火野葦平（一九〇七〜六〇）　福岡県生まれ。小説家・芥川賞作家。『麦と兵隊』などの戦記小説や自伝的作品『花と竜』で知られる。
*41　小林秀雄（一九〇二〜八三）　文芸評論家・作家。『様々なる意匠』『無常といふ事』『本居宣長』など。
*42　久保田万太郎（一八八九〜一九六三）　東京・浅草生まれ。大正から昭和にかけて活躍した俳人・小説家・劇作家。

もののたくましさかもしれない。

二十歳の棚町にしても、皇国健児だったころの意気はどこへやら、そんな民衆の一人だったようだ。学内でどれだけ「聖戦」を呼号し煽動したにせよ、若者の責任を云々するのは酷というものだ。もし父・丈四郎が存命だったら戦後の公職追放は免れられなかったろうが、棚町自身は〝洗脳〟された最も優秀な若者であったにすぎない。彼には自責に苛《さいな》まれている余裕はなかった。なにしろ、家族ともども食いつないでゆかねばならなかったから。

実家のある九州・福岡の小郡村で、生活を築くための新たな戦いが始まった。

元村長の娘だった祖母や母、中学生だった弟を抱えて、病気の兄が全快するまで戸主代理を務めた。実家が残っているといっても、東京育ちの棚町に村は馴染みのない土地だ。すぐに住める家はないので、長い間不在地主として田畑を貸して小作料をもらっていた農家と交渉し、部屋を確保した。これだけも一苦労である。鍬をにぎった経験もなく、田畑を耕すにもやり方がわからない。茫然としながら日々の食料を確保し、その日暮らしで目途を立てた。闇市で闇物資を買ったり、都会から農村部へ買い出し列車で出かけ、手持ちの物資を食糧と交換したりしなければ生きていけない多くの民衆と、なにも変わらない。

戦時下から戦後へ、軍国主義一辺倒から民主主義の謳歌へと、急激に変わる世間の様子に戸惑いながら職を探しているとき、たまたま「進駐軍が英語の堪能な人を探している」という話が耳に入ってきた。なにより「給料は英語教員の三倍」という条件が魅力的で、一も二もなくこれにとびついて応募した。

芸は身を扶《たす》ける。成蹊高校を卒業したとき成績上位者として英語教員資格を与えられたことが、思いがけず役に立った。配属将校の家庭教師をして、見事に司政官に合格させ感謝されたこともある。元来英語好きで、その世界にどっぷり浸ったこともある棚町だ。そんなこともあって、ほんの数カ月前まで敵国だった占領軍の下で働くことに抵抗感は少なかった。皇軍兵士から米軍の使用人へ。周囲の人がどう思おうと、たとえ「変節者」となじられようと、日々の生活を考えるだけで頭の中はいっぱいだった。

天皇制下の神国日本はアメリカによって完膚なきまでに粉砕された。敗戦直後、多くの日本人は負けたことについて嘆いても、戦争そのものを反省する余裕はなかった。力が尽きて負けただけのこと。そう割り切ってあっけらかんと「アメリカ化」していった。まるで鰓呼吸していた両生類が水中から陸上にあがって肺呼吸に切り替えるように、日本人は新たな環境に適応する感覚器官・神経系統を生み出しながら占領政策に迎合していく。マッカーサーが率いるGHQ（連合国軍最高司令官総司令部）による民主化政策は、日本人に抵抗されるどころか歓迎され、棚町もまた抜群の適応能力を発揮するのだ。

一九四六（昭和二十一）年三月、米陸軍第三地区民間検閲局（CCD＝Civil Censorship Detachment）福岡地区に採用された。それから一九四九（昭和二十四）年十月三十一日に民間検閲局が閉鎖されるまで、三年半にわたってきっちりその仕事を勤めあげた。

CCDとはどんな組織なのか。その存在は日本ではほとんど知られてこなかった。『GHQの検閲・諜報・宣伝工作』という書を著した山本武利・早稲田大学名誉教授は、「CCDは秘密機関で、その活動は全占領期間を通じて非公然で、一般メディアに登場することは許されなかった」と解説している（山本『占領期メディア分析』一九九六年、法政大学出版局）。GHQの検閲の実態について調査した山本の研究や棚町の証言に照らすと、概要次のようなものだ。

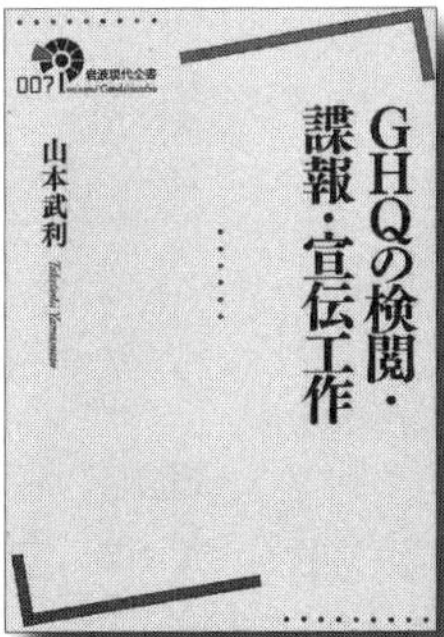

▲山本武利の占領期研究
（岩波現代全書）

占領軍のなかで、諜報や検閲を扱う総本部は参謀第二部（G2）

である。その下に民事を扱うＣＩＳ（民間諜報部）と軍事・刑事を扱うＣＩＣ（対敵諜報部）が置かれ、ＣＣＤは前者に属した。敗戦直後の九月十日に発足し、当初は軍事色の濃い活動を行っていたため「民間検閲支隊」といわれていたが、占領が落ち着くと民事色を強め、「民事検閲局」とか「民間検閲局」と呼ばれるようになる。

ＣＣＤは、ＣＩＥ（民間情報教育局）と混同されることが多い。ＣＩＥは日本の軍国主義の排除と民主化を至上命令とするＧＨＱの情報活動や、教育の政策・広報・啓蒙を担ったが、ＣＣＤのほうは通信検閲やメディア検閲を通じて日本人の秘密活動を摘発する任務を担当した。要するに非公然活動組織である。

ＣＣＤには、郵便電信電話の検閲を行う通信部門（Communications）のほか、新聞・出版・映画・演劇・放送などの検閲を実施するＰＰＢ部門（Press Pictorial & Broadcasting）が後に追加された。そこの主流は通信部門であり、職員は当初一千人にも満たなかったが、その後急増し、ピーク時の一九四七（昭和二十二）年には八千七百人になった。

本部は東京に置かれ、東京を中心とする東日本地区（支部として仙台・札幌）、大阪を中心とする関西地区（同、名古屋・松山）、福岡を中心とする九州・中国地区（同、広島）の三地区に分かれて、きめ細かな検閲体制を敷いた。敗戦後の日本人が何を考え、どのような行動をとろうとしているのかを把握し、政策の立案や占領統治に生かすためである。

このような情報統制の役割を担うＣＣＤはまた、日本における「英語浪人」の大収容所の観を呈していた。その存在が日本人にほとんど知られていないのは、ＣＣＤが廃局されると同時に検閲関係の重要文書が廃棄処分され、とくに電話・電信の検閲に関する証拠がほとんど抹消されたからだ。要するに、明るみに出してはならない部門だったのである。

とはいえ、このような米軍による情報統制・検閲体制や検閲は、今日からみればそれほど驚くべきことではない。たとえば、二〇一三（平成二十五）年六月、ＣＩＡ（米国中央情報局）の元職員スノーデンがＮＳＡ（米国家安全保障局）の極秘プログラムを公表した出来事がすぐに想起される。世界中のネット上のメールや通話記録を傍受し、日本の政府機関もその対象に含まれていた。そもそもアメリカはＧＨＱをとおして占領時から日本列島に情報収集網を張り巡らせていたし、その情報戦略が太平洋戦争以前から始まっていたこともいまでは周知の事実である。

◉日本人雇用員トップに

「タナマチサン、マクラノソウシ〔枕草子〕トマクラゾーシ〔枕草紙＝春本〕ハ意味ガ違ウノデスカ？」

直接の上司となった米軍のウィリアム・Ｈ・ダイザー少尉は、いきなりこんな質問を投げかけたという。棚町はヒアリングも会話も得意ではなかったが、その英語の読み書き能力の高さにダイザーは驚嘆した。たとえば、リポートの中で棚町がたまたま使った単語（anachronistic＝時代錯誤の）は日本の旧制高校生にとっては初歩的な語彙なのに、米国では大学生以上のレベルというぐあいだ。ハイスクールレベルの英語を語っていたダイザーは、日本の旧制高校における英国式英語の格調の高さに「恐れ入った」という表情をした。

ダイザーは米国ミシガン大学の学生であった。戦時期、米国東部の各有名私立大学の成績上位一〇パーセント以内の学生は、情報将校としての訓練を受けるか、それぞれの能力を生かすかの貢献が求められた。それらの学生たちに対し、陸軍はミシガン大学、海軍はコロラド大学で語学訓練を施す。対日占領政策に動員されたアメリカ人には、のちに『源氏物語』や谷崎・川端・三島文学を英訳・紹介することになるエドワード・Ｇ・

サイデンステッカーのような日本文学研究者も生まれている。

　このような事情もあったからか、採用された棚町へのダイザーの指示第一号は、

「私は日本語を覚えたくてこの勤めをしている。あなたは私に、ひとことも英語を使ってはいけない。日本語のチューターをして下さい」

　というものだった。「帝国陸軍に比べると占領軍のほうがよっぽどましな軍隊ではないか?」。日本と米国の軍隊文化の違いに驚き、ダイザーという友人を得たことで、棚町は生きていく自信をもつことができた。これを契機に、棚町の人生はふたたび前向きに、なめらかに動きだしていく。

　福岡検閲局の本部は繁華街・天神にあった松屋（百貨店）ビル内に置かれ、約五百人の検閲官を抱え、大半が郵便・電話などを検閲する通信部門で占められた。郵便検閲官をしていた甲斐弦が著書『GHQ検閲官』（一九九五年、葦書房）に詳しい内情を書いているが、郵便検閲は手紙類を十通に一通の割合で抜き取り中身を点検し、占領政策を人々がどのように受け止めているのか、米軍へのテロや反米デモなどの動きはないかを調べる。通信内容から武器・軍需物資の闇市への流通の情報を察知すると、占領軍がそれを摘発しにいく。

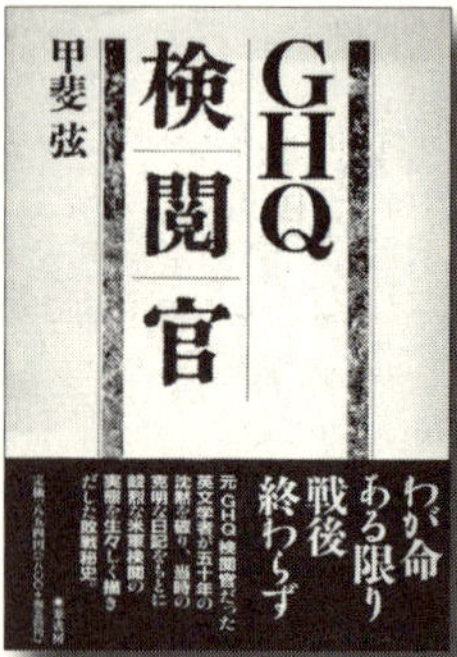

　棚町が担当したのは、CCDのなかで新聞・出版・映画・演劇・放送などの検閲を担当するPPB部門だった。主として九州地区で上演される映画・演劇分野であり、やがてここからのちの棚町の終生のテーマ、演劇ひいては近松門左衛門研究の道が始まるのだ。

　PPBは当初、旧島津製作所ビル（博多郵便局の北浜側）内に置かれ、のちに松屋ビルの四階に移る。日本人検閲員として最上位の職階であるA　C《アシスタント・センサー》（補助検閲員）となった棚町の仕事は、検閲項目に従って上演台

本を査読し、「禁止」「削除」の案を付けて上司の情報将校に提出することである。演劇脚本のスタッフは増えても十数人程度。映画担当は二人。紙芝居の専任者はいなかった。雑誌など刊行物担当は二十人弱くらいだった。

演劇にかんする検閲の禁止事項には「残忍さ」という項目があった。棚町は大衆演劇の台本まで細かいチェックを行った。

「敗戦直後、女剣劇の劇団を率いた二代目大江美智子の一代記に、博多から九州を回り、浅草に戻った話がある。そのなかに「チャンバラは三十秒以上してはいけない」と言われたという検閲条項がでているが、そのとおりだったのです」

日本人が好むチャンバラ（刀剣による斬り合い）は残虐な風習で、軍国主義を招いた封建的意識の象徴だとして、占領軍は映画・演劇における表現禁止の対象としたのだ。

▲福岡民間検閲局（松屋ビル）

勤務は月曜から金曜の五日間、午前八時から昼休み一時間をはさんで午後五時までの八時間。土・日・祭日のほか月一日の有給休暇をとることができ、出勤すれば手当てが出た。勤務状況は毎日厳密に調査され、三回遅刻したらクビである。勤務成績の良・不良によって数カ月のうちに待遇に大差がついた。語学力に応じて追加手当（一〇～五〇パーセント）もあり、ヒアリングが苦手だった棚町はテストで査定されて四〇パーセント増になった。

東大英文科出身であろうと、戦前のパラマウント映画支社長であろうと、年功序列や学歴にはいっさい関係がない実力本位の仕事だった。最初に入った棚町が日本人雇用員としてはＡＣのトップ。検閲員にはＧＨＱが雇用した職員の中で最高額が支払われていたが、その給料は日本政府に負担させていた。

検閲官の中心は英語能力の提供を求められた被占領民であり、あくまでも敗戦国民自身である。昭和二十二（一九四七）年三月時点での検閲作業従事者は、連合国軍人軍属五三八人・連合国国籍の民間人五五四人に対して日本人五〇七六人で、合計六一六八人。山本武利の研究によれば延べ一万四千人に達している。

ただ、占領軍や官僚機構の末端に位置付けられているわけではないにもかかわらず、検閲官の仕事に対し周囲の日本人が注ぐ目は冷たかった。

「あれは闇の仕事だ」

「同胞を売っているアメリカの犬じゃないか」

棚町の耳にも人々のそんなささやきが入ってきた。毎朝の通勤時、遅刻するまいと西鉄電車に連結された進駐軍専用車両に乗るのだが、一般乗客の目が疎《うと》ましく思えて仕方がない。帰りは職場に近い西鉄天神駅を外して、二駅先の平尾駅から乗ることが多くなった。

◉ソフトな検閲

占領時の検閲について一般にあまり知られていないのは理由がある。

検閲方法がじつに巧妙だった。出版物の検閲では、検閲の痕跡を残すことや、検閲官の指示で手を入れたことが分かるような修正は許可されなかった。戦前の日本では×や〇印で消されているので削除された部分がはっきりとわかるが、ＣＣＤでは抹消されたことがわからないよう、文章自体を書き直さなければならなかった。証拠を残さないためである。

ＧＨＱの建前として、ポツダム宣言第十条に定められた「言論の自由」を日本に対して適用しなければならない。日本側もまた国内において「言論の自由」を確保している姿勢を保たなければいけない。まして日本に民主主義を浸透させるという建前のアメリカが厳しい検閲を行い、日本国民の基本的権利を侵害していることが国内に広く知られては困る。そこで、けっして強圧的でない「ソフト」な検閲の形式が採られた。

電信・電話の通信部門の盗聴は秘密裡に実施されたが、例外は郵便物である。開封された手紙は例外なくビニールテープで封印されて配達され、そこには検閲免除月のＣＣＤの印が押されていた。

「他のメディア検閲では秘密を隠すのに躍起になっていたＧＨＱが、このような目立つ形でかなり大規模な開封郵便物を配達したのは、ファシズム国家でもなしえなかった全国規模の郵便検閲実施への国際的な批判を予防するための措置であったとしか考えられない」

山本武利は前掲書でそう述べている。

「ＧＨＱやマッカーサーは自ら制定した憲法の中にある言論の自

◀福岡民間検閲局内の作業風景

由と矛盾するＣＣＤの行為に負目があった。そのため、ＣＩＥ（民間教育局）を過度に表に出すことで、ＣＣＤの存在を隠し、それへの内外とくにアメリカ・メディアからの批判をかわそうとした」

今日ではこの検閲方法は米国式の〝洗脳〟であり、巧妙な思想統制という批判が定着している。だが、棚町の受け止め方は少し異なっていた。「マッカーサーの日本占領よりもずっと悪いことを日本人はしていた」と語り、それに比べてということなのか、検閲をめぐる罪悪感をさほど語らない。「戦時中に日本の陸海軍が検閲を行っていたわけだし、戦後はアメリカに軍事占領されたのだから仕方がない」というように当然視するのだ。大東亜戦争下の占領地（フィリピン・シンガポール・マレーシアなど）で日本の軍政が実施した検閲のことを思えば、占領軍政下のＧＨＱ検閲はやむをえないと受け止めていたようだ。戦争に敗けること、戦勝国の支配に服するとは結局そういうことなのか。むしろ「ＧＨＱの検閲のほうが日本のそれよりもはるかに穏便だった」とさえ語るのだ。

◉なごやかな交流も

検閲官には大学教授クラスの語学力の持ち主が少なくなかった。だが、「ＣＣＤに長く勤めると、出世を逃す」「一日中他人の信書を開封し、占領政策にとって必要な情報を翻訳する巨大なメカニズムの歯車なので、長く続ければ続けるほど品性が下劣になる」といった理由から、若くて優秀な人ほど早く辞めていった。

英語に堪能な高学歴の人々はのちに革新自治体の首長、大会社の役員、ジャーナリスト、学術雑誌の編集長、大学教授などになった。棚町の証言では、国立国会図書館ができたころ最初の農林専門委員（次官待遇）になった同僚もいたそうだ。手紙の検閲部門にいたＫ（旧制五高から東大出身）は通産省に入り、やがてイギリス公使を経て特許庁長官になった。

「一番仲のよかった同僚Tは東大法学部の学生で、学徒出陣で復員し、検閲局に来ていた。一九四七年初めに彼が東大に復学（のちに大手食品会社社長）するとき、アメリカの作曲家ガーシュウィンの「ラプソディ・イン・ブルー」のフィルムを勤務時間中、国際映画劇場で特別試写させ、送別会をした」

郊外の大きな家に住む同僚宅にワインや肉などをジープに積んで集まり、クリスマスパーティを開く。そうこうするうちにアメリカの占領統治を助ける不快な仕事といった印象は薄れ、屈辱感より楽しい思い出が記憶に残っていった。

「ダイザーには、自分が日本軍の軍曹だったこと、祖父が日露戦争の海軍軍人だったこと、父が治安維持法で人を取り調べた思想検事だったこと、これらを最初からすべて隠さずに語り、一人の人間として対峙した。卑屈になったことはない。ダイザー自身も保守的な人間で、かえって信用してくれた」

もともと英語好きの棚町である。ダイザーとの親交を深めることによって、充実した検閲官時代の日々を記憶に刻んだ。どんなマイナスの仕事にもプラスの一面がある。そう信じて、占領する側から社会の復興とたくましく生きる人々の姿を見ようと棚町は努めた。人は二十歳前後に考えたこと、結んだ交友関係がその後の生き方を決める要因になる。

戦後の日本が変わったのは、民主主義や自由といった価値観の面だけではない。それ以上に社会の雰囲気がいつしかアメリカンウエイ・オブ・ライフ（アメリカ式生活様式）に変わりつつあった。マッカーサーが日本人から「青い目の天皇」と仰がれ、感謝されるようになった。チューインガムとホットドッグが浸透し、『ターザン』『荒野の決闘』などのハリウッド映画を目当てに人々が映画館へ押しかけ、大リーグのチームが羽田空港に到着すれば女優が花束を持って出迎えた。「鬼畜米英」をスローガンに一丸となっていたはずの国民は、敗戦後わずか二、三年で態度を豹変した。日本の民衆は総体としてアメリカに〝集団洗脳〟され、あるいは自らご都合主義的に〝集団転向〟を遂げてしまったかのように見える。

けれども、GHQは一九四七（昭和二十二）年二月一日に予定された官公労ゼネストを中止に追い込むと、それを機に民主化政策を転換し、日本をアジアの〝反共の防波堤〟と位置づける方向へ舵を切り替えていく。国際情勢が米・ソ二大国を基軸とする東西冷戦の様相を色濃くしたからだ。一九五〇（昭和二十五）年に勃発した朝鮮戦争は占領政策の曲がり角となった。

ちなみに著者が生を享けたのは、この前年である。

◉民衆の発見──国文学徒へ

そのころ、日々の検閲作業をとおして、棚町は芝居・演劇のおもしろさ、楽しさがよくわかるようになってきた。

九州各地で人々が演劇活動をどれほど強く熱望しているかが、手に取るように見えた。苦しい日々の生活のなかで少しでも暮らしに潤いを与えようと、表現活動に自ら手を染める民衆がいた。復員してきた元兵士たちのなかには、戦地での慰問団をとおして、芝居や演劇の楽しさを初めて知った人も少なくなかった。

そういえば、著者が中学のころ観た映画『南の島に雪が降る』（一九六一年、東京映画）がいまでも記憶に甦る。

▲映画「南の島に雪が降る」の原作（ちくま文庫版）

俳優・加東大介の戦争体験にもとづく物語で、太平洋戦争末期、飢えとマラリアに苦しむニューギニアが舞台だった。日本を遠く離れた南の島の兵士たちに募る望郷の思い。士気高揚のために泣き笑いしながら熱演する劇団員たち。雪のように降りしきる紙吹雪に兵士たちが狂喜するシーンに中学生の私はどれほど感動したことか。

八幡製鉄や筑豊の炭鉱など北九州各地で、働く人たちのたくましい生活のエネルギーが渦巻き、各地を巡回する大衆演劇は大変な人気を集めた。それにあきたらず自ら劇団を立ち上げる人たちが相次ぎ、そのなかには劇団「珊瑚座」を旗揚げした作家・檀一雄[*43]がいた。棚町の周りにも演劇サークルや作家・大西巨人[*44]らの文学サークルなど、文化人が数多く取り巻いていた。ここには上から与えられるのではなく自ら創造する文化、一般の民衆と知識人とが手を携えて創りあげる文化が息づいていた。

「敗戦の中から立ち上がった人々の思いをしっかりと受け止めていきたい。自立的に湧きあがり、広がっている演劇活動を記録にとどめ、支援していこう」

そんな思いが膨らんで、棚町は演劇雑誌『リドウ』（くるみ書房発行）を創刊した。一九四八（昭和二十三）年六月のことである。タイトルの「リドウ（Le Rideau）」はフランス語のカーテンという意味で、舞台上で役者が挨拶をするカーテンコールを指していた。

「行動する自由」と題された、発行人・棚町執筆の創刊の辞は高揚感にあふれている。少し長いが、彼の思いが尽くされているのでそのまま引用する。

＊43　檀一雄（一九一二〜七六）　小説家。「最後の無頼派」といわれる。代表作『火宅の人』。

＊44　大西巨人（一九一六〜二〇一四）　小説家。福岡市出身。代表作に長編小説『神聖喜劇』、『三位一体の神話』など。

創刊予告

演劇雜誌

リドウ

Le Rideau

發行所　くるみ書房
福岡市上小山町11山中商事內
發行人　棚町知彌
編集人　鶴岡高
印刷人　鈴木林造
印刷所　博多印刷商會

創刊の言葉

行動する自由

—「リドウ」は何故生れたか—

戰爭のながい年月を通じてわれわれはたゞ「夜の光」の下でのみものを考えて來た。いまや明るい地平線がひらけつゝあるけれども、われひとともに混迷は深い。

この國の一切の文化領域のなかで、かゝる虚脱状態から最も逸早く立上つたものは演劇界であつた。そして劇への情熱は澎湃たる波となつて、今や津々浦々に至る迄自立演劇サークルの活動を見るに至つている。彼等は「白晝の光」の下に考え、意慾し、行動する自由を待つた。開けそめた地平線は遥くにあるが、その約束するところのものは廣大無邊である。そしてかれ等の「自由」そのものが、又同時に「責任」であると云うこと——このことに心を潜めて決然と立つべきときが來ている

むかしローマのプロレタリアートは專制君主から「パンと見世物」を與えられることによつて滿足した。彼等がギリシヤから受けついだ劇は、たゞ書齋で讀まれるものとなり、そこにはたゞ猛獸と相搏つ見世物と、流血と闘技と、衰弱と頽廢したパントー・マイムだけがあつた。そして歴史の袋小路の中にローマは滅び、ローマのプロレタリアートは「世界史のなかで最も意氣地のない貧民」として書物の中に殘つている。考え、決意し、行動する人民を基底としない文化は、いつもかくの如きものである。だが、時代は二十世紀であり、勤勞する人民は、も早「ローマの貧民」ではない。彼等こそは創造の主体である。彼等の日々の生活の中のドラマは日本そのものゝドラマである。われわれは「演劇する勤勞者」と共に考え、共に決意し行動する雜誌「リドウ」を發刊する。

演劇雜誌の中には既に「テアトロ」「劇作」の如き一應完成されたものがあるが、われわれは勤勞者の生活にぢかに肩接したものをつくりたい。そして生なイデオロギーや、藝術至上的な高踏性にしばらく「留保」を附して、生活そのに、着實にしかも深い眼をそゝぎ、そこから劇を育てたいそれは恐らく地味な、戰後の精神的季節からは「季節はづれ」のものゝ如く見えるであろう。だが巨大な火山の噴火の力と、厨の中にそこばくの音をたてゝ沸ぎるポットの蒸氣とが、同じく端倪すべからざるエネルギーの原理につらぬかれていると云ふ意味に於て、つゝましく地味な努力に志したい。氷雪の底にも火山があるのだ。

編集については「讀者が編集する雜誌」として出發する協力と厚援とを賜りたい。

九州自立劇團協議會の誕生

去る五月九日福岡市タロー劇場に於て土方與志氏を審査委員長に迎えて行われた毎日新聞社主催全九州自立演劇團コンクールは九州に於ける自立演劇運動の發展に一時期を劃するものであつた。こゝに吾々は自立演劇の成長を眼のあたりに觀ることが出來た、しかしこれらの審査講評やその他の會合等で表明された土方氏の自立演劇觀には自立劇團の在り方について深刻に反省させられる点があつたように思える。

東京自協の呼掛けもあつて、此コンクールを機として全九州を打つて一丸とする自立劇團協議會の組織が要望されたのは當然である。五月十日午后岩田屋に於てコンクール参集者有志による懇談會が持たれ、その結果八幡三名小倉三名福岡三名よりなる準備委員會が五月廿三日福岡市上小山町毎日廣告社に於て開かれ規約草案その他を決定した。なお六月廿日タロー劇場に於てその結成大會が開催される筈である。九自協が九州に於ける新演劇運動の推進力たることを切に祈つて止まない。

祝創刊

北九州自立劇團連絡協議會

北九州新演劇人協會

手近な演劇ガイド

くるみ書房の事業及び企画

—中小學校に對し、演劇文化の芽生えを植付ける運動を計畫中です。これには劇團〃くるみ座〃が主として當る豫定です。

演劇相談所

—本書房は演劇をやられる方のガイドとして、演劇に關する質疑、講師派遣、[illegible]購入等の斡旋依頼を致します。質問の[illegible]すれば專門演劇人[illegible]します。（その一[illegible]ドウ」誌上に掲載[illegible]

脚本集の發行、權威[illegible]劇團の招聘巡回公演、[illegible]品の提供等、切實な[illegible]て居ります。

戯曲創作の奬勵

—創作戯曲をドシドシ編集部へお送り下さい審査の上每月一篇宛リドウ誌上に發表、賞金貳千圓（時價）を贈呈します。自立劇團のレパートリイに推薦出來る作品で、原則として四百字詰原稿用紙四十五枚以內のこと。

自協、新演協、學演連等の新劇諸團体への協力

—共同發表會、講習會、研究會等の催しの後援。或は主催

兒童劇、人形劇の普及

購讀御案內

購讀御希望の方はなるべく各組織毎に取括めてからくるみ書房迄御申込願います。代金一部（送料共二十五圓）發行後直に郵送致します。左記の者が御取次を致します。予約購讀料は三ヶ月七十五圓（送料共、但し定價値上の際は精算）なお予約購讀者には本書房主催催或は後援の行事に特別の便宜をはかります。

取次人氏名

◀演劇雑誌リドウ第３号表紙　▲リドウ創刊予告表面（1948年）

★

戦争のながい年月を通じて、われわれはただ「夜の光」の下でのみものを考えて来た。いまや明るい地平線がひらけつつあるけれども、われひとともに混迷は深い。

この国の一切の文化領域のなかで、かかる虚脱状態から最も逸早く立上つたものは演劇界であった。そして劇への情熱は澎湃たる波となつて、今や津々浦々に至る迄自立演劇サークルの活動を見るに至つている。彼等は「白昼の光」の下に考え、意欲し、行動する自由を持つた。開けそめた地平線は遠くにあるが、その約束するところのものは広大無辺である。そしてかれ等の「自由」そのものが、又同時に「責任」であると云うこと――このことに心を潜めて決然と立つべきときが来ている。

むかしローマのプロレタリアートは専制君主から「パンと見世物」を与えられることによつて満足した。彼等がギリシヤから受けついだ劇は、ただ書斎で読まれるものとなり、そこにはただ猛獣と相搏《あいう》つ見世物と、流血と闘技と、衰弱と頽廃したパントー《(ママ)》・マイムだけがあつた。そして歴史の袋小路の中にローマは滅び、ローマのプロレタリアートは「世界史のなかで最も意気地のない貧民」として書物の中に残つている。考え、決意し、行動する人民を基底としない文化は、いつもかくの如きものである。だが、時代は二十世紀であり、勤労する人民は、も早「ローマの貧民」ではない。彼等こそは創造の主体である。彼等の日々の生活の中のドラマは日本そのもののドラマである。われわれは「演劇する勤労者」と共に考え、共に決意し行動する雑誌「リドウ」を発刊する。

演劇雑誌の中には既に「テアトロ」「劇作」の如き一応完成されたものがあるが、われわれは勤労者の生活にぢかに膚接したものをつくりたい。そして生なイデオロギーや、藝術至上的な高踏性にしばらく

リドウ創刊予告裏面▼

編集内容

演劇に關する エッセイ
―權威ある學界人、專門演劇人による論文、隨筆等。飜譯紹介も計畫中。

演劇史稿（連載）
―斬新な演劇史の連載講座。演劇活動の基盤となり、演劇への興味を生み出す演劇史。

演劇技術講座
―劇作。演出。發聲法。メイキャップ。演技。裝置。照明。効果。劇團經營等の各項目に分ち、各々中央專門演劇人に依賴して第二號より逐次掲載の予定。

戲曲
―創作奬勵の見地から、每號主として九州内オリジナル短篇戲曲を發表します。未發表の飜譯劇掲載も考慮されて居ります。

海外演劇通信
―アメリカを始め海外諸國の演劇通信。

創刊号目次（七月中旬發行）

論文（題未定）　進藤誠一
演劇の起源とその本質
―演劇史稿第一回―　栗田杉彥
戲曲（未定）
―創作脚本募集第一回發表―
吾が劇團を語る（歷史と主張）
―俳優座・その他―
演劇人紹介
―千田是也・その他―
新劇界展望
―東京・九州。レポート（九州自協・北九自協・くるみ座・にんじん座）
質疑應答・劇評・その他

ニュース及びレポート
―東京、大阪はじめ各地に於ける新劇活動のニュース。九州に於ける新劇活動のニューズ。及び各組織、各劇團のルポルタージュ。

中央專門劇團の紹介
―俳優座、文學座、新協等中央專門劇團の歷史、主張の紹介（自己紹介を依賴中）及びその代表的人物の紹介。

質疑應答欄
―讀者の質問に對する專門演劇人の答解
こんな記事を載せて欲しいと、積極的に編集に參加して下さい。

「留保」を附して、生活そのものに、着実にしかも深い眼をそそぎ、そこから劇を育てたい。それは恐らく地味な、戦後の精神的季節からは「季節はづれ」のものの如く見えるであろう。だが巨大な火山の噴火の力と、厨の中にそこばくの音をたてて沸ぎるポットの蒸気とが、同じく端倪すべからざるエネルギーの原理につらぬかれていると云ふ意味に於て、つつましく地味な努力に志したい。氷雪の底にも火山があるのだ。

編集については「読者が編集する雑誌」として出発する。協力と声援とを賜りたい。

当時の演劇活動は少なからず共産党の影響を受けており、世間には左翼のプロパガンダとして受け止められていた。棚町は、そうではない、自立した活動として演劇を育てなくてはならない、と考えた。周りの同僚たちは「演劇雑誌を出せば左翼活動家とみなされ、検閲の仕事をする上でマイナスになる。やめたほうがいい」と雑誌刊行に反対したが、検閲をたんたんとこなしていく日々の単調な仕事に棚町は我慢できなかったし、好奇心に突き動かされるように新しいことに手を出してしまう性分が現れてきたともいえる。

「雑誌をだせば、演劇活動をしている人々の様子が詳しく把握できる。ダイザーに相談すると、「歓迎すべきことだ」と理解してくれた。私は恵まれていたのです」

それは、さながら棚町における〈民衆〉の発見ともいうべき出来事だった。戦前のエスタブリッシュメント（既成支配層）である思想検事の家に生まれ、高等教育においてエリートとして頭角を表し、国家の先頭に立って献身し自己形成しようとした若者が、それらをすべて否定された戦後の混乱期において、初めて生身をぶつけるに足る存在として出逢った〈民衆〉の姿であった。

一九四九（昭和二十四）年十月三十一日、CCDは廃止された。書類はすべて破棄され、以後、CCDは死語と化す。福岡検閲局も閉鎖となり、棚町は退職した。演劇情報誌『リドウ』は三号で終刊となった。上司のダイザーは母校ミシガン大学に復学し、「博多にわか」をテーマに博士号の修得を目指した。

敗戦期の三年半に検閲された演劇台本は約八千三百点。それらの資料はダイザーの指示で、大濠公園前（簡易保険局）にあった米軍百十八軍事病院地下のＡＰＯ（軍事郵便局）に保管され、のちにミシガン大学図書館に寄贈された。

このコレクションの整理のために棚町は学芸員として米国留学するようミシガン大学から勧められたが、家庭の事情で断念せざるをえなかった。それらの資料は一九八五年ごろ、同大学から早稲田大学演劇博物館に移管された。地方劇団特有の股旅ものなどの大衆演劇・職場演劇・組合演劇のほか、新劇・新派・歌舞伎・文楽・舞踏劇も含まれていた。口承でしか受け継がれることがないためにほとんど残されていないといわれていた即興の笑劇「にわか」の台本もある（割合は大衆演劇が九八パーセント、新劇が二パーセント）。結果としては、検閲を経た戦後の演劇関係資料がまとまった形で保存され、歴史に残されることになった。

検閲局の仕事を通じて棚町は、最初は大衆演劇を専門とし、のちには演劇に関する研究や分析を主に担当することで、いつの間にか演劇文化の専門家になっていた。

「大局とか究極の目標とか、そんなことは考えないで目の前の当面のことに全力あげて取りくむのが私の悪いクセ。でもやっているうちに自立演劇の評論家になった」

アメリカと日本の間に横たわる文化的な断層について、強烈なカルチャーショックを味わうこともできた。福岡検閲局の閉鎖後には福岡ＣＩＣ（対敵諜報部）から演劇活動について情報収集・提供を依頼された。端的にいえば、米軍の諜報活動の手伝いで、「さしあたりの生活費のこともあるから」と棚町は引き受けている。

その最初の仕事は前進座「真夏の夜の夢」福岡公演（十一月十四・十五日）の偵察だった。テープレコーダーのない時代だから、鉛筆書きで上演内容、座員のあいさつ、参加者名などについて詳細なメモを取り、CICに報告している。続いて九州大学文化祭・演劇（十一月十二日）にも出かけ、公演内容・出演者名などについての情報を提供した。しかし、「PPBの仕事はフェアにやれたが、CICは純然たる諜報活動だから違う」と違和感を抱き、この仕事はそれきり断ったという。情報提供した二件の詳細な内容は保存され、後年、証言記録「福岡検閲局時代を聞く――その二」として公開された。

人生がどこでどう転ぶか、誰にも予測はできない。戦後の棚町は、熱烈な軍国主義者から一転して占領軍の〝手先〟になるという矛盾に満ちた生き方をしているように見える。そのことへの批判には「それがどうした。私はただ目の前の現実に真剣に、正直に向き合って生きただけのことさ。時局対応能力は抜群なんだからね」と棚町は言ってのけるだろう。ともあれ、いちばん悩み考え続けたのは彼自身だったはず。そして、米国側の目をとおして日本人の演劇活動、ひいては民衆の文化を見直す貴重な経験を積むことができ、棚町はやがて日本文学、近松門左衛門研究という終生のテーマに行き着く。

◉国文学の勤労学生に

翌一九五〇（昭和二十五）年一月には、石油会社スタンダード・ヴァキューム・オイル（現・エクソンモービル社の前身）の正社員になった。検閲局勤務時代に続いて米軍関係の人脈と「英語力」を生かそうとしたのだ。勤め始めて一カ月後、夕刊フクニチ編集局長・秋元善次郎の入社内定面接を受けた。その際、同社勤務に先立って一年間のミシガン大学留学を希望したため、採用されなかった。米国留学への夢を断ち切れていなかったようだ。

四月、九州大学文学部文学科国語学国文学専攻（旧制）に入学する。石油会社の正社員として働きながら大学生活を送ることになったのだ。

それから間もない六月二十五日、朝鮮戦争が勃発する。朝鮮半島は北と南に分断され、悲惨な戦闘が繰り広げられるが、それを尻目に日本は戦時景気となり、復興に弾みがついた。石油会社は米軍の後方支援の一部を担い、棚町の仕事はいっそう多忙になった。

「開戦の当日、石油会社の横浜本社からの命令で、シェル石油の油槽所を米軍が使えるようにする手続きに追われた。深夜の博多駅のホームには、毎晩のように棺衛兵〔注＝戦死者を納めた棺に付き添う兵士のことか〕が立っていた。宣戦布告していないから、遺体を焼かないで親元まで送らなければならない。医学部の学生は、死体修復の高額バイトにありつけた」

しばらくすると朝鮮戦争にふたたび動員されたダイザーが休暇で来日し、再会した。中尉に昇進したダイザーに血の匂いを感じ、彼がもらした「地獄のような戦いだ」という言葉が忘れられない記憶になった。ダイザーはのちにデュポン極東日本支社総支配人・在日米国商工会議所会頭・日米協会諮問委員を歴任。通商関係・文化交流に貢献して、勲二等瑞宝章を受章している。一九八九（平成元）年十一月、ホテルオークラで開かれたその祝賀会に棚町は「一九四〇年代の友人」として招かれている。

翌一九五一（昭和二十六）年十一月、演劇活動をとおして三歳年下の飯尾昭子《てるこ》と知り合い、結婚する。昭子もまた検閲局で働いていたことをのちに知り、神道形式で挙式した。ちなみに昭子の父・飯尾公寿は、福岡・香椎宮の宮司の家に生まれ、箱崎八幡で育った。一九二九（昭和四）年、昭和天皇が和歌山県田辺湾の神島に来訪した際、田辺町の水産試験所長として受け入れ側の指揮をした。神島の粘菌などの保護を訴えていた民俗学者・南方熊楠[*45]は、軍艦上で天皇に進講できたのは飯尾のきびきびした行動によるものだ、という感謝の言葉を残している。

棚町は、会社員として働きながら大学に通い続けたが、厳しい性格の主任教授から「退社するか退学するか、どちらか選択したら」と迫られたこともあった。だが、棚町が師事した杉浦正一郎助教授（近世文学専攻）から「退学なんかすることないよ。「会社はすぐやめます」と事務室に言っておけばいい」と助言され、救われる思いがした。温和な杉浦は、生活費を稼ぐため講義に出る余裕がない棚町に学問への情熱を感じ、信頼してくれたのだ。旧制高校のおおらかな雰囲気がまだ残っていた。

中国文学者・竹内好[*46]が九州大学で「中国文学特講」を開いたことがある。杉浦は竹内と旧制大阪高校の寮で同室の関係だった。旧制大阪高校は保田与重郎や伊東静雄が連なる日本浪曼派の拠点であり、その同人雑誌『コギト』をめぐって二人には深い交流もあった。竹内の講義の題目は「趙樹理の李家荘の変遷について」。棚町は受講届を提出したが、生活費を稼ぐためほとんど聴講できなかった。必修科目の「中国文学」は最も単位修得が難しいので途方に暮れていると、杉浦は竹内との会食の一夜に棚町を招いた。単位修得の件を竹内に相談すると、竹内は自由題の学年末レポートの提出を棚町に求めた。先の前進座の「真夏の夜の夢」公演をとおして考えた日本の演劇界の現状を書いて出すと、評価は「優」であった。

「あのときの杉浦先生の恩義は忘れられない。世慣れているはずの会社員の私より気鋭の学者の思考は柔軟で、したたかだった」

▲ 竹内好

＊45　南方熊楠（一八六七〜一九四一）　博物学者・生物学者・民俗学者。和歌山県田辺市に住み、粘菌の研究で知られる。

＊46　竹内好（一九一〇〜七七）　中国文学者。魯迅の研究・翻訳や日中関係論、日本文化などの問題をめぐり評論・発言を行った。

杉浦も竹内も、棚町という人間の根幹に日本浪曼派に連なる熱情が息づいているのを感じ取ったのかもしれない。

一九五二（昭和二十七）年四月、サンフランシスコ講和条約が調印され、同時に日米安保条約が発効した。講和条約の条項では「すべての占領軍は九十日以内に日本から撤退する」と規定されていながら、「二国間条約による外国軍隊の日本駐留は可能」とされ、安保条約にもとづく米軍駐留が継続することになった。独立とはいいながら日本は本格的な対米従属の国となり、それは今日に至っている。

棚町はその後も米国系石油会社で働き続けた。学部時代の三年間に読んだ本は、阿部次郎『徳川時代の芸術と社会』一冊だけ。卒業前に朝日版『近松全集』を繰り返し読み、「近松作品の語彙論的研究」という「題は大きいが、じつは『心中天網島』の用語一、二の考証だけを卒論に書いて」学部生活を終えたと述懐している。ときに一九五三（昭和二十八）年三月。同じ九大生であった五歳下の弟・祥吉と同時卒業だった。

さらに大学院修了までの二年間、引き続いて石油会社の正社員として勤務しながら、近松門左衛門を中心に江戸時代の歌舞伎や浄瑠璃の研究を細々と続けた。

翌一九五四（昭和二十九）年には長男・久弥が、さらに三年後に二男・文弥が誕生する。丈四郎が棚町に与えた彌栄《いやさか》の「彌」という字の新字が「久」や「文」とともにあるのを見ると、そのころの棚町の心意をあれこれ想像できそうな気がする。

一九五五（昭和三十）年四月、棚町は晴れて福岡市立博多工業高校教諭となった。英語科・国語科の担当である。それまで会社員と学業の両立は容易ではなく、ほとんど学業に専念する余裕のなかった棚町が教職を得、ようやく研究と教育に打ち込む念願がかなった。教員・棚町の登場である。

第五章　教員にしてライブラリアン

◉最後の授業をしたい

棚町が福岡市立博多工業高等学校教諭となった一九五五（昭和三十）年は敗戦からちょうど十年目。経済成長の始まりとなる「神武景気」の幕が開いた年である。一人当りの実質国民総生産（GNP）が戦前の水準を超え、翌五六年に経済企画庁が「もはや戦後ではない」と経済白書で記したように、日本は驚異的な経済復興を果たしつつあった。

家電を中心とする耐久消費財ブームが始まった。冷蔵庫・洗濯機・白黒テレビが「三種の神器」といわれ、街の電気店のウインドウにあるテレビに人々が群がった。そのあと、各世帯の茶の間に一台ずつ置かれるほど普及するのにたいして時間はかからなかった。評論家・大宅壮一[*47]がテレビ文化を「一億総白痴化」と酷評し、たちまちそれが流行語になった。

そんな経済社会や産業の担い手として巣立っていったのが、ほかならぬ職業高校の生徒たちである。彼らを

60年安保闘争▲

*47　大宅壮一（一九〇〇〜七〇）ジャーナリスト、評論家。「大宅壮一文庫」を創設。

相手に「最後の授業」をすることに、棚町は魅力を感じた。「最後の授業」とは例のアルフォンス・ドーデの著名な短編小説のタイトルのことだが、つまりは社会へ巣立つ生徒たちをどのように送り出すかに教員としての大きな役割があるというのだ。

福岡市内の県立普通高校へ就職する選択があったが、気に留めなかった。

「受験勉強に偏った授業の進め方に漠然とした反発を感じていたから」

心のどこかに、大学の国文科や大学院でほとんど授業を受けられなかった自分が、学業の蓄積のないまま普通高校の教壇に立つことに引け目もあったのだろうか。九州大学の恩師・杉浦正一郎から推薦状に書いてもらう際に、その内容を問われて「社会に巣立っていく工業高校生にどのような教育ができるのか。そのことに挑んでみたい」と答えている。

さらにいえば、吉野源三郎著『君たちはどう生きるか』に登場する「コペル君の叔父さん」のような役割を担いたかったのかもしれない。社会に出ていく若者たちに〝ものの見方〟を授けたいという思い。善き影響を人に与えたい、善導したいという棚町の抜き難い欲求、あえていえばエリート意識のようなものを感じなくはない。教師とは得てしてそのような人種なのかもしれないが。

けれども、実際に現場に立ってみるとなかなか思いどおりにはいかなかった。職業課程を経た者は、普通課程を学んだ者に比べて将来の伸びが足りない。世間でいわれている工業高校のそんな評判に反発を感じながら、「こんなことでよいはずはない」と、工業高校の教師が果たすべき役割に日々思い悩むことになった。

もともと学校で与える程度の専門技術は、技術革新の最先端をいく会社においてたちまち不十分になってしまう。将来へ向けて伸びる力はどうしたら育成できるか。職業課程と普通課程の違いとはなにか。それを明らかにしてなお実践できなければ、工業高校の存在価値などなきに等しい。工業高校無用論の前に膝を屈さざるをえなくなる。

「工業高校とは、高等学校の工業課程であって、昔のような工業専門学校とは考え方に根本的な違いがあるはずだ。単なる工業専門学校的な伝統が工業高校教育のなかに残っているだけのことなら、そんな古い尻尾はむしろ断ち切ったほうがよい」

新しい教育システムを提唱することを産業界は歓迎する。だが、それが時代に適応しなくなったとたんに知らん顔をされる。産業界に必要だから職業高校を拡充したというのであれば、採用にあたって普通高校卒より優遇する企業が増えてもよさそうなもの。しかし、「すぐ役立つ教育は早く役立たなくなる」とばかりに、あっさりと見切ってしまう。そんな誤りを犯しているとすれば、その責任はどこにあるのか——。棚町は工業高校をめぐる社会的位置づけについて、さかんに教育雑誌へ投稿しては問いかけ続けた。

▲現在の福岡市立博多工業高校

教師自身の問題もある。普通科志向が高まり、工業高校に成績ランクの低い生徒が入ってくるようになると、教師たちは教育への意欲を失いがちになる。それが生徒たちの学習意欲に影響し、悪循環に陥っていくのだ。周囲の教員たちを見るにつけ、産業振興手当がつく工高教員の待遇に満足しているかのようにしか感じられなかった。

「教師として情熱をどれだけ注いでいるのか。たとえ、教育の設備面などに不満があっても、人のいやがる仕事も進んでやればアイデアなどいくらでも生まれてくる。物は足りなくても情熱さえあれば教育効果は上るはずだ」

かつての成蹊学園時代を振り返ると、自分が学問への情熱を抱くことができたのは教師たちのおかげだった。どの教科のどの教師ということではなく、総体としての教師という存在に感化力とでもいうべきなにかが備わっていた。そこで棚町は周囲に問いかける。「工業高校の地位や生徒の学習意欲の低下を嘆く前に、責任の半分は教員にあることを認めよう。確かに普通高校に比べて普通科目の時間数が半分にも満たない。でも、それをいいことに胡坐《あぐら》をかいていないか。普通科目の時間が少ない現実を見据えて、模索しているか」

持ち前の熱い血がたぎり、その熱気を教員仲間へ向けて放出した。ただ、そんな棚町流の情熱論がおいそれと受け入れられるはずがない。どんなに正論を唱えてもそれだけでは周囲から疎まれ、浮き上がってしまうのが避けられない。

ここは隗《かい》より始めよ、だ。自分自身が実践してみせる以外なかった。

◉ライブラリアンたる国語教師

「とにもかくにも、本を読む生徒を育ててやろう」

国語の授業の目的をそこに置いた。一般に工業高校生はあまり読書をしないし、そんな余裕もない。だが、高学歴化や技術革新など社会が日進月歩で変化するなかで、工業高校生の読書離れに手をこまねいてはいられない。就職に際して作文をまったく書けない生徒が多い、という現実を変えなければならない。とても困難な課題である。

「たとえば文章に「起・承・転・結」があることを教えるのは、国語科では当たり前の事柄。でも、そのためには知識を与えるのではなく、内容のある作文を書くことのできる力を実際に養うことが大切です。本を読みこなすことができ、読みながら自分の頭で考える、批判精神に満ちた生徒を育成すること。それが文章力を養うための基本です」

限られた授業時間内に教えられる知識などたかが知れている。それより、自分で本を読む生徒を育てよう。作文と読書指導を国語教育の柱に据え、それを実践していくには図書館を充実することが不可欠だと考えた棚町は、ただちに司書教諭の資格を取得した。図書館を充実させ自らがライブラリアンになることが、国語教師としての本分と思い定めた。

就職する生徒が志望会社を自分で選択できるよう、工業高校における学校図書館の構想を提案した。博多工業高校の教育改善策として、⑴技術者教育における人文教養の重視、⑵図書館利用を積極的に進めること、を掲げている。

ところで、この項を書くにあたってインターネットで「棚町知彌」を検索してみると、博多工業高校時代のある教え子のブログにヒットした。彼は「昭和三十三年二学期精密機械一組に編入」の生徒で、図書室で棚町と出会ったときの思い出を書き綴っている。

最初に出会ったとき、棚町は図書整理をしていた手を止め、蔵書の説明や図書室将来計画などを立ったまま熱弁し始めた。「時の教師像からは違和感を覚えるくらい初対面の私に滔々《とうとう》と情熱的且《か》つ真摯」に語って、小一時間も話が止まらなかったそうだ。「その後の私に取り人生をも差配し、仕事柄世界を駆け巡る事にしてくれた出会い」になったという。ブログを読んでいると、著者の脳裏にも、図書室で目をキラキラ輝かせながら語る棚町の姿が鮮やかに甦る。中学時代に英語が苦手だったので工業高校を選んだというこのブログの書き手は、「文法がわからず、授業はまるで地獄責めの苦痛だった」が、そんな彼の担任に棚町がなった。

黄色の小冊子（Active Vocabulary　以下Ａ・Ｖ）をクラスの皆に配られた。支払った記憶が無いから恐らく先生の自弁だったのでは。毎朝ホームルームの時間（十～十五分間）を利用してａから始まる単語を盛り込んだ短文で、苦手な私も何とか馴染めそうなそんな感覚を微かに記憶。ほぼ毎朝口述し読み聞かせ具体的な説明にアレッこれまでの英語と少し違う。段々と馴染めてくる。興味も少しずつ湧いて来た。

〔以下略〕

ブログの書き手は、現在、航空機業界で世界を股にかけて活躍している人である。航空機の構造検査基準は米・英・仏・独の原書で読みこなすそうで、「これら一切が棚町知弥先生Ａ・Ｖが起点だ」と感謝の気持ちを綴っていた。棚町が知れば、「教師冥利につきる」と喜んだことだろう。

◉恩師の急逝

一九五七（昭和三十二）年二月、恩師・杉浦正一郎が九州大学教授在職中に急逝する。享年四十六の若さだった。岩波文庫版「おくのほそ道」の校訂を担当し、芭蕉研究の第一人者として活躍が期待された矢先の出来事である。

悲嘆にくれる棚町について、「あのときは本当に憔悴しきっていた」と家族や友人たちは口をそろえる。当時の思い出として彼はこんなことを書いている〔『雅俗』第七号、二〇〇〇年〕。

ずい分いろんな経験をした私でも、葬儀屋をつとめたのはこのとき一回きり。三日三晩、稲荷すしと素うどんを食べつづけ、お葬式の前夜、キリスト教だからと握りをとって食べているとき、学部長にゼイタクとにらまれ、衷心腹が立ったことを覚えている。喰い物の恨みはおそろしい。

九州大学国文科の卒業生のまとめ役だった棚町は、将来、母校に戻って国文学の研究者の列に連なりたいという夢を心の奥底に抱いていた。国文学の文献目録づくりという地道な研究にすでに着手していたが、この先どう研究を展開すべきか壁にぶちあたっていた。恩師を突然に喪い、研究者の道に戻ることが険しくなった。次のようなことを漏らしている（『工業教育資料』142号、実教出版、一九七四年）。

《最後の授業》への夢・抱負・責任感。もちろん実態は、甘いものではなかった。まずは工高普通科教師の喜びとして、《最後の授業》の魅力をあげ、次に哀しみをあげたい。学統とか出藍の誉れとか、カビ臭いことはいわなくても、自分の教える教科に魅力を感じ、それを一生の仕事とする生徒が生まれることが、教える者にとって最も生き甲斐がある。

（「私の選んだ道」）

八年間にわたる博多工業高校の勤務を終えるころ、記念誌『八十年史・六十年史（第一工業・第二工業）』の編集総括責任者となった。「工高教育の将来に思いを深め、博工の未来像を画く」という企画をたて、記念誌の内扉に英国の歴史家E・H・カーの言葉を掲げた。

▲杉浦正一郎校訂『おくのほそ道』（岩波文庫）

歴史とは過去の諸事件と次第に現れて来る未来の諸目的との間の対話である。（『歴史とはなにか』）

過去と対話しつつ工業教育の未来をどう描いていくか――棚町は成蹊学園時代に「学校工場長」として過ごした日々を思い起こしていたはずだ。

★

時代は一九六〇（昭和三十五）年にさしかかろうとしていた。棚町も三十代半ばにさしかかり、生涯にわたる仕事の場を見出すとともに、家庭の人となり、子にも恵まれる。人生の最も充実した、働き盛りの時期を迎えた。そのころ、戦中派としての棚町は何を考えていたのだろうか。

このころの時代背景を少し述べておこう。

一九六〇年に、国民的な大運動となった日米安保条約反対闘争があった。俗に六〇年安保といわれる。恩師・杉浦正一郎の寮友だった前出の竹内好は、これを「民主か独裁か」をめぐる闘いと訴えた。国会議事堂を数十万人のデモ隊が包囲し、安保条約が改訂される直前の六月十五日には東大生・樺美智子が構内で警官隊に虐殺されている。国論二分とまでいわれたこの闘争を、棚町はどう思っていたのか。また、この前年から三井三池争議といわれる戦後最大の労働争議が地元・福岡で起こり、〝総資本と総労働の対決〟とまでいわれた。敗戦から十五年という節目に起きたこれらの事件について、棚町の見方を記したものはどこにも見当たらなかった。

反対運動などに加わった話も聞いたことはない。戦後多くの人が飛びついたさまざまな「主義」めいたものを冷めた目で見つめ、心を動かされなかったのか。戦中派として戦前・戦後を生き抜くなかで、どんな群れにも加わらず、自分ひとりで考えていこうとしたのだろうか。どのような権威にも、いかなる組織・集団にも同調しない心構えを築こうとしていたともいえる。文化の究極の形としてある古典には人間の〝詩と真実〟がある。連歌や近松研究をとおして日本人の生き方を見つめようとしたのかもしれない。人間が主体的に自らの力で考え、社会をつくることを、国語教育という方法で実践しようとしたのだろう。

時代は日米安保条約改定をめぐる社会的激動を経て、池田勇人内閣による高度経済成長政策の時期を迎える。所得倍増が掛け声となり、消費が製造を牽引する時代が訪れようとしていた。一九六二（昭和三十七）年、新たな産業社会の形成に向けて、中堅技術者の養成を掲げた高等専門学校制度が発足する。その高専第二期校、有明高専の教師として棚町は赴任する。ライブラリアンとしての夢を描きながら。

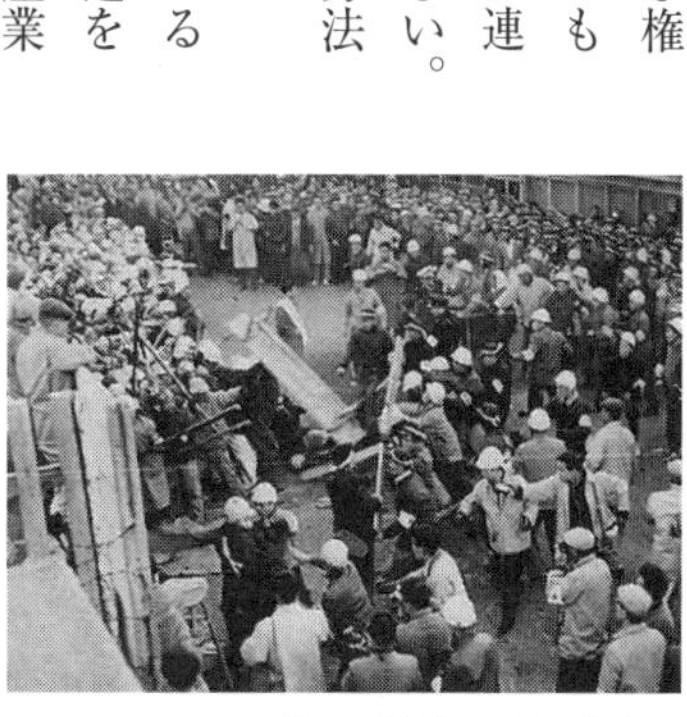

▲三井三池闘争のピケ前攻防

◉教育制度改革に向けて

前述したが、高等専門学校（高専）は十五歳から二十歳までの五年間にわたる一貫教育を行う新設の教育制度である。棚町は「ここでなら自分なりの国語教育に取り組める」と胸を高鳴らせつつ、大胆な読書鍛錬術を実践していった。その内容は第一章で触れたので繰り返さない。ここではもう一つのテーマとして彼が取り組んだ教育改革を紹介したい。

高専は一九六〇年代の高度経済成長期に全国各地に設立され、新産業都市構想の一環として中堅技術者育成をめざしたものである。有明高専もまた大牟田・荒尾両市にまたがる有明臨界工業都市と一体で誘致されたのだが、同時にそれは大牟田市出身の荒木万寿夫文部大臣[*48]（当時）の政治的置き土産でもあった。九州大学内に設立準備委員会が設けられ、棚町は助教授（国語科）として赴任することが決まった。

「コウセンで教えていると友人に話したら、「大牟田にお湯がでるの？」と訊かれた。どうやら〝鉱泉〟と聞き違えたらしい。校名を伝えるのにも難儀した」

世間的には無名でも、彼にとって高専こそは理想的な教育実践の場だった。その要として位置づけたのが図書館である。専門科目の時間数は大学工学部の一・二倍だが、そのぶん教養科目の時間数が少ない。だが、普通高校では大学入試に注がれるエネルギーを、高専なら前期三年間でスポーツ・クラブ活動・読書に充てることができる。読書教育に情熱を傾けるとともに、その総合的な教養伝授の場として図書館が果たすべき役割に着目した。

棚町は、高専における図書館の在り方を構想する全学的な共同研究を呼びかけた。概要は彼がまとめた論文「共同研究　高専図書館はいかにあるべきか」（有明高専紀要創刊号、一九六六年）に展開されている。全文五十四ページ。長大なだけでなく内容にも目を見張るものがある。まず、牛尾広恵校長以下ほとんどの教官や、事務長以下の事務職員にそれぞれの図書館構想を語らせ、学生の協力を得て統計的な裏付けも行っている。以下のような調査項目が並んでいてきめ細かい。

▲ 現在の有明高専図書館

・学生の読書環境
・図書館の現況
・期待される高専生像
・高専カリキュラムの比較的考察
・一般教養の場としての図書館
・各教科授業と図書館利用
・高専図書館管理の諸問題
・図書館設置構想案

高専には高校・大学・産業界からそれぞれ三分の一ずつ教員が集められた。発足のころは高専用の教科書もなければカリキュラムもきちんと定まっておらず、大学の教科書をいきなり使用したり、謄写版の手刷りテキストを作成したりして間に合わせた。教員免許をもつ元高校教員たちは、「ここは無免許運転ばっかりや」と企業や大学からきた教員を揶揄《やゆ》した。それでも多くの先生は理想を掲げ、夢を膨らませていた。その彼らの思いを〈図書館〉という軸でまとめあげた棚町の情熱には、驚嘆すべきものがある。

共同研究のなかで教官の一人、樋口大成（化学担当）は、一般教養の場としての図書館について普通高校と比較しながらこう指摘している。

＊48　荒木万寿夫（一九〇一～七三）　政治家。文部大臣・科学技術庁長官などを歴任。高専制度創設にかかわる。

〔高専では〕理工科系科目が授業の多くを占め、芸術や一般教養科目を締め出して、「工場のため」の予備校になるおそれがある。／大学入試のために予備校化するにせよ、工場のための予備校化するにせよ、学園が予備校化することは、教育上最も警戒する必要がある。そうなったときには、教官と学生には何ら心が通わず、それはただ、教官も学生も自分達の利益を求める集団となってしまうだけだからである。／技術者だから芸術が必要とか不必要とかではなく、美しいものを美しいと感じ、また、ものを考える人間ができなければ学園とはいえない。

（「共同研究　高専図書館はいかにあるべきか」）

棚町自身は、図書係教官が現代国語の授業を担当する姿勢で取り組むことを強調している。「大学と高校を足して二で割った……というのが、高専の現実である。長〔長所〕と長とが寄り合えばよいが、短〔短所〕と短とが寄り合うのが世の常」だと指摘し、高専の弱点となる教養面を補完するものとして図書館を位置づけた。学生のために授業で取り上げる図書は複数冊、図書館に常備するように努める一方、「本の購読指導も読書指導のうち。社会人として巣立った高専生が、一生本を買う人になってほしい」という希望も述べている。

のちに次のように書き残してもいる。

〔普通高校での〕国語の受験指向に反発を感じて、高専生にいわば旧制高校的〔読書〕生活を期待して取り組んだ。信じられない方もあろうが、草創期の有明高専の学生は、多くこの期待に応えてくれた。工学専攻であっても〔大学の教養部なみの〕文系教養も自衛的にカバーするということに、多くの学生はよく努力した。

高校からきた教官の一人、西誠也は「国の高専にかける並々ならぬ意欲の教育環境の素晴らしさ」に驚嘆しつつも、「反面、中に入って見ると、管理運営の優先を特徴づける体制、権限が相当に目につき、業績主義は大学同様、研究の教育よりの優先を示していた」（『有明高専十年史』）と述べている。さらに「学生は（学生と呼ばれながら）過剰な政治的ないし教育的配慮によってその活動を制限され、細目まで規定した学生準則の杓子定規的遵守から徐々に閉鎖的意識に襲われていった」とも指摘している。

大学院を出てすぐに赴任した瀬戸洋（独語）は「学校運営をめぐる熱っぽい論議にびっくりした。とくに棚町先生と西（誠也）先生は、活発に意見を述べていましたね」と回想する。

図書館設置を軸に全学的な共同研究をすすめ、理想的な学園像を探っていたそのころ、牛尾広恵校長が校歌の作詞を地元の詩人に依頼した。それを知った棚町は「校歌について国語教師に一言も相談がないのはおかしい」と校長室に乗り込んで談判におよんだ。

けれども、棚町や西が抱いていた「大学入試準備を必要としない高専前期三年間の全人教育」という理想や自由闊達で自主的・創造的な草創期の気概は、年度が重なるとともにしだいに希薄になっていく。施設・設備・教職員数など恵まれた教育環境であるにもかかわらず、というより、恵まれていたからこそなのか、教官は自前の業績を上げることに懸命になったのだ。与えられた条件に胡坐をかき、無気力化現象が学内に現れ始めた。

第一章でも触れたが、開校五年目の一九六八（昭和四十三）年一月に〝学生紛争〟が起きた。当時全国を席巻していた大学闘争・高校闘争と軌を一にした面もあったが、有明高専の学生たちの活動は著者が卒業した翌年春以降も続き、「規則撤廃要求の統一行動」「（学生による）全国高専学生連合の結成」の動きが広がった。

一九六九年秋には公開討論会の開催・処分撤回を要求し、授業放棄・ハンスト決行へと展開した。

当時、東京の大学に進学していた著者は、後輩たちを支援するため母校へ駆けつけた。奇しくも戦前、北大に進学した棚町が学生工場のストライキを知って母校へ舞い戻った行動とまったく同様であり、妙な符号というか奇縁を感じる。

にもかかわらず、当の棚町はそれまでの理想家肌の教官から一転して、学生たちに対する強硬な姿勢を崩さなかった。

深夜、それも午前一、二時までぶっ通しで教官会議が行われ、学生主事室に泊まり込む日が続くと、棚町の頬がげっそり削げ、髪が伸び放題になった。鬼気迫る形相を見て、周囲の教官たちは「何かに憑《つ》かれたような恐ろしい目つき」だと口をそろえるほどだった。

しかし、あるときを境に彼の教官会議での発言は少なくなり、会議中に学生の読書ノートを机に積み上げ、黙々と読みふける姿が目立つようになったという。がむしゃらに理想を求めて突っ走る努力の人が現実を突きつけられて、怒りの感情の矛先が内攻するようになったのだろうか。

◉国文学徒として再スタート

九州大学文学部国文学科および大学院の時代、棚町は生活費を稼ぐことに追われ、研究者としての蓄積を重ねることができなかった。博多工業高校でも生徒への教育に情熱を注ぎ、研究に時間を割く余裕がなかった。有明高専教官の地位を得てようやく研究にも専念できたが、国文学徒としてのスタートの遅れを身に滲みて感じていた。

棚町の最初の研究論文というべきものは「福城松連歌——近世太宰府天満宮連歌史・序説一」（『近世文芸・資料と考証』四号、一九六五年）で、高専赴任三年目のときである。天満宮連歌史のうちの近世篇をテーマにしていた。以後、棚町の研究の中心は連歌であり、近松門左衛門研究はサブテーマという位置づけだった。論文を掲載した『近世文芸・資料と考証』は、全国に散在する故杉浦正一郎九州大教授の教え子七人（旧制佐賀高校・北海道大学・九州大学）で創刊した同人雑誌である。国文学研究者の雑誌としては最初期のもので、学会に刺激を与え、同種の雑誌が各地に誕生していく端緒になった。一九六二（昭和三十七）年の創刊で、毎年、杉浦の忌日（二月二十三日）に発行し、一九七八（昭和五十三）年に第十号を以て終刊した。編集を請け負ったのは棚町であった。

「研究雑誌の殻を破った瀟洒なデザイン、紙面に余白を残さないことなど、編集上にユニークなポリシーが貫かれていて、棚町流の個性が色濃くにじんでいた。人をまとめて事を成すのが棚町さんの本領で、縁の下の力持ちでした」

棚町の九州大国文科の後輩にあたり、著者のもう一人の国語教師でもあった田中道雄佐賀大学名誉教授（近世文学、俳諧史）は、懐かしそうに思い出を語ってくれた。

　棚町先生は私を有明高専の教官に招いてくれた恩人です。それにもかかわらず、年度半ばの秋、大学に職が見つかるや、校長に掛け合って快く送り出してくれ、面倒見の良さに感謝しています。とてつもない優しさと、強引とさえ言える己れの主張・要求とが共存し、その強烈な個性には何度か驚かされました。どこか矛盾をはらみながら決してにくむこ

▲田中道雄

とが出来ない誠実な人柄が魅力でした。

だが、当の棚町は学校の要職を精力的にこなす一方、自分の学問にも形をつけねばならなかった。「何かに憑かれたような恐ろしい目つき」と周囲が言うのは、自分を追い詰めるほど打ち込んでやまない心理の現れだったのかもしれない。

後任の教員が次々と大学へ転任していくたび、国文学徒としての焦りも感じたに違いない。心の奥底にしまっていた、旧制高校時代を一貫して首席で通したプライドが再燃したようでもあった。「その頃、棚町さんは夜ほとんど眠らないという噂を聞いた。御仕事ぶりから類推して、まことに説得力があった」と書いているのは、研究者仲間である中野三敏[*49]九州大学名誉教授（日本近世文学）である（『近松研究所紀要8・9合併号』、一九九九年）。

通勤の電車の中での棚町さんの居場所を、一発で見つける方法なるものを伝授してくれた人がいた。曰く、朝の電車に乗って、線路が直線になる郊外へ出てから、徐ろに最後尾の車輌から真ん中の通路を見通せば簡単だという。朝の大牟田行きは通勤ラッシュの反対で殆んどガラガラである。その時、座席から中央の通路へ、肘置きを越えるように身体を真横に倒して眠り込んでいる人がいれば、それが間違いなく棚町さんだという。通勤の一時間が棚町さんの御やすみタイムだったのである。但し、実見したことはない。

そんな折ちょっとした出来事が起きた。帰路の西鉄電車の車中で眠り込んでしまったため、多くの資料を入れた風呂敷包みを紛失したのだ。悔やみ続けた棚町はのちに『太宰府天満宮連歌史　資料と研究Ⅳ』

（一九八七年）のあとがきで、こう触れている。

昭和四十年代の半ばごろは学園紛争の季節であった。当時有明高専で学生会を担当していた私は、主事室で夜をあかすことも多く、福岡往還の西鉄特急車中は、貴重な基礎睡眠時間であった。そんなある日、S氏から借り出して、後生大事に持ち運んでいた太宰府連歌目録草稿の風呂敷包みを、福岡へ戻る車中のあみ棚に失った。忘れもしない、家族と待ち合せの坂本繁次郎展の会場（岩田屋デパート）について気がつき、狂気のごとく駅長室や交番を走り廻ったが遂に出なかった。切角盗ったか拾ったのに、反故紙の束だったので、捨てられたのだろう。この原稿は第二巻に収めた「太宰府天満宮蔵連歌書解題」一五〇ページ分の礎稿ともなる大部のもので、当天満宮で開かれた昭和三十六年度俳文学会をまえにして、S氏が院生多数の加勢を得ての調査成果であった。どうつぐなったらよいか。〔人名表記はアルファベットにした〕

ともあれ、高専での激務のかたわら国文学研究を怠ることはなく、精進を重ねた。国文学の文献書誌をこつこつと作成し、国文学研究資料館の調査員も務めていた。

◉高等教育改革への参画

ふたたび高専の教育改革論に話を戻そう。

＊49　中野三敏（一九三五〜　）九州大学名誉教授。江戸から明治期にかけての近世文学を研究。文化勲章受章。

発足十年で、新しい制度は大きな曲がり角にさしかかっていた。

中堅技術者の育成をかかげた高専だが、「工業短期大学」とどう違うのか。企業の採用試験で大学の工学部卒より高専卒の成績が上回っても、入社後の資格は短期大学卒として扱われるのだ。それでは早期の専門教育を受けた高専生の誇りは失われてしまう。一方で「ミニ大学化した高専には魅力に欠ける」という声までささやかれるようになった。

地方の中学校でトップクラスの生徒たちが集まった高専の側にも、やがて「大学コンプレックス」が高じてくる。高専を選択して入学した学生たちが技術や科学について深く学んでも、五年後には産業界に就職するしか未来は保証されていないのだ。「中堅技術者の育成」がそもそもの設立目的であって、産業界に送り出すのが前提と割り切られてしまえば元も子もない。それを言っちゃあおしまいよ、である。

けれども、向学心に燃える学生は後を絶たなかった。

上級の研究・教育機関への進路を閉ざされる袋小路のような現実が表面化するなか、理想を語るだけでなく、具体的に高専をどう改革していくのかが問われてきた。棚町は、その好奇心に満ちた学生たちの将来への道を開拓することに情熱を燃やした。確かに初期の高専生は優秀だった。そんな卒業生を大学院へやらないのはもったいない。それなら彼らのための大学院を創ろうということになり、そのための運動を十年ほど続けることになった。

技能《スキル》面の早期教育はなぜ社会的に評価されないか。人文的教養を技術教育の中でどう位置づければよいか――。課題を浮き彫りにするために、制度発足後に公表された高専教育に関係する研究文献を収集・整理し、目録化することを思い立ち、昭和四十八年から五十一年度にわたって『有明高専紀要』（十一～十三号）で報告した。目録づくりに、むろん彼の本性は発揮されていた。

やがて各地の高専で大学学部三年次への編入、工業高校から高専四年次への編入学などが進められるようになる。ただそのぶん、高専の独自性であった五年間一貫教育が少しずつ薄められ、特徴が失われかねなかった。「そこで、高専教育の特徴をはっきりさせるため、早期専門教育の教育方法やカリキュラム開発をめざそうとした。また、高専生の卒業後の受け皿として技術科学大学の模索が始まった。世界的な高学歴社会化の波に対応していくにはそうせざるをえない」

高等教育そのものの改革が焦眉の課題として浮上し、棚町は世界へ目を向けた。高等教育改革の国際的な潮流を知るために、ASEE（アメリカ工学教育学会）に個人会員として入会する。そこで真剣に論議されていたのは「工学教育とは工学を教えることではなく、エンジニアを養成すること」だという問題意識だった。目に留まったのは次の言葉である。

Don't teach your students engineering : teach them to be engineers !
（技術を教えるのでなく、技術者になることを学生に教えるべきだ！）

科学技術の社会的責任や環境問題に向き合うことのできる技術者を育成すること。それが世界的な課題として真剣に論議されていたのだ。教養や情操教育は、工学教育にとってこそ欠かせないものとして位置づけられている。「まさにそのとおりだ」。門前の小僧式で工学教育に首をつっ込んできた棚町だが、その言葉がストンと腑に落ちた。

★

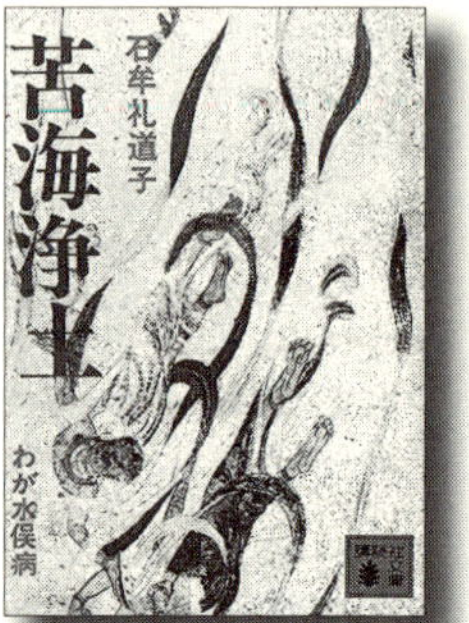

▲ 講談社文庫版

折から熊本県水俣市では、チッソがもたらした水俣病が深刻な被害を及ぼしていた。石牟礼道子『苦海浄土』の発表とともに衝撃の輪は広がっていく。高度経済成長がもたらされた戦後日本の津々浦々で公害による棄民の実態があらわとなり、裁判闘争や反公害の市民運動がたたかわれつつあった。海の向こうではレイチェル・カーソン『沈黙の春』が発表され、自然と人間を犠牲にする近代化・工業化・都市化の弊害の克服が人類共通の課題となっていた。核・原子力開発もそうだが、科学技術がこれまでのように国家の要請に従属し、技術者が政治家や軍人の統制に服していればよい時代は過ぎ去ろうとしていた。だが、そのために工学教育はどうあればよいか――。

国内研究者でつくる「高等教育文献紹介研究会」にも参加した。日本における高等教育のあり方を考える場として民主教育協会（ＩＤＥ）の天城勲（文部官僚）のもとに集まったグループだ。広島大学・喜多村和之（当時）、名古屋大学・天野郁夫（同）といった教育社会学者の中堅と学究派の文部官僚で構成される、当時唯一で最良の集まりであった。「その広島と名古屋の大学研究者を主力とした研究会に、大牟田から毎月欠かさずに出席した。さぞ一言居士のヘンな教師だと思われていたことだろう」

棚町には文部省の大学学術局・技術教育課の担当官に対して発言力を高めたいという思惑があった。その思いが実現し、将来の技術科学大学設置構想を検討するグループに加わることができた。「チャンスの神様には前髪しかない」。そんな箴言があるが、棚町はその前髪をしっかりとつかみ、技術科学大学構想の実現にむけた時代の波に乗っていく。

◉世界の潮流を探る

工業教育をめぐる世界の潮流を知りたい。そんな棚町の熱い思いが通じ、一九七三（昭和四十八）年秋から二カ月間、文部省の在外研修を受けられることになった。研究題目は「技術科学教育の一基幹としての図書館のあり方についての研究」。欧米の工学系大学図書館の調査、および技術者養成教育における人文系教育法の改善が目的である。わかりやすくいえば、理工系の学生にいかにして情操教育を行うか、ということだ。

イギリスに始まり、フランス・スイス・オランダ・アメリカなどの大学図書館を中心にした視察の旅。その報告を兼ねた講演を九州地区大学図書館協議会総会（一九七五年五月二十日）で行っている。題して「欧米大学図書館管見――工学教育の視座より」。以下はそのさわりだ。

　イギリスのオックスフォード、ケンブリッジ大学などを訪ねると、大学には中央図書館一つだけではなく、何十とあるカレッジごとに沢山の図書館があり、その充実ぶりに驚かされた。イギリスの理工系の図書館として大きなものの一つ、ロンドン大学のインペリアルカレッジでは、「エンジニアに情操教育を」というのが課題だった。その結果、哲学や語学だけでなく、「ランチタイム・レクチャー」が行われていた。

　時々、ランチタイムに学外から芸術家や俳優、詩人など理工系から離れた人物を連れて来てレクチャーしてもらっていた。夕方には音楽会が開かれ、楽器ルームもあった。ピアノでもいろんな楽器を簡単な手続きで、学生に使わせていた。さらには担当の教授がゼミの学生たちを連れて研修所に行き、「オーバーナイト・ディスカッション」をやっていた。

とかくエンジニアの教育に人文科学・社会科学を、ということになると、カリキュラムをいじって人文を何単位、社会科学を何単位というふうに処理しやすい。そういうことよりももっと根本的なその考えに共感しました。

生涯学習が世界的に関心を集め始めていた。学校とは知識を教える場所ではなく、自分で学び、訓練をする場とされ、それを中心的に支えるのが図書館だった。ハーバードやMIT（マサチューセッツ工科大学）など主要な大学図書館は当時どんな取り組みをしていたのか。報告には示唆に富む内容がぎっしりと盛り込まれている。二カ月にわたる図書館をめぐる〝官費旅行〟の充実ぶりを想像すると、著者はうらやましくてため息が出てしまう。

旅の途中、棚町はMITの未発表の工学教育改革案を入手し、東京工業大学・川上正光学長に届けている。そのかたわらワシントンのASEE本部から勧められてイリノイ工科大学のトーダ教授（T.P.Torda）を訪ねた。トーダ教授の研究テーマは「人文・社会科学をいかに工学と統合するのか」。工学教育における実習経験を重視し、さまざまな事象を解析して問題解決していく総合力の育成などに取り組んでいた。

この訪問がきっかけとなり、翌一九七四（昭和四十九）年八月に、トーダ教授を有明高専に招きシンポジウムを開催した。高専教育の改善の方途を探り、技術科学大学はいかにあるべきかを考えるために、全国から八十数人の工学研究者が集まった。

中村康治高知高専校長（以下いずれも当時）が司会を務め、川上東京工業大学長（のちの長岡技術科学大学初代学長）を取り囲むようにして、パネラーには触媒役の慶伊富長《けいいとみなが》東京工業大学教授（沼津高専校長・国立高専協会会長などを歴任）、工学教育の権威だった横浜国大の飯島健一教授、ASEEの「エンジニアのためのリ

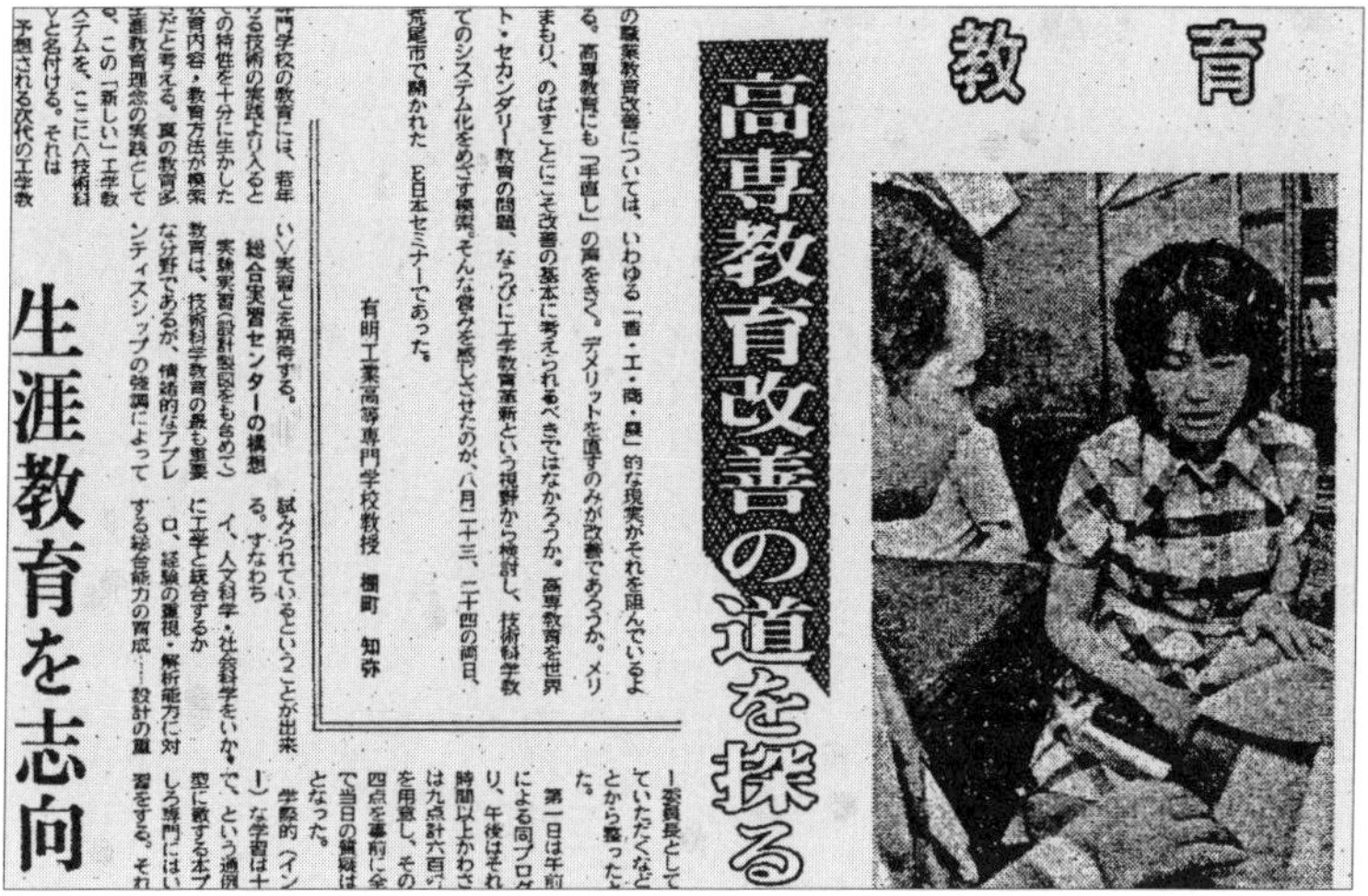
教育

高専教育改善の道を探る

の職業教育改善については、いわゆる「普・工・商・農」的な現実がそれを阻んでいるよ
る。高専教育にも「手直し」の声をきく。デメリットを直すのみが改善であろうか。メリ
まもり、のばすことにこそ改善の基本に考えられるべきではなかろうか。高専教育を世界
ト・セカンダリー教育の問題、ならびに工学教育革新という視野から検討し、技術科学教
てのシステム化をめざす模索。そんな営みを感じさせたのが、八月二十三、二十四の両日、
飛尾市で開かれた E日本セミナーであった。

有明工業高等専門学校教授　棚町　知弥

ー委員長として
ていただくなど
とから整ったと
た。
第一日は午前
による同プログ
り、午後はそれ
時間以上かわさ
は九点計六百
を用意し、その
四点を事前に余
で当日の議題は
となった。

生涯教育を志向

門学校の教育には、若年
る技術の実践より入ると
この特性を十分に生かした
教育内容・教育方法が模索
れたと考える。真の教育多
生涯教育理念の実践として
。この「新しい」工学教
ステムを、ここに〈技術科
〉と名付ける。それは
予想される次代の工学教

い〉実習とを期待する。
総合実習センターの構想
実験実習（設計製図をも含めて）
教育は、技術科学教育の最も重要
な分野であるが、情緒的なアプレ
ンティスシップの強調によって

試みられているということが出来
る。すなわち
イ、人文科学・社会科学をいかして
に工学と統合するか
ロ、経験の重視・解析能力に対
する総合能力の育成……設計の重

学際的（イン
ー）な学習は十
、という通例
型に徹する本プ
しろ専門にはい
習をする。それ

▲高専教育改善を提言する棚町の投稿（日本経済新聞1974年10月21日付）

ベラル・ラーニング」を日本に紹介した広島大学の大学教育研究センター・関正夫教授、人文教育の斎藤信義鶴岡高専校長（のち長岡技術科学大学副学長）などが連なった。折から創設準備に入った技術科学大学（院）の理念と構想が討議され、袋小路に追い込まれていた高専制度の改革の道を模索した。

二年後の一九七六（昭和五十一）年、棚町は有明高専を去ることになった。三十代後半から五十代にかけて十三年間在籍したことを「長く居過ぎた」として、退任の弁をこう記している〔『有明高専だより』第二十八号、一九七六年〕。

図書係長を自称してカウンターにすわっていた五年（創造）、主事室に多くの夜を明かした三年（充実）、九重―東京―九重のトンボ返りまでした三年（模索）。各期それぞれの楽しさに比し、それ以上に忙しかった末期二年は、わが一生の不毛のときに終るのだろうか……。十三年間かわらず充分に応えてくれた学生諸君と、この無類の難儀者につき合い通して下さった同僚諸氏に深謝あるのみ。

文中の「九重」とは九州大学・山の家のこと。ここでオリエンテーションのチーフディレクターを務め、夜のムーンライト便（郵便輸送のＹＳ便）で上京して改革論議に参加するなど、文字どおりトンボ返りを重ねて飛び回ったことを回顧している。

その後、棚町に次々と新しい舞台が用意され、トントン拍子でそこを歩んでいく。時代が何を求めているのかを見据えた活動が実を結ぼうとしている。

一九七六（昭和五十一）年四月、棚町は山口大学教養部教授（文学科）となった。念願の国文学研究者として認められたのだ。すでに『論語』為政篇にいう「知命」、五十にして天命を知るという歳である。

故・杉浦正一郎九州大学教授の後任にあたる中村幸彦九州大学教授（当時）の筆による山口大学教養学部長あての推薦状（昭和五十年十月七日付）には、「大学転出の機会はこれまで何回かございましたが、俗に申せば、図書館や高専問題に義理立てして今日にいたったのでございます」とあった。「専攻は近世演劇であり、その研究方法は考証実証の学であります。その実力は人の知るところでありります」とも書かれている。高専教官からライブラリアンへ、さらには技術科学大学構想のキーマンへの道を歩みながら、国文学界で地道に研究を積み重ねた業績も十分評価されていた。

★

高専教官時代を閉じるにあたり、棚町のここまでの人生を振り返ってみたい。

棚町の曲折に満ちた道程はけっして迂遠な回り道ではなかった。それどころか、まことに見事な真っ直ぐの一本道と思える。

子供のころ、「綴り方少年」であるとともに「算術少年」でもあったエピソードを紹介した。さらに「語学少年」としての頭角も現し、全体を叱咤激励してやまないリーダー的存在でもあった。要するに「優等生」「エリート」と言ってしまえば身も蓋もないが、この人は自分の資質から推して〈教育〉という営みを豊かに考えることができた。人間に備わった可能性を活かすことに長けて、何かに偏重するという狭さがなかった。そうしたところから棚町は、技術系学生に対する人文教育という恰好の課題に取り組む幸運をつかんだといえそうだ。

たとえば「文系か、理系か」という二者択一的な発想が存在する。「文化系か、体育系か」というのもそうだ。こういう発想が子供たちの可能性をどれほど狭め、制約してきたかは、測り知れないものがある。そんな反省からいま、高等教育では「文理融合」が大きな課題となっている。それはべつに大学教育に限った問題ではない。

風呂敷を広げるならば、必ずしも対立しないものをあえて二項対立的に扱う考え方は、日本近代の弊害であったといわれる。「Aか、さもなければB」「BでないことはただちにA」。このA／Bに、右翼／左翼、保守／革新、親米／反米、改憲／護憲……といった任意の概念をあてはめれば、戦後社会の言説空間はだいたい説明できそうだ。

どうして「Aを駆使したB」とか、「B的発想によるA」があってはならないのか。「AであるとともにB」という道があっても（あったほうが）よいのではないだろうか。

むろん、だれもがマルチタレントのような才能を持っているとは限らない。おのれの分を見極めることが人としての大切な要件であることに間違いはない。投手と打者の〝二刀流〟で活躍している大谷翔平選手などはよほどの逸材なのだから。それでも〈世界〉の広さを知り、〈自分〉の天分を知って、主体的に判断できるようになるためには、〈教養〉（そういって鼻につくなら）や〈世界観〉〈社会観〉〈人間観〉といった考え方を子供たちが身につけることが望ましい。

ともすれば「彼は野球部のエースなのに勉強もトップクラス」という言い方がなされがちであり、「トップクラスの成績だからこそ運動も抜群」という言い方はこの社会では人を納得させないようだ。精神と肉体が排斥しあうとは限らないはずなのに。

このように考えると、「本を読む技術者を育てる」という棚町の取り組みが、近代社会の隘路を突破しようとする先進的な実践であったことがわかる。それは、今日いっそう切実に問われているだろう。

棚町は大学という舞台へ、技術科学大学構想の実現へと活躍の場を移していく。

第六章　教養は生活の技術

竹の子族▲

◉高校と大学の連携

山口大学では、国立技術科学大学の創設に向けて準備する使命も与えられていた。棚町の進路をとおして、国立大学の教員人事や文部行政がどのように進められていったかが見えてくる。時代の要請を巧みに受け止め、棚町はそれに応えた。

技術科学大学設置構想は当初、学部の一・二年生は設けず、高専卒業生を対象にした三・四年生と修士課程だけに絞る計画だった。だが、工業高校からの推薦入学も受け入れる動きが生じ、結果的に高校から進学してくる学部生も一・二年生として入学できることになり、普通の国立大学と変わらなくなった。

すでに商業高校から推薦入学させた実績がある山口大学は、職業高校と大学との連携を考えるうえで好都合でもあった。全国工業高校校長会（東京・飯田橋）本部や年次大会があれば出向き、技術科学大学で工業高校生をどのように受け入れるかというテーマを追求した。「人生どんなに回り道をしようと、最後に経験はすべて活きてくる。無駄なことなんて何もない。博多工業高校での八年間の教員経験は十二分に活用できた」

推薦入学のあり方を研究するかたわら、学部（教養部）の図書委員に志願し、大学図書館運営の実務に触れた。三年後の一九七九（昭和五十四）年から始まる共通一次試験の準備にあたり、大学の入試検討委員にも志願している。なにごとにも貪欲だ。

さらに、商業高校にくわえて農業高校から獣医学科への推薦入学も実施された。偏差値で志望先を決める風潮が広がるなかで「解剖もできない、動物嫌いの入学生がいる」という実態の克服が、推薦生を受け入れる獣医学科側の動機であった。

単身赴任中だった棚町は、その推薦生三人の副担任にもなった。一年間、毎週のように学生たちが一番の苦手にしている英語の予習・復習につきあい、工業高校時代に英語を教えた蓄積をかたむけて家庭教師をした。「その甲斐があって一人が「優」、二人が「良」をとった。教師としてこんな嬉しいことはない」。学生にじかに教えるのが飯よりすきなのだ。

大学工学部では教養教育と専門教育をどうつないでいるのか、という現実を肌で感じることができたのも得難い収穫だった。

◉〈生活〉と〈科学〉をつなぐ

そのころ、桐島洋子著[*50]『聡明な女は料理がうまい』（主婦と生活社刊）を読んで感心した。桐島の料理論についての講釈は、独特の技術論であり、またユニークで痛快な教育論にもなっていた。何が何カップとか、何を大さじ半杯といったレシピをテレビ番組からメモすることが料理の勉強ではない。味はなめて加減し、献立は市場を見回して考えよ。そんな桐島の主張にすっかり共感した。

技術科学教育も同じだ。小学校の図工や中学校の技術科から始まり、工高・高専・職業訓練校・専修学校、さらには企業内教育にいたる各段階まで見通して、生活システムとして幅広く技術科学教育を構想すべきである。つねづねそう考えていた。

戦後の生活文化を考えるうえで大きな役割を果たしてきた雑誌に『暮しの手帖』がある。その編集長・花森安治[*51]の生活と商品をめぐる考え方にも影響を受けた。

もともと、成蹊学園時代に六年間担任だった香取良範が提唱した「生活算術運動」の影響が身に染みこんでいる。棚町が〈生活〉と〈算数（科学）〉をつなげて学ぼうとしたのも同様の問題意識からで、〈工学〉〈科学〉の課題は学校教育以前の問題なのだ。教養と実習をどう組み合わせればよいか、カリキュラムを立案するために染色工芸の学校なども見学して回った。

中学校教員の職業課程である技術科で学ぶ学生を担当できたことも幸いだった。教員養成をめぐる教科としての「技術」にも意義を見出していたが、「職業」や「技術」は大多数の大学関係者にとってはほとんど関心の対象外だった。

そこで、これらの問題をめぐり、阿南高専から教育学部に着任していた葉柳正（教育社会学）と二人で毎週「高専研究会」を開いている。技術教育をめぐる論議をして毎回盛り上がったのだが、そのことを棚町は少し残念そうに振り返る。

「私たちの理想主義なんて、しょせん部外者の太平楽だったからね。学内で周囲から無視される厳しさもずいぶん思い知らされた」

＊50　桐島洋子（一九三七〜　）　エッセイスト・ノンフィクション作家。著書『淋しいアメリカ人』など。
＊51　花森安治（一九一一〜七八）　編集者・グラフィックデザイナー。生活雑誌『暮しの手帖』を創刊した。

◉図工・美術と技術

未知の分野の人たちと最も効率よく出会える——そんな期待に胸を膨らませて一九七七（昭和五十二）年夏、静岡県・伊東で開かれた技術教育研究会の第十回全国大会に参加した。

小刀で鉛筆を削ることができず、卓上電子計算機《ポケットでんたく》の便利さに手を伸ばす小学生たち……こういった子供の存在はいずれ新たな「公害」問題になりはしないか。そんな不安を抱く教員たちがたくさん詰めかけ、「手の活動」研究グループの分科会に関心が集中した。

図工と美術はどう違うのか。子供たちの関心とは無縁に、教師同士が縄張り争いをする分科会の議論に面食らった。鑑賞するための授業ではなく、子供たちが実際にモノを描く美術と、モノを作らせる図工という区別はよいとしても、それらの時間配分をどうするかといった事柄など、棚町には大した問題ではないと思えて仕方なかった。

「定規の使い方にしても、算数であろうと図工であろうと教師次第でどうにでも教えられる。プラモデル作りのように材料屋まかせの図工をしても仕方がない。折り紙を作るうえでの几帳面さは、図工、美術、さらには算数の成績とどのように関連しているのか。図工も美術もひっくるめた教育方法を考えられないか」

そんな疑問が広がっていった。早期専門教育のあり方についての棚町の関心は深まったが、工学教育関係者の間でそんなことは話題にもならなかった。

一九七八（昭和五十三）年一月、沖縄で開かれた日教組の教育研究集会では、高校教育における〈普・商・工・農〉という序列、格差に大きな関心が集まった。この言葉に耐えられない屈辱感を抱いた棚町は、「高校を序列化する差別的な言葉が広がっていくのを見過ごすわけにはいかない。〈普・商・工・農〉の言葉を使う新聞の不買運動を起こしてはどうですか」と工業高校長協会に訴えたという。

工業高校長協会の機関誌『工業教育資料』（実教出版）に「私の選んだ道」と題して工業高校時代の体験記を連載していただけに、〈普・商・工・農〉などという表現自体に自分の教師人生を侮辱された思いがしたのだろう。

「私はまさにドン・キホーテだったかもしれない。でも、それぐらい真剣に工業教育のあるべき姿を考えていました」

同年三月、わずか二年間勤務しただけで山口大学を去り、新設される長岡技術科学大学に移った。もっと腰をすえるつもりで学部内や講義で大風呂敷を広げていたし、仕事にも恵まれていただけに、山口大学には申し訳ない気持ちでいっぱいだったという。

だが、この時代の経験をとおして〈教養〉についての確信は揺るぎないものになった。多くの大学人が唱える「蘊蓄《うんちく》学問」ではなく、仕事や生活、実習の現場から学ぶことのほうが圧倒的に「リベラルアーツ」に近いということである。

かくて長岡技術科学大学では、実習体験重視のカリキュラム編成を打ち出すことになる。

◉新構想の大学図書館開設へ

一九七八（昭和五十三）年四月、「技術科学大学」が新潟県長岡市と愛知県豊橋市に開学した。袋小路に入った感のある高専制度の隘路を解消するため、高専卒業生の受け皿として構想されたものである。高専制度が発足して十六年目のことだ。

当初、九校の高専を擁する九州地区に一大学を開設し、予定地は福岡県飯塚市に開設されることが高専校長会などで内定していたが、最大権力者、田中角栄（当時の首相）の豪腕で彼の郷里である新潟県長岡市に持っていかれたのだった。その代替措置としてのちに開設されたのが、福岡県飯塚市の九州工業大学情報科学部といわれる。

棚町が就任したのはその国立長岡技術科学大学の工学部教授である。七月には同大学附属図書館の初代館長にも就任した。図書館運用システムなどを自ら設計し、日本で初めての「図書カードを使わない図書館」に三年間在職した。技術者養成教育における人文科学の在り方もさまざまに模索した。

もともと図書館員のつもりで赴任したので、名刺の肩書きは「長岡技術科学大学附属図書館長」であり、教授の名刺は作らなかった。当時、日本の大学で図書館長という専門職は存在せず、どこでも教授が併任していたが、技術科学大学として新構想の図書館を創るために着任したというところに棚町なりのこだわりがあった。

▲ 現在の長岡技術科学大キャンパス

文部省の大学学術局の研究者総覧（当時）を見ると、棚町の専門分野は国文学ではない。第一に「工学教育、技術者養成教育」で、第二に「図書館情報教育」と記されている。附属図書館のシステム設計を行い、計画・経営系工業教育のカリキュラムの具体化を担当し、工業高校から技術科学大学に推薦入学してきた学生をケアしながら、「読書指導」という国語（全学必修・四単位）の実施に取り組んだ。

これについて、工学技術教育を実践する場として、次のような思いを抱いていた。

戦時中、実習をするには工場もなく、学内で実験できる設備も十分ではなかった。つまるところ、工業技術教育の基盤を理論物理学並みの難解な理論に置かざるをえなくなり、純粋科学・技術科学・工学・実習……と理論から出発した。しかしその学習順を逆に、つまり「実習から純粋科学へ」という順にできないだろうか。たとえば、哲学者ヴィトゲンシュタインのたどった道はきわめて示唆的だ。最初は上層気流研究所で凧の実験をした。そのあと航空工学の研究をし、数学の計算、純粋数学、そして哲学へと発展させた。まず手を動かすことから工学に入るべきで、製図や実習をやることがとても大切だ。解決を迫られているさまざまな具体的な課題に実践的に取り組むことによって学習意欲を高め、工学、さらには理学へ及ぶ。そういう学習方法の可能性を模索すること。

北大数学科に進んだ棚町は、成蹊高校時代に「学校工場」を学生自治で運営した経験を活かして現実の課題から出発する理学の道筋をたどろうと考えた。現実の課題とは、たとえば社会で深刻化している交通渋滞や大気中の二酸化炭素の問題についてどう解決の道を探ればよいか、といったことだ。技術科学大学の一年生にもそんな問いを投げかけ、問題解決型の研究方法を身に付けさせようとしていた。

◉読書術鍛錬という戦略

いつしか「高専の優秀な卒業生が技科大に入ってこない。みんな東大や京大へ流れてしまう」という嘆きが技術科学大学の教員から出てくるようになっていた。高専は大学工学部に編入するための予備校として設けられたわけではない。工業技術をめぐる非一貫教育（高専から東大へ）のメリットと一貫教育（高専から技科大へ）のメリットでは、どちらが大きいか。技術科学大学の独自性・優位性とはどこにあるのか。その真価が問われる剣が峰に立たされたことを棚町は感じていた。

全学教育課程の枠組み・骨格を立案したのは、鶴岡高専校長から副学長に任命された斎藤信義、江島恵教《やすのり》（のち東大文学部教授・日本宗教学会会長）、人文系主任だった棚町の三人組である。この三人で実務訓練《インターン》を最重点にしたカリキュラムを編成し、技術科学大学の教育の柱として打ち出した。

棚町の基準でいえば、総合大学をA級かB級かで判断するばあい、文学部などからも学長が出ることがあるところはA級、工学部長か医学部長しか学長にならないところはB級である。地方大学の多くはB級だった。医学部と工学部は他の学部より予算が多く、職員も多いので多数派を占めてしまう。「大学の基本方針を工学系にまかせてはいけない」。そう棚町が提言すると、東京工業大学出身の川上正光学長も賛同した。

電子工学専攻の川上の著書『電子回路』はエレクトロニクスを学ぶ学生にとって代表的な教科書だ。それとともに、川上には江戸時代後期の儒学者・佐藤一斎の『言志四録』の現代語訳（注釈）や『工学と独創』、『独創の精神』など大学論や教育論、独創性に関する著書もある。〈教養〉を重視する棚町にとっては最大の理解者だった。

技術科学大学としての教育構想を実現するために棚町は次の三つを掲げた。自戒を込めてのことだ。

一、バイタリティとは、砂をかむような努力を日常の楽しみとする心を育てること。
二、稽古工夫をおいて独創への道なし。
三、書いた本人にだけ意味のあるようなペーパー作りを研究だと錯覚しない慎みを忘れないこと。

周辺から「新構想の大学といってもそのうち普通の大学になるさ」と皮肉交じりの声も伝わってきたが、技術科学教育をめぐる理念を口先だけに終わらせたくなかった。そのための戦略の一つが独自の読書術鍛錬の導入である。高校から技術科学大学へ入学した一年生も、高専からきた三年生も、ともに「国語」（じつは読書術鍛錬）が必修だった。工学部だけの技科大で全学生必修科目を持っていたのは棚町ただ一人である。

新入生向けの読書のウォーミング・アップに挙げたのは、野上彌生子『迷路』、臼井吉見『安曇野』、井上靖『わだつみ』のいずれかを読むこと。その後、マルタン・デュ・ガール『チボー家の人々』を読み通すというのが棚町式のやり方だった。

学生たちはどのように受け止めていたのだろう。

「最初は「何でそこまでやるの」という疑問が先に立ちましたよ。何はともあれ、まずは膨大な課題図書を見てください」と、技科大一期生・宮下孝洋（幾徳高専工業化学科九期）は感慨深そうに講義で配布された資料を見せてくれた。そこにはたくさんの書名タイトルが並んでいる。

【入学して】

されどわれらが日々（柴田翔）　どくとるマンボウ青春記（北杜夫）　わがいのち月明に燃ゆ（林尹夫）

三四郎（夏目漱石）　ガン回廊の朝（柳田邦男）　白い巨塔（山﨑豊子）

【技術者像】

高熱隧道（吉村昭）　戦艦武蔵（同）　氾濫（伊藤整）　匠の時代（内橋克人）　五重塔（幸田露伴）

【伝記】

人生と技能（成瀬政男）　キュリー夫人伝（エーヴ・キュリー）　ピエル・キュリー伝（マリー・キュリー）　旅人（湯川秀樹）　熱気球イカロス5号（梅棹エリオ）　福翁自伝（福澤諭吉）　余の尊敬する人物（矢内原忠雄）　思出の記（徳冨盧花）　田舎教師（田山花袋）

【八月十五日を前に】

黒い雨（井伏鱒二）　播州平野（宮本百合子）　帰郷（大佛次郎）　夏の花（原民喜）

【長編への取り組み】

チボー家の人々（マルタン・デュ・ガール）　安曇野（臼井吉見）　迷路（野上彌生子）　ブッテンブローグ家の人々（トーマス・マン）　わだつみ（井上靖）　戦争と平和（トルストイ）　復活（トルストイ）　静かなるドン（ショーロホフ）　カラマーゾフの兄弟（ドストエフスキー）　罪と罰（同）　楡家の人々（北杜夫）　夜明け前（島崎藤村）　細雪（谷崎潤一郎）　青年の環（野間宏）

【青春・友情・恋愛】

ローマ字日記（石川啄木）　啄木歌集（同）　啄木日記（同）　雲は天才である（同）　こころ（夏目漱石）　宣言（有島武郎）　小さき者へ（同）　生まれいずる悩み（同）　友情（武者小路実篤）　出家とその弟子（倉田百三）　歎異抄（同）　沈黙（遠藤周作）　暗夜行路（志賀直哉）　北帰行（外岡秀敏）　氷点（三浦綾子）　塩狩峠（同）

【社会】

蟹工船（小林多喜二）　女工哀史（細井和喜蔵）　真空地帯（野間宏）　破戒（島崎藤村）　土（長塚節）
太陽のない町（徳永直）　小説日本銀行（城山三郎）　不毛地帯（山崎豊子）　怒りの葡萄（スタインベック）　風と共に去りぬ（ミッチェル）

ほかにも数多くの推薦図書があったが、このリストアップを見るだけで著者は高専時代を思い出して「ああ、やはり……」と溜息をついてしまう。現代の若い読者はどう思われるだろう？　ここにはおもに文学関係が並んでいるが、これは文学偏重というより棚町の文学観の表れと見ていいだろう。いまは書店の棚から消えてしまった書名も少なくない。長い作品を辛抱強く読みとおすことのできる力。それをまずもって学生に要求したのだ。それがなければ何も始まらない、ということか。

宮下孝洋も最初はやみくもだった。だが、次第に憑《つ》かれたように読み漁《あさ》るようになる。『安曇野』、『キュリー夫人伝』、『夜明け前』、『高熱隧道』は繰り返し読んだという。

「『チボー家の人々』を必須として、この八割を精読しながらノートをとることが単位取得の前提でした。しかも課題図書は規定問題（必修）にすぎず、ほかに各自が選ぶ速読式の自由問題と面接が年二回以上あった。いま思えば過酷だったけど、当時はそんなこと考える余裕すらありませんでした」

本を深く読み込んでいくにつれて、作者の意図や読者に伝えたいことが行間に浮かんでくるようになった。あるときはノートを傍らにおいて精読し、またあるときは速読する。その場で「これぞ」と思った文章は即座にメモをとる……宮下はそんなやり方を粘り強く続けた。

棚町式ノートの極意は、ルーズリーフ式のノートを使わず、すべて分厚いノートに手書きすることにある。感想はいっさい書かない。ひたすら重要な箇所を抜き書きするだけで、日記のように記録していくのだ。試験も最初は感想文だったが、読書ノートづくりに変更された。「人生や時間は不可逆だ。ノートへの抜き書きは、時間を異にする自分の思考との出会いを確実にする記録である」と棚町は言い、「抜き書きを重ねていくことにより読書センスが養われていく」と繰り返し強調した。

宮下にとって半ば強制的に身につけさせられた読書習慣であったが、その後の実験・文献調査でそれが威力を発揮した。大切なところはノートに抜き書きして考えるのだ。パソコン入力が全盛となった現在でも毎日ノートに手書きの文字を書きつけている。

継続は力なり。そう気づいたのは卒業してからずいぶんと経過したころだった。読書ノートの延長線で書き始めた取材・実験ノートがいつの間にか山のように溜まった。卒業から十年後、それらの資料データを集めて論文を作成し、それで博士号をもらった。「記録なくして実験なし」ということが棚町先生が我々に伝えたかった読書ノートの効用だった。参考文献でも、重要な箇所はそのまま書き写す。するとまた新しいアイデアが浮かんでくる。棚町式読書法にはいろんな効用が秘められています。

◉技術は人格の表出

棚町式読書鍛錬術は、けっして学生たちに歓迎されたわけではない。

逆に「過酷すぎる」と、クラス担任の若い教員から強力な陳情があった。専門科目では「優秀な」学生が、必修の国語の単位がとれないために実務訓練に出られないという。だが、棚町にとって無理は承知の上でのこと。学生一人ひとりと刺し違えるつもりなので、譲歩しなかった。

「『チボー家』がだめなら、トルストイの『戦争と平和』を読ませましょうか」。棚町は苦情を言ってきた教員に決然と答えた。さらに「どうして膨大な長編小説を読ませるのか？」と訊かれると、「あなたのような工学者にしないためだよ」と啖呵を切った。そして「川上学長に訊いてくださいよ。「棚町が間違ってる」と言ったら私は辞めましょう。でも「棚町が正しい」と言ったら、君たちは辞めるかね？」。苦情はそれっきりこなくなった。

夏休みに帰郷した学生（旭川高専出身）が、旭川市在住の作家・三浦綾子*52から「善い樹は善い実を結ぶ」という色紙を届けてくれたことがあった。講義のなかで「以前、旭川高専を訪ねたが、三浦の『氷点』に登場する見本林がいちばん観たい場所だった」と話したことをその学生が憶えてくれていたのだ。学生たちの手応えを感じ、棚町は嬉しくなった。

有明高専から来た何人かの学生が、ごく当たり前のこととして『チボー家の人々』を読んでいたことも心強かった。読書指導において「強制こそが慈悲の心」という棚町の信念が崩れることはなかった。

通読の課題としてあげた一冊に臼井吉見著『安曇野』（全五巻、筑摩書房）がある。これを取り上げたのは彫刻家・荻原碌山《おぎわらろくざん》*53（本名・守衛《もりえ》）に触れ

*52　三浦綾子（一九二二～九九）　作家。代表作『氷点』『塩狩峠』。北海道旭川市に三浦綾子記念文学館がある。
*53　荻原碌山（一八七九～一九一〇）　明治期の彫刻家。オーギュスト・ロダン「考える人」を見て彫刻を志した。

てもらいたかったからだ。棚町のねらいは、作中人物がロダンの彫刻に接して「芸術は模写ではない、人格の表出である」と眼を開かれるところに置かれていた。

芸術は人格の表出である――。

それは芸術に限らず科学や技術、いや学問のどんな分野であっても、それが人格の表われでないものはない。技術の分野では教育方法論としても重い意味をもつ。技術は人間の拡張なのだ。真に独創的な技術は人格の延長線上にある、というのが棚町の技術論の骨格だった。

エンジニアは視野が狭い、とよくいわれる。以前はどんな会社・官庁でも、トップの社長はたいてい法科・経済を出た人で、エンジニアは技師長、技術担当重役あるいはせいぜい技監、建設技監止まりというのが実状だった。いま世の中が変わり、エンジニアも会社の最高責任者となる時代になりつつある。だけど「専門外のことに疎いのがよい」という気風はエンジニアの中にまだ残っている。これを何とかしたい。エンジニアリング（技術）以前にエンジニア（技師）なのだから。

普通の大学において一般教育は教養として専門教育より低く位置づけられている。技術科学大学がそれでもいいのだろうか。

土木であれ、機械であれ、電気であれ、課長まではその専門で務まる。ところが、部長から社長まで行くには、専門だけでは弱い。この大学の卒業生に対して、企業でもゼネラル（総合職トップ）になるための教育をゼネラルエデュケーション（総合教育）としてやろうとしたわけだ。社会科学的なテクノロジーアセスメント（技術評価）なんか目じゃない。それは対症療法にすぎない。人文教育は熱があるから熱さましを飲ませるような対症療法ではない。医者が目指すべきは予防だが、技術者も同じように広く人間を見つめ、技術や環境をコントロールしなくては。それには予防医学的な教養が必要だ。


棚町はこのように主張して、退かなかった。

しかし、大学内での初発の構想と現実の間に、いつしか軋轢が生じた。

「視野を広く」と訴え、自らの体験を絶対視すればするほど、周囲からは「視野が狭い」と言われる皮肉。棚町的な強引さは、後任の国語担当者にも疑問を抱かせた。鶴岡や富山の高専、それから工学系大学でずっと読書指導に努めてきたその教師は、「国語の教育方法としていえば、一定の条件が備われば誰にでもできることであるべきだ」と訴えた。

けれども、棚町は後に引かない。「誰にもできることなんてつまらない。アートでなければならない」と反論した。読書指導は誰にでもできる方法ではない。全人格を賭けて取り組むもの。学生と刺し違える覚悟でやらなければ不可能だ、という。「川上学長もそれをよく理解していたはず」

その後任教師は東大出の『源氏物語』研究者であり、人間的には真面目すぎるほど真面目だった。他の大学に移った後もずっと読書指導を続けたそうだ。棚町は彼のことを振り返って、苦笑しながら言った。「いま流行の第三者評価に従うなら、その後任教師のほうがずっと公正な判断をしていた、といわざるを得ないのですがね（笑）」

けれどもその当時は、強引すぎるような読書鍛錬術を最後まで貫き通した。

長岡技術科学大学では当初、技術教育開発研究センター（大学院）を作ることになっていて、その設立理由

峰　窓

ＩＳＳＮ　0915－7549
長岡技術科学大学附属図書館報
1996．11．30　　No. 7

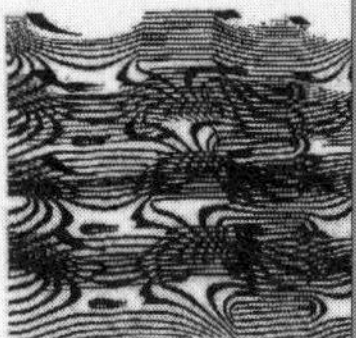

技科大の初心

棚町知彌

開学に先立つ10年近い間、新構想大学としての技科大構想検討ワーキング・グループの末尾に付いていた私の立場は、国語（一般教育）の教員というよりも、図書館を通じての技術者養成教育に立脚していた。人事上の所属はさておき、自分としては図書館つくりを本務と考えていた。事実、本学在任中も、図書館長の名刺しか作らなかったのはその気持からであった。

本学図書館の基本構想を述べたVOS No.1の記事には「NODE(情報結節点)」と題したが、新営披露のVOS No.7の記事には「NATURES」（略称）と題し、Nagaoka Tech.Univ.のResearch & Educational Supportという性格を宣言した。はじめの命名は、折からの〈学術情報システム〉の尖兵をつとめようとの抱負であり、ここに公約した構想は、及川・初代課長はじめ課員一同が、派遣ＳＥと一丸となって、手がたく具体化することができた。開学当初の事務局いたるところの熱気は今になつかしい。使わずじまいの第二の命名には、烏帽子親の心として、理想の技術者像模索の糸口がつかめはしないかとの夢があった。

つい先日、神社史料の研究会で日光東照宮を見学した際の専門的説明に、陽明門の柱の彫刻文様に日本職人技の「仕残し」の実例が指摘された。本学図書館つくりの心ならずの「仕残し」として、20年ますます痛恨の思いを深めていることを、ここに書残させていただくことにする。＜技科大はどのようにしてつくられたか＞＜高専はなぜつくられたか＞の「技術科学教育研究文献センター」企画のことである。

建物が建築中の昭和53年（入学初年度）夏、

▲ 長岡技術科学大学附属図書館報『峰窓』への寄稿

は「技術教育」を盛り込んだことにあると棚町は思っていた。何百人かの工学修士を産み出すための大学院ではなく、高専教育の牽引車として技術教育のあり方を根本的に模索する役割を期待したのだ。だが、そのなかから「教育」の二文字が抜け、たんなる技術開発研究センターに変えられてしまった。

そんなものならどの大学のどの工学部にだってある。いったい何のために技科大を創ったのか、設立理念がだんだんわからなくなってきた。

開校三年目の大学広報誌『ＶＯＳ』七号のコラムでは、そんな苦言とも不満ともいえる嘆息を漏らした。「人格表出としての技術」という青い鳥を求めるのが技術科学教育の正道、という思いは脳裏を去ることがなかった。だが、理想は三年で潰えた。

「教育」の二文字が抜けたセンターが発足する前日、棚町は長岡技術科学大学を去った。「有明の十三年は長すぎたが、長岡の三年は我ながら短すぎて、後ろ髪を曳かれる思いだった」

一年後、棚町とともに人文教育を担っていた江島恵教も東京大学（印度哲学）に呼び戻されている。彼はやがて『大蔵経』のデータベース化を軌道に載せるのだが、一九九九（平成十一）年に東大教授と日本宗教学会会長を兼職するさなかに急死した。享年六十。

一九八一（昭和五十六）年四月、棚町は国文学研究資料館に移った。そして、「技術は人格の表出」という彼の年来のテーマは、この新しい職場で取り組んだ共同研究「〈職〉の精神史」につながっていく。

◉大衆消費社会と文化変容

日本の〈戦後〉とはどのような道程だったのか。棚町の人生の軌跡にそって社会の変容をたどってきたが、ここでいったんコーヒーブレイクをかねて時代の移り変わりを考えてみたい。

長岡技術科学大学での読書鍛錬術に異を唱えたあの後任の国語教師のほうが「公正な判断をしていた」と棚町は回想した。それは屈託のない、フェアな思い出話のようでもある。だが、そこにはじつは重大な問題、いわば時代の転機がからんでいる。「技術も芸術も人格の表出」ということが徐々に軽んじられていく傾向を示しているようだ。

時代は一九八〇年代に入り、日本の社会は根本的な変貌を遂げていく。今日では〈大衆消費社会〉と呼んでいるが、それが高度経済成長期とどれぐらい断絶したものか、その目も眩《くら》むような実感を現在の若い人に伝えるのは容易ではない。否、それは当時でもよくわからないまま進行し、気づいたときは不可逆の地点に立っていたというのが著者の偽らざる実感だ。

六〇年代までは、戦後にアメリカ風の生活様式が広がっていたとはいえ、ある意味で戦前期と地続きの面も多かった。それがどう変わったのか。

簡単にいえば〈貧・病・争〉（貧困と病気と戦争）といわれた近代の宿痾が、表面的には一掃された。核家族が標準的な家庭モデルとなり、エンゲル係数は五〇パーセントを大きく下回り、子供たちの大学進学や余暇の海外旅行が当たり前の現象になった。戦後民主化闘争や安保闘争など、「闘争」と名のつく大衆的規模の動きは下火となり、ラディカルな政治行為は右であれ左であれたんなる「事件」にすぎなくなった。全体に、生活保守主義ともいうべき政治的無関心《アパシー》化と、集団より個の論理を優先する風潮が目立ち始めた。

なによりも社会を牽引するのは市場であり、商品であり、大衆の消費行動であった。就業人口や生産高でサービス産業（第三次産業）が製造・加工業（第二次産業）を上回り、その象徴のようなコンビニエンスストアが登場する。「おいしい生活」（糸井重里）が西武のキャッチコピーとなり、大切なのは消費者としての〈自分〉や〈感性〉だといわれるようになった。商品でもライフスタイルでも、重厚長大型はもはや旧《ふる》くてダサく、軽薄短小型こそ先端だと推奨された。

このような動向は〈文化〉も無縁でないどころか、むしろそこに集中して現れる。

浅田彰『逃走論 スキゾキッズの冒険』（一九八四年）がニューアカ（ニュー・アカデミズム）ブームに火をつけ、人文学はポストモダニズム全盛の時代になった。文学では村上春樹・村上龍・高橋源一郎・吉本ばなながが登場し、純文学と大衆文学の区別は曖昧化し、「人はいかに生きるべきか」を真摯に問いかける教養小説《ビルドゥングスロマン》は主流でなくなる。マンガ・アニメ・ゲームなど、やがて「クールジャパン」と世界で称賛されるエンターテインメント、つまりサブカルチャーといわれてきた領域がメインカルチャーの座を占める勢いとなった。

「教養体系」や「読書階級」は消滅し、マルクス主義も実存主義も過去の思潮となって、社会科学の基盤が崩壊の危機に瀕した。深刻に考えるのはやめ、差異を肯定的に考えて楽しく生きたらいい、といわんばかりの主体なき「差異の戯れ」（ジャック・デリダ）がもてはやされた。「作者の意図」を読み解くなど、もはや旧い読書術である。なにしろ「作者は死んだ」（ロラン・バルト）のだから。

教育はサービス産業化し、大学はレジャーランドと揶揄される。学生は活字を読まず、本に親しまなくても「本分を忘れた」などと後ろめたく思わなくて済むようになる。

そして時代は〈高度情報社会〉に変容を遂げていく。モダンからポストモダンへ。それは棚町ら戦中派世代が経験した、あの戦前から敗戦を経て戦後に至った推移より、はるかに巨大な変化であったかもしれない。

第七章　国文学とデータベース

ＯＡ化の波▲

◉データベースは人なり

一九八一（昭和五十六）年四月、棚町は国文学研究資料館（現・大学共同利用機関法人・人間文化研究機構）に移った。

工業教育改革に思いを寄せる一方、国文学者の在るべき道を自分も踏みたい、踏むべきだ、という思いが消えることはなかった。同館の文献資料部教授として着任し、翌年には研究情報部長として国文学とコンピューターのデータベース化に取り組んだ。

国文学とコンピューター——一見この二つは関連なさそうに見えるが、棚町にとっては大学図書館のコンピューター化の延長上の課題であったし、長年の国文学研究を生かせる仕事でもあった。九州大国文科を出た自分と、成蹊学園のエリートだった自分とを、矛盾なく両立させるのに最適のポストと考えたようだ。

ここまで棚町の職場を振り返ると、好奇心をもって研究分野を次々と広げていく姿に改めて驚かされる。社会の側から与えられた課題に応えていくうちに、そうなっていったのかもしれない。小学生のころの「数学小僧」、中学・高校時代の「英語少年」、北海道帝国大学理学部数学科への進学、復員後の演劇の検閲、そして九州大学国文科と、ひたすら学際的分野を切り開きながら歩んできたともいえそうだ。

国文学研究資料館での棚町の主な仕事は、⑴近世連歌の研究、⑵図書館をめぐる技術開発という二つの研究だった。これまで勤務先ごとに強烈な存在感を示してきたが、ここでも細かな神経を惜しみなくつぎ込む彼の集中力はフルに発揮された。

「尊敬する人物に出会えたように感銘した」

棚町がそういうのは、『米書総目録』の編者チャールズ・エヴァンズである。岩波書店の雑誌『図書』(昭和五十年十二月号)のコラム「本の周辺」にその生き方が紹介されている。「データベースは人なり」という考え方の持ち主で、棚町の持論と重なり合っていた。要約すると以下のようになる。

研究のシステム化は、鉱脈から金を採る時代から、海水を濃縮してウランを採る時代への移行として語ることができる。しかし、国文学の世界には「きのこ採り名人」がまだ残っている。このような世界には無色透明なデータベースが存在する余地はない。情報や知識の収集・分類には、それに携わった人間の体臭がある。万人向きの標準データベースを前提にする限り、「人間の体臭なんかナンセンス」といわれるかもしれない。だが、国文学研究におけるデータベースにはその体臭がまったくないとはいえない。

一見、国文学とは対極的に感じられるデータベースだが、広義に解釈すれば近世には国文学・国史の一大叢書『群書類従《ぐんしょるいじゅう》』(塙保己一《はなわほきいち》編述)があるし、近代以降も古語・近代語・方言を網羅した『大言海』(大槻文彦編)や『国書刊行会叢書』が国文学史上におけるデータベースの先駆といえる。

これらの蓄積は、塙検校や大槻文彦といった異色の才能と個性によって成し遂げられた。データベースはなにも機械仕掛けで目録や索引を作り上げるものだけではない。また、漫然とやっつけ仕事によって作られたデータベースは低次元の利用には対応可能でも、一見なにかに偏しているような強烈な個性に満ちたデータベースのほうが利用方法しだいで実戦的になりうる。だからこそ今日に至るまで光を失わずに存在しているのだ。これが「データベースは人なり」と主張される所以《ゆえん》である。

◉「悉皆網羅」の研究精神

棚町の学問的業績について、正直言って著者には判断がつかない。

なぜ、連歌を研究対象として打ち込んだのか。九州の自宅近くに太宰府天満宮があり、そこに誰も着手していなかった研究資料が数多く埋もれていたことに関係があるのだろうか。あるいは、「即興的発想法」としての連歌に魅力を感じたのかもしれない。それを選んだ理由が研究論文のどこかに記されているのかもしれないが、当人からは聞きそびれてしまった。

国文学研究資料館を去るにあたっての送別の辞に、「連歌研究に燦然たるものがある」という言葉がある。『連歌総目録』（連歌総目録編纂会、明治書院、一九九七年）はその最たるもので、今日では連歌研究にとって基本中の基本文献としての位置を占めている。近世期の連歌の実態は同じ時代の俳諧に比べほとんど手つかずで、そこに新しい光を注いだものだ。

ただ、棚町は一つの分野のみに安住することを潔しとしなかった。自分の研究だけに没頭せず、国文学研究へのコンピューター導入、図書館創設、読書教育などに並行して取り組んだ。学問に必要と判断すれば間髪を入れずそこに邁進する。成果も上げる。

▲版元作成の出版案内

▲ 旧・国文学研究資料館（東京都品川区）

良い意味で変わり身も早い。ただ、そのいずれの仕事にも共通するのは、自身の成果など省みず「縁の下の力持ち」「黒子」になろうという態度だったこと。資料館の同僚たちが述べている。「いわば菩薩心を基底に据えるがゆえに、先生の半生の御活躍は、じつに幅の広いものであった」

歌舞伎・浄瑠璃をめぐる膨大な芝居の番付表について、コンピューターを活用して集成した仕事もその一つだ。文政期から天保期の番付を大坂・金沢などの中心都市だけではなく、加賀国（石川県）といった地方芝居まで対象にして収集・整理した。

若き日、GHQの福岡検閲局に在籍し、新劇の地方公演のチラシ・プログラム類を収集・保存したことを職員に懐かしそうに話した。連歌資料の集積作業にみる徹底した博捜、膨大な数の資料操作における細やかな配慮、一貫して主観を排し原資料を以て語らせる精神。それらは「野暮を通り越して、見事というしかないもの」と職員らを感嘆させた。

悉皆網羅《しっかいもうら》――

この四文字を好んで口にした。国文学徒にとって目録整備ほど「言うに易く行うに難いものはない」が、敢然とそれを実行した。その規模たるや狭い分野に陥りがちな国文学界では比類のないもので、その熱気の渦に多くの職員を巻き込んだ。

このほか、この時期に取り組んでいたもう一つの研究テーマ「〈職〉の精神史」があったことも特筆すべきだろう。研究会の代表者を古田紹欽（哲学・宗教）が務め、事務局は棚町の担当で、メンバーには網野善彦（国史）・鳥越文蔵（演劇）・中村元（哲学・比較思想）など、各分野から錚々《そうそう》たる研究者が名を連ねた。

行橋の神社でシンポジウム

現代を連歌でいかに詠むか

【行橋】連歌はよみがえるか―
―をメーンテーマにした全国初の『奉納連歌シンポジウム』が二十二日から二日間の日程で、行橋市元永の須佐神社（高辻安親宮司）で始まった＝写真。

連歌は俳句の先駆けをなす日本古来の短詩の一つで、中世に花開き、幕末まで祭事の重要な儀式として全国の神社などでも盛んに奉納されていた。しかし、式目（ルール）の複雑さと短歌、俳句に押され、明治以後、急速に衰えた。

そのなかで同神社は四百五十余年前の室町中期の享禄三年（一五三〇年）から現在も奉納連歌を継承している全国ただ一カ所の神社として知られている。シンポジウムは、同神社が五十四年から一億六千万円をかけて行っている社殿改築の『昭和の大遷宮』を記念して開かれた。

この日、午前十時半から始まったシンポジウムには東京、広島、山口、福岡、北九州などの国文学者、大学教授、高校教師から、地元の同神社氏子ら約百人が出席した。

棚町知弥・国文学研究資料館教授は『太宰府天満宮に比べ須佐神社の連歌は氏子主体で連歌座が形成され、これが残ったのは珍しい。国文学のなかでも連歌はわかりにくいと敬遠されているが、中世では庶民が〝連歌狂い〟をしたほどで、現代でも盛んになりつつある。こうした時期のシンポジウムは意義深い』と話し、共感を呼んだ。午後からは『現代連歌はいかにあるべきか』などで熱心な討議が行われた。

▲福岡県行橋市で行われた連歌シンポジウム（左から２人目・棚町）と関連の報道（西日本新聞1981年11月23日付）

◉ 図書館レファレンスの楽しさ

そもそも、棚町の国文学関連の初の仕事は、『国文学 解釈と鑑賞』の「近松門左衛門特集号」に研究文献目録を編んだことだった（昭和三十二年一月号）。

博多工業高校時代に資料収集・編纂が病みつきとなり、「図書館サービスこそわが務め」と思うようになった。編集や研究事務局業に没頭し、「論文を書かない」のでなく「書けない」まま資料集の編纂に尽力した。楽しくて仕方がなかったのだ。研究を深化させるための基礎的な蓄積の不足に悩んでいた一面もあったのだろうが、文学資料を素材として処理するほうに関心を集中し、図書館レファレンス（照会）の仕事を好んだ。

国文学研究にコンピューターを活用することについては、棚町は『国文学 解釈と鑑賞』（昭和四十六年一月号）の学界展望（近世）冒頭で言及している。有明高専での学生部担当と図書館経営の合い間、「太宰府連歌壇史」の調査に憩いを求めていた時期だ。

化学・医学部門で広く行われている文献分析システムを、国文学においてどう生かすか。国文学研究資料館は「学術情報流通システム」化の申し子として一九七二（昭和四十七）年に開設された機関だが、社会からの期待に棚町なりに応えようと、国文学情報のデータベース化、情報の標準化などの諸問題に取り組んだ。それと並行する「歌舞伎評判記集成」共同研究はそれ以前から描いていた構想の継続だった。

ノーム・チョムスキー（言語学者）の先端的研究の可能性に注目していた友人から、「アメリカへきて国文学研究にＩＢＭを活用してみないか」と誘いがかかったこともある。博多工業高校時代のころで、「数学くずれの心が騒いだ」。しかし、そのときは「それより先にするべきことがある」とストイックにも工業系学校の図書館経営へ心を注いだ。

学術情報システム化の先端を取り入れた長岡技術科学大学附属図書館を経て、国文学研究資料館へ移った八年間で、初めて「数学」から「国文学」に至る人生の関心事をすべて集約させるような仕事に没入することができたのだった。

一九八九（平成元）年三月、六十三歳定年を以て国文学研究資料館を退職する。それからは若き日の研究テーマだった近松門左衛門の研究をふたたび始めた。

◉近松を楽しむ──近松研究所所長として

「小さな私学でも日本一の研究所ができる。近松で日本一であれば、世界一の近松研究所になる」

そんな夢を抱いて一九八九（平成元）年四月、近松研究所を開設するために園田学園女子大学（兵庫県尼崎市）に赴任した。全日本、否、世界の近松研究者や近世演劇研究者へ「研究支援データベース」を提供するためである。

「いま、地元の尼崎市が「近松ナウ」という事業をしている。それと関連して園田学園に近松研究所というのを作りたい。どんな研究所にすればいいか」

元兵庫県副知事で同大学学長・一谷定之烝《いちたにさだのじょう》から相談を受けた棚町の答えは、明快そのものだった。

「普通の意味における近松研究所、あるいは近松の専門図書館として一流のものを創ることはたとえ一千億円のお金があってもできません」

早稲田大学の坪内博士記念演劇博物館は江戸時代の演劇資料では日本一の宝庫として有名だ。関西には小林一三《いちぞう》（阪急グループ創始者）が収集した阪急文化財団池田文庫の演劇資料がある。大阪府立図書館（中之島）もたくさんの近世演劇の資料を擁しているし、関西大学や天理大学も多くの資料を所蔵する。

「近松の専門図書館はできないが、コンピューターを活用した研究所ならできる」

近松門左衛門という人物だけでなく、浄瑠璃・歌舞伎、江戸時代の演劇の膨大な資料を研究することが近松研究にとって基盤となる。学界では数多くの研究者が情熱を注いでいた。

演劇史、演劇年表の最重要資料に「歌舞伎番付」というのがある。いつ、どこの何座という芝居小屋で、どんな俳優がなんという芝居をやったかが記録される「歌舞伎番付」は、江戸時代に限っても十万点以上あるといわれるが、正確な数はつかめない。その膨大な数の資料や研究者の研究成果を収集し、コンピューター処理して〈データベース〉の形で研究者へ還元する。それが可能なら有益このうえない。わかりやすくいえば、ヒマラヤに登るクライマーのように「近松」という頂きをめざす何百人もの研究者のために六、七合目にキャンプを置き、そこから頂上へアタックさせる。そんな一大ベースキャンプを設けようという試みだ。

大学は学生人口減少期を控え、生き残り策を考えなければならないときだった。行政改革と人員削減が叫ばれ、小さな私学が新たに研究所を創設するのは大冒険である。あえて設けるからには成果と内実が伴う研究所でなければ説得力がない。「日本一の近松研究所を創れば、当分は世界一の近松研究所になりうる」という棚町の言葉が一谷の心を動かし、「面白い。やろう。君、来てくれるね」ということになった。

さらに「研究所・図書館というのは建物ではない。本当の良い図書館というものは人だ。利用者のことは努力目標としても、まず図書館員の質が一番大事です」と訴えると、「まったく同感」と一谷は賛同した。

棚町は所長就任の招請を受ける直前、たまたま近松の講義に行っていた女子大学の研究室で「近松オペラ台本募集、賞金百万円」のポスターを見ていた。賞金百万円で台本を募集する近松オペラ。「近松ナウ」の事業は作家・司馬遼太郎の講演がきっかけだったが、そんな事業を企画した尼崎市に創られる研究所ということにも心惹かれるものがあった。

すでに資料館を定年退職後、九州の大学で新設国文科への再就職が決まっていたし、小さな私学がそんな研究所を創るのは難しいのではないかという不安も脳裏をよぎったが、「挑戦してみよう」という意欲が湧き上がり、棚町は進路を変更した。

◉怒濤の人間機関車

棚町に新たな転進のきっかけをもたらした一谷定之烝は、近松研究所開設直前の二月一日、急死した。

多少の紆余曲折はあったが、一谷の遺志を受け継ぎ、研究所は四月に発足した。たまたまその月に、著者は毎日新聞大阪本社学芸部記者となり、棚町と再会した。取材を兼ねて何度も懇談する機会を重ねたのはこのときからである。

近松研究所の部屋はできたものの、まだ中身は空っぽ。水田かや乃（早稲田大学演劇博物館）・時松孝文（大阪大学大学院）ら若手研究者が採用され、司書の谷昌子が加わり、研究体制が整った。国文学研究資料館で培ったノウハウを活用し、データベース作成から着手した。『文献目録』『近松全集総索引』『新歌舞伎年表』という三つが当面の目標だった。

▲ 近松研究所設立当時のスタッフ（左から谷昌子・棚町・水田かや乃・時松孝文）

それからがすさまじい。そのころの日常を棚町は次のように回想している。

> とにかく魚は漁ってくる。毎週夜行バスでの（国文学研究資料館のある）品川通いが私の業務分担であった。はじめ三年は八十数夜ずつバスに寝た。国文研の雑誌棚を私ほど「観た」者はその後も出ていないであろう。夜行バスが高速道路に入る前に熟睡し、高速道路を出るころに目覚めることが特技になった。（東京出張に合わせていた）聖心女子大での講義が休みになり、二晩続けての夜行バスになると、さすがに体調が狂った。資料収集を終えてから帰りのバスまでの待ち時間は歌舞伎座の天井桟敷で過ごし、早朝に大阪・梅田に着いてから研究所が開くまでの三時間は喫茶店などで市民講座の

テキストづくりに努めた。ただ、夜行バスで早朝に東京駅に着いてからの三時間をつぶすのには弱ったね。寒いうちは山手線の電車に乗って二回半回るのが定番となった。それでも私の分担は肉体的単純作業だから、むしろ楽だった。

とにかく手抜きの嫌いな人である。部下の所員らにとっては、さぞ恐ろしい存在だったに違いない。棚町自身が「私は「兵隊の苦労を分からずに通す非情さが戦いには必要」という指揮官養成教育を受けた最後の世代」と猛烈ぶりを自覚していたのだから（自慢だったか、自嘲だったか）。その仕事ぶりを「ザトペックを思い出す」と評したのは松崎仁立教大学名誉教授（近世演劇）である。ザトペックとは、世界的に有名なチェコスロバキアの陸上長距離ランナーのこと。一九五二年ヘルシンキ五輪で五千メートル・一万メートル・マラソンの三種目を制覇し、世界から「人間機関車」と称された。

およそ「長」と名の付く職にある人には、みずから身を挺して事を行なう率先躬行型と、自分は泰然としてあまり動かず、部下を働かせて効果を上げる元締型とがあるが、棚町さんは率先躬行型の最右翼に位置する人であろう。こういう「長」は部下にとって必ずしも有難い存在とは限らない。しかし、棚町さんの場合、自分がつっぱしっておいて、付いて来ない部下を叱咤するタイプではない。／第一、部下を働かせるための率先躬行では決してない。自分がじっとしていられないから走ってしまうのである。そんなふうだから、私は棚町さんが所員の働きに不満らしいことを漏らされるのを、一度も聞いたことがない。

（松崎仁「棚町所長をねぎらうの弁」）

実際にそんな猛烈上司をいただいた所員は、年中お尻をたたかれている気がしてたまらなかったのではないだろうか。

「あいつは念者《ねんじゃ》や」

棚町の仕事ぶりを知る中村幸彦（近世文学、元九州大学教授）の評言である。『歌舞伎評判記集成』第一期（全十巻・別巻一巻、岩波書店、一九七二〜七七）の索引作りに際して、棚町によって比類ないほど入念に原稿がチェックされたことを知る人物だ。

人名・狂言名・座名などをアルバイトがカード化し、それを「念者」の棚町が厳格に本文と照合して誤りを訂正し、カードを五十音順に並べて台紙に貼り付けるという手順だった。慎重と綿密を要する仕事が数年間続いて完成にたどり着いたが、その背後に棚町の細やかな目配りが欠かせなかった。

研究所開設一年で、『近松研究所紀要』創刊号が刊行された。紀要の大部分は、「日本演劇及び近世演劇文献目録」（一九八九年）で占められた。演劇・芸能については古代から現代まで、近世については文学・語学まで網羅し、キーワード索引まで添えられている。「国文学の世界で文献目録にキーワード索引をつけた最初の業績」と土田《つちだ》衛大阪女子大学名誉教授（近世演劇）はその成果に驚いている。

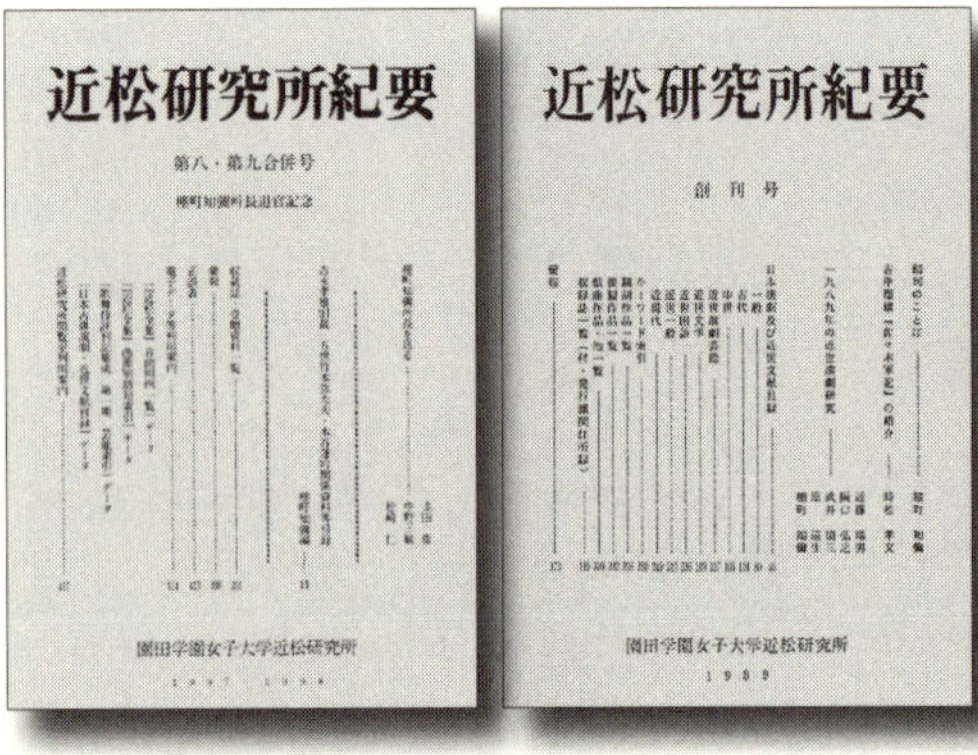

▲ 近松研究所紀要（右・創刊号＝1989年、左・棚町所長退官記念号＝1998年）

▲ 竹内志朗揮毫の看板を掲げる近松研究所入口

「キーワードをつけるためにはその論文を読まなければならない。わずか三人の所員でこなせる仕事ではなかろう。早速次の評議員会で、収録の範囲を狭めるようにと、またしても足を引っぱらざるをえなかった」

開設五周年を迎えたとき、全国の学会から選んだ評議員など研究者十二名全員による講演会を開いた。それは近松研究者の、いわば顔見世であった。

◉近松カラオケの効用

研究所を開設した年の夏のこと。尼崎市が市民局文化室に「ちかまつ担当課」を設け、『近松ナウ』事業に本腰を入れるのに呼応して、地元の市民たちによる「近松応援団」が結成された。

その昔、竹本・豊竹両座の文楽ファンの対抗こそ、いま、あちこちで繰り広げられている応援団の発祥だった。市民による応援団を育て、立派な舞台で近松を現代に生き生きとよみがえらせたい。

そんな夢に心をかきたてられ、近松をめぐる出前講座の活動を展開した。なによりの急務は近松を楽しむ観客の確保である。

◀一九九三年、園田学園女子大学情報教育センターのスタッフと（棚町は同センター所長も兼任していた）

▲ 近松連の旗をかかげて（1990 年、国立文楽劇場前）

近松を楽しむ

近松連スナップ集

「こころに近松劇場を」「近松を楽しもう」という趣旨の出前講座は、草の根の生涯学習の活動として広がった。JR尼崎駅前のキリンビール工場で「押しかけ出前」講座をオープンし、近松戯曲の名場面を歌うように解説する棚町の自称「近松カラオケ」は月平均二十回を数える時期もあった。

「近松応援団」には、緑のおばさんや老人給食を続けている人たちがボランティアとして集まり、カルチャー（教養）夫人風の文楽愛好会とは一風異なる肌合いに、「オバタリアン軍団」などと憎まれ口もたたかれたが、地元とのつながりが深まり、選挙事務所開きにまで顔を出したのも棚町には初体験だった。やがて「近松連」の旗を掲げ、国立文楽劇場などにそろって観劇に出かけるまでに育っていった。

近松カラオケのテキストは毎回、近松作品を自分の文字ですべて書き写して作成した。棚町にしかできない入念な準備だ。「私たちのためにそこまでやってくれるの、とその熱意に受講生たちは感激していました。そのテキストを積み上げると、自分の背の高さを超える、と先生もうれしそうでした」と所員の水田かや乃（現・園田学園女子大学教授）は懐かしがる。

「近松カラオケは立派な業績です。声を出して読むことのすばらしさ。耳で聞く近松のおもしろさ。それを再発見させてくれたのですから」

所員・時松孝文の恩師でもあった前出の中野三敏（九州大学名誉教授）は、「棚町式エートス（持続的な性格・習性）に関する一考察」と題して慰労の弁を寄せた。

棚町さんの後輩に対する面倒見の良さ、気配りの濃やかさは、他に比べようのないものと断言出来る。一寸訪れる者に対しても、それは常時発揮されて、戸越銀座〔品川区戸越に国文学研究資料館はあった〕の鰻の御馳走にあずかった者は、のべ何百人に達するものか、見当もつかない。〔中略〕相手に恐怖を与え逃げ

近松を楽しむ

近松連スナップ集

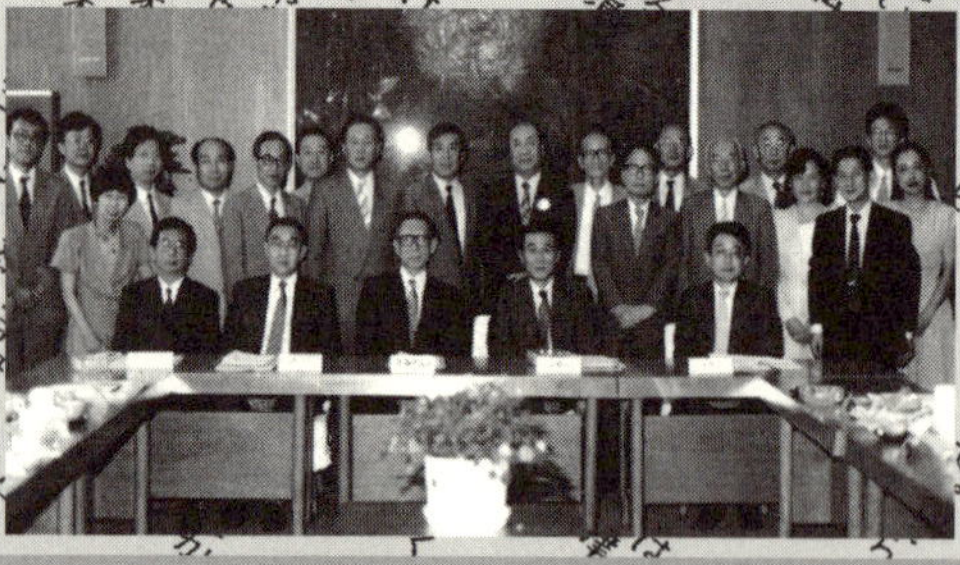

◀（上から三点）会場内を歩きながら名調子で作品を読み下す／講座百回を達成し、キリンビール尼崎工場長から記念品贈呈／（下）近松研究所第一回評議会／背景は「曾根崎心中」のテキスト

腰にさせてしまうほど、何かを創りあげる時の棚町さんの馬力は底知れぬものがある。全身これ鰻といってよいほどの精力がみなぎる。近松研究所の創設はまさにその集大成であったといえよう。

棚町の猛烈な仕事量に気をもんだ前出の王田衛は、棚町の近松研究所の退職にあたって次のように書いている。「この目録もすでに十年を迎えて、膨大な量に達し、フロッピー化されることによって検索が容易になり、その後どれだけご恩を蒙ったか計り知れない。棚町氏の健康ばかりが気になる十年間であった」

◉研究員の急死

棚町にとって近松研究所暮らしは、文字通りあっという間の十年間だった。だが、その終わりごろ、衝撃的なことが起こる。

開設九年目の一九九七（平成九）年七月五日早朝、棚町の片腕として活躍していた所員の時松孝文が自宅で突然死したのだ。享年三十六。死因は不明だ。

時松は、棚町にとって九州大学国文科の後輩であり、中野三敏の秘蔵っ子でもあった。大阪大学大学院の信多純一研究室で近松の浄瑠璃を研究したあと、近松研究所に入所した。発想がユニークで、優れた論文を数多く発表し、将来を嘱望された好男子だった。「所員に過度に負担を与えていたのではないか」。棚町の猛烈で緻密な仕事ぶりへのあてこすりからか、周囲のそんなささやきも耳に入った。それに応える言葉もなく、棚町は落ち込んだ。

水田かや乃は言う。「年末になると、棚町先生の自宅でご馳走になるのが楽しみで、研究所の雰囲気は和やかでした。ただ、小さな研究所なので、学内外に存在価値を示していかなくてはならない、という強い思いが所員みんなにありました。次に何に取り組むか、特に時松さんは、常に考えていました」

時松の人柄や研究業績を収めた『時松孝文追悼集』を開くと、論文、業績の多さに驚く。近松研究所での猛烈な仕事ぶりが見える。

この追悼集のなかに棚町は、「未完成交響楽」と題して「平成元年の年度始め、辞令交付式のとき、横の列の時松君の袖口に何かついているようで、注意した。クリーニングのラベルだったと思う。そのときは、今時めずらしい大物をつり上げたな、と笑いをこらえるばかりだった」との思い出の断片を記していた。しかし、「所員三人との八年半にはついては、とてもここに書きつくせない」とわずか十三行で筆を止めている。追悼の思いを言葉にできなかったほどショックであった。

じつは著者も、時松とは神戸女学院大学の非常勤講師仲間として同席したことがある。

ある日、棚町と歓談していたとき、「時松くんが亡くなってね」とポツリと一言漏らしたあと、言葉が続かなかった。長年、棚町の体に染みついていたモーレツ主義が、いつしか若い時松を精神的に追い詰めていなかったか、と悔やんでいるようにも見えた。それを目にして私はなぜか漱石の『吾輩は猫である』の猫の独り言が浮かんだ。

「呑気と見える人々も、心の底を叩いて見ると、どこか悲しい音がする」

そのあと、棚町は「相変わらず近松カラオケを楽しんでいるよ」と笑っていたが、深い悲しみを表に出さないようにしていたのだ。

◉女性史をテーマに

棚町の近松研究所時代は〝失われた二十年〟と呼ばれた時代にほぼ匹敵する。バブルが弾け、景気低迷と格差拡大にあえぎ、リーマン・ショックに揺さぶられた。阪神・淡路大震災をはじめとする自然災害や国際テロが顕著となり、少子高齢化と地方の衰退が進行し、先行きの展望が見えにくい時代であったが、戦中派の目にはそれはどう映っていただろう。

一方、この時代はそれ以前の男女雇用機会均等法（一九八六年制定）からの流れで、女性の社会進出を促し、男女平等に向けて近づいた時代でもあった。そういえば、棚町の女性観や恋愛観はどのようなものだったのか。大切なテーマなのに、母上や奥様のこと、近松の重要テーマである〝心中〟などについては聞きそびれてしまった。

じつは退職するまで約二年間、棚町が熱中していたのは、大学での「近代女性史」の講義「ブルーストッキング（青鞜）からルーズソックス（現代女生徒の風俗）まで」であった。どっさり古本を買い込み、女子学生に向けた読書案内にあらたに取り組んでいた。その講義は毎回必ず野上彌生子の長編小説『迷路』の話から始まる。昭和十年代、戦争に向かっていく日本を舞台にした作品で、自らの青春を重ねながら語った。

研究所内の「近松カラオケ」テキスト用の棚に、いつしか女性史に関する本がぎっしりと並んだ。その場所を「貸本屋　善い樹」と名付けたのは、いうまでもなく長岡技術科学大学時代に三浦綾子から贈られたあの色紙の言葉「善い樹は善い実を結ぶ」にちなんでいた。棚町は自嘲的でなく、むしろ嬉しそうな口調でこう言ったものである。「読書指導四十余年、行きついた先は古本屋のオヤジだった。お客はいませんけどね」

いや先生、あなたはやっぱり、古本屋じゃなくて読書教育家《ライブラリアン》でしたよ。

著者は、いまならきっとそのように言うだろう。

それらの本は、棚町が逝去した一年後の二〇一一（平成二十三）年九月、国立女性教育会館（埼玉県比企郡嵐山町）に寄贈され、同館女性教育情報センター前ロビーに「棚町知彌コレクション～自署名本にみる昭和の女たち～」コーナーとして常設展示された。昭和期の女性たちによって執筆された著作者署名本で、千名以上の著者による一五五七冊が収蔵されている。

▲棚町知彌コレクション
（国立女性教育会館）

第Ⅳ部　先生が遺したもの

▲遺影

第八章　最後の仕事――自己史を総括する

◉三つの課題

「愚かな一生の総括に我ながら四苦八苦しています。おおむね十年ごとに専攻を変えたため、総括というと少なくとも三つか四つに分けてやらなくてはなりません」

一九九九（平成十一）年三月、近松研究所を去り、住まいを兵庫県芦屋市から東京都中野区へ移した棚町から そんな便りが届いた。人生にどれだけの時間が残されているか不明ながら、自分がたどった足跡・行動をできるだけ歴史の資料として記録しようとしたようだ。

そのときからである。父・丈四郎が思想検事だったこと、自分が熱烈な軍国少年だったこと、敗戦後にGHQ検閲官の仕事をしていたことを語り始めたのは――。

棚町とはそれまで何度となく会食し、数時間にわたって話し込むことも少なくなかったが、そういった事実はまったく聞かされていなかった。いつも高専時代の思い出や読書教育、近松作品のおもしろさや最近読んだ本の感想などが主な話題だった。お酒が好きな私と違って棚町は酒を一滴も飲まない。恩師のご馳走に甘えていい気分になった私は、滔々《とうとう》と語られる近況を聞き流すばかりだった。まして、評伝を書こうなどという気は

さらさらなかった。我ながらいい気なものである。

ともかく、八十歳に近づいたころから棚町は堰を切ったように自らの人生遍歴を語り出した。昭和を彩る歴史的な事件の数々を間近で見ていたその体験談に、私は驚くばかりだった。戦後の民主教育に熱心な国語教師とばかり思っていたので、彼の人生をとおして映し出される時代の影に飲み込まれそうになった。もちろん高専時代の同僚教師たちにも、棚町がGHQ検閲官だったことなど知る者は一人としていなかった。だから、本書に書き綴った内容はほとんど最晩年に聞いたものばかりである。

棚町は昭和史を自省的に書く義務があると思い至ったようで、限られた時間のなかで取り組むべき課題として次の三つをあげた。

第一は、二十歳で中国戦線から復員し、GHQ検閲官をしていた青春の日々を見つめ直すこと。GHQ検閲官の内実を知る人は少ない。その特異な立場からみた敗戦後の日本の姿や、戦争の抑圧から解放され迸《ほとばし》るように湧き上がった人々の演劇・表現活動を正確に記録すること。

第二は、三十代から五十代にかけて取り組んだ技術者教育について。科学技術の行方、軍事・環境問題と技術者の役割、職人の精神史についての課題をまとめること。「これはもう君（著者）に語り尽くしているから、まあいいとしよう」とは言ったが。

第三には、最大のテーマとして「神道と日本の精神文化」について考察を深めること。自分がどうして熱烈な軍国少年になったのか。敗戦という日本歴史の大きな断層で何が失われ、何がいまにつながっているのか。日本はいまもなお戦前・戦中の軍国主義を払拭しておらず、その独特の思考法、行動様式は現代日本人の体内にもいまだに染み込んでいるのではないか、という。

「日本古来の神道は大陸から伝来された仏教を受け入れ、日本独特の融合の歴史をつくった。明治維新の廃仏毀釈など国家神道化したのはほんの一時期で、神仏習合の歴史の方がはるかに長い。日本人の精神史を学びなおし、その知恵を現代世界で生かしたい。それが戦前、戦後を生きた日本人の務めではないか」

そう語り、自ら体験を振り返えることをとおして、国家と個人、日本の神道と文化について世界的な視野から考えたいと語った。

◉歴史に刻まれた自立演劇

棚町はまず、二十代にGHQの検閲官として行った仕事を振り返ることから着手した。九州地区における戦後演劇史をまとめ、後世の歴史研究者の目に耐える正確な記録を残すことに努めようとした。

「戦後まもなく西部本社にいた演劇担当記者を探しているんだが、協力してくれないか。私が二十歳そこそこのときだから、いまが数少なくなった関係者の話を聞ける最後のチャンスなんだ」

戦後六十年が近づいていたころ、新聞記者（毎日新聞論説委員）をしていた著者のもとに、何度も手紙で問い合わせがきた。前述のとおりGHQの検閲官として演劇活動を見ていた福岡・北九州地区は、八幡製鉄や筑豊・三池炭鉱で復興景気に沸き、国内で最も活力がある地域だった。当時の演劇活動の息吹を知る新聞記者や演劇人たちに可能な限り会おうと、棚町は精力的に訪ね回った。

折から棚町が検閲したときのコレクション約八千三百点が、ミシガン大学から早稲田大学演劇博物館に移管された。半世紀という時を隔て、自らが検閲した資料が戻ってきたのだ。再会した数々の演劇台本は棚町の青春の記録そのものである。二〇〇三年から同博物館による「GHQ検閲台本仮目録」の作成作業が始まり、棚町も加わることになったが、高齢の棚町にそれらを総合的にまとめる時間はなく、検閲した時の記憶をたどりながらできるだけ詳細な注釈を各資料に加えていくのが精いっぱいだった。
数年にわたる研究成果は「九州地区劇団　占領期GHQ検閲台本　目録――西日本自立演劇史考」と題して同博物館の研究紀要『演劇研究』第二十九号（二〇〇六年）に発表された。福岡・北九州・筑豊はもとより山口・広島・島根・佐賀・長崎・熊本・鹿児島・宮崎など各地の演劇活動を詳細に拾い上げ、百四十三ページにわたる膨大な記録集となっている。

ここでいう自立演劇とは戦後に民衆の間から湧き起こった素人演劇、アマチュア劇団の活動を指す。各地の労働組合や大学、市民グループが劇団を結成し、活発な表現活動を繰り広げた。

棚町はチラシ・プログラム類や当時の刊行物など、一次資料をすべて原稿用紙に書き写す。四百字詰め原稿用紙にして約五百枚、A四判で百十ページ。緻密で膨大な労力を注ぐ作業だが、「念者」といわれた本領が十分に発揮された。注釈に自らの見解・評価は述べず、演劇公演の背景などを詳しく説明するにとどめ、資料の客観性を重視した。

余談になるが、「取り締まる」側が「取り締まられる側」の記録を残そうとしたともいえる棚町の行動から、国定忠治と代官・羽倉外記の関係が浮かんでくる。国定忠治といえば、映画や大衆演劇では任侠の親分として、また赤城山に立てこもったヒーローとして昭和の世代によく知られている。歴史学者・高橋敏氏は『国定忠治』（岩波新書）で、幕府に立ち向かうアウトロー忠治を関東代官の羽倉が水滸伝のヒーローのように描いて記録したことを紹介している。

その話はこうだ。上州・国定村の博徒である忠治は天保期の飢餓で苦しむ人々を救おうと、賭場で金銭を稼

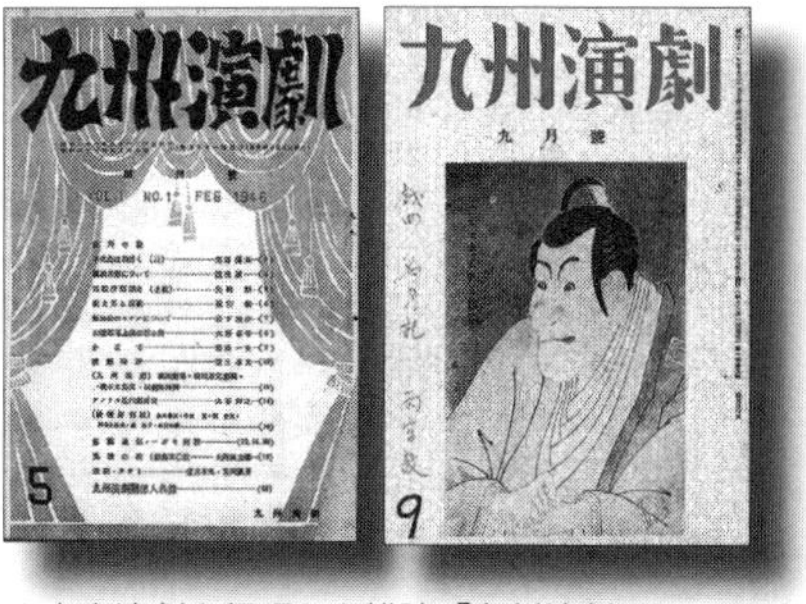

▲自立演劇を提唱した雑誌『九州演劇』（1946年）

いだり豪農から寄付金を募って食糧を調達する一方、沼を浚渫《しゅんせつ》して日照り対策を行い、やがて解放区のような「盗区」をつくりだす。だが、ときの幕府側の取り締まりを兼ねた〝二足草鞋〟を履く他の博徒らと対立し、忠治は最終的に「反体制」の烙印を捺《お》されて幕府ににらまれ、処刑される。代官・羽倉外記は、これらの忠治の行為を「劇盗」と名づけ、本来は幕府がやるべきことを忠治が代わってやっていることに冷や汗が出る、と記していた。

敗戦後、九州各地の炭鉱や労働の現場、大学や地域でわきあがったアマチュア演劇活動もまた自立的な民主化運動だった。その光景はあたかも「解放区」が各地に生まれていくようでもあった。棚町はそれらの活動を検閲するために各地を巡回し、観劇しながら、終始、詳細な記録に残した。ひいては検閲官の仕事のかたわら演劇雑誌まで刊行した。

そんな棚町の活動が、筆者には「国定伝説」と重なって見える。皮肉なことだが、棚町の検閲によって敗戦後の九州地区における自立演劇活動が貴重な記録として残されたのだから。

◉井上光晴と江藤淳

GHQ検閲官の仕事は前述した民間検閲局の閉鎖とともに多くの資料が消失し、関係者も口を閉ざしたため、あまり知られていない。それだけに棚町は晩年、自ら知る限りのことを若い歴史研究者たちに積極的に語り始めた。第Ⅲ部で証言内容を紹介したから繰り返さない。ただ、作家・井上光晴[*54]と評論家・江藤淳については熱く語っていたので少し触れておく。

「私の原点は井上光晴にある」と棚町はよく語っていた。福岡検閲局にいたころと井上光晴が九州評論社の編集者として生きた時代（井上著『私の青春時代』など）とが重なり、「同じ九州で同時代の空気を吸い、その問題意識も共通していた」という。

共通の問題意識とは「日本人は敗者となったことを正面から見つめていない」ということだ。占領軍が立て続けに出した多くの指令は日本人にとって抑圧ではなく〝解放〟として受け止められた。原爆投下の惨事に対しても、日本人はアメリカの戦争犯罪として追及することはなく、新兵器による残酷さを悲しむだけだった。デモクラシーも占領軍によって叩き込まれた形だけのもので、自らの手で勝ち取ったものではない。他国占領の現実を見つめることもないまま表層的に変わりゆく世相に、強く反発した。

井上光晴もまた、戦時中、国家主義思想の影響を受けた早熟な少年だった。戦後、占領軍の内部で仕事をした棚町とは対照的に、井上は日本共産党に入党し、占領軍に抵抗する側で生きようとした。しかし、共産党の細胞活動の内情を描いた『書かれざる一章』（一九五〇年）を『新日本文学』誌に発表したあと、党を除名される。その後、戦争中の青年の姿を描いた『小説ガダルカナル戦詩集』（一九五九年）、被爆者や被差別部落の問題を取り上げた『虚構のクレーン』（一九六〇年）、太平洋戦争中の学徒兵らを描いた『死者の時』（同年）などを執筆している。戦争と死者たちを描いた井上の作品に棚町は共感し、読み続けたそうである。

「進駐軍〔当時は占領軍をそう呼んだ〕は解放軍だ」と言って、当初、占領軍をありがたがった左翼活動家に対して井上光晴は「（占領軍の）民主化はまやかし」と批判

▲井上光晴

＊54　井上光晴（一九二六〜九二）　小説家・詩人。福岡県久留米市生まれ。文学伝習所を開講し後進育成に尽力。代表作はほかに『心優しき叛逆者たち』『丸山蘭水楼の遊女たち』『明日　一九四五年八月八日・長崎』『西海原子力発電所』など。

したが、棚町は井上と対極の側から同様の違和感を抱いていた。「（他国に）占領される」ことに対する左翼活動家の認識の甘さには怒りさえ感じたという。

後年、棚町は井上光晴を有明高専文化祭の記念講演に招く。一九六八年秋のことだ。ベトナム戦争反対運動が広がり、一月には米軍空母エンタープライズ号の佐世保寄港があり、十月二十一日国際反戦デーの日に東京・新宿で騒乱罪が適用されるなど、騒然とするさなかだった。

最初に「井上光晴を文化祭の講師に招こう」と言い出したのは学生たちだ。長崎の原爆投下、炭鉱で働く人々、朝鮮人、部落問題など戦後のテーマを複雑に絡み合わせながら描いた『地の群れ』（一九六三年）が学生の間でよく読まれていたのだ。井上を呼びたいという提案に棚町は「そうか、そうか」と喜び、仲介役を引き受けた。当時の学生に人気だった作家・高橋和巳*55にも講演希望が殺到したが、都合がつかないとの断りが高橋から届き、その手紙も棚町は大切に手元に保存している。

井上は「現実と虚構」と題したその講演で、「現実は、甘っちょろい作家が作り出すフィクション（虚構）よりずっと大きなものだ。これから小説を書くのは大学の国文や英文科を出た連中ではなく、皆さんのように高専を出て現実を知っている人たちです」「原稿は赤インクのボールペンでノートに書き、それをすべて妻の手でマス目に清書してもらっている」などと語った。私もよく憶えている。棚町は「そのときの署名がこれ」と井上の著作集を嬉しそうに見せてくれた。

★

「戦後の日本に『言論の自由』なるものははたしてあったのか」――文藝評論家・江藤淳は占領期の検閲の実態を暴き、活発な評論活動を展開した。それに対して棚町は強い違和感を隠さなかった。

「当時の検閲の実態をよく知らずして、批判している」と、その口調は激しいものだった。

戦後民主主義はどのように出発したのか。江藤は渡米し、現地の資料で米軍検閲の実態を調べ、『一九四六年憲法——その拘束』（一九八〇年、文藝春秋）、『閉された言語空間——占領軍の検閲と戦後日本』（一九八九年、文藝春秋）を世に問うた。これらの著作で戦後、日本人が憲法や天皇、戦争の死者の問題を一時完全に忘れ去っていたのは、隠された形で行われた占領軍による隠微な検閲を通じて思想操作が行われていたからだと主張し、波紋を投げかけた。

占領軍が日本人の電話、郵便など通信内容や言論活動を片っ端から翻訳して検閲していたことはすでに触れた。新憲法第二十一条に「検閲は、これをしてはならない。通信の秘密は、これを侵してはならない」とあり、検閲行為は、言論及び思想の自由を謳《うた》ったポツダム宣言にも違反している。だが、ＧＨＱ自身の手に成る新憲法に抵触する検閲が憲法公布後もなお数年間にわたって実施されていたことは、日本ではほとんど知られていなかった。占領軍のＣＣＤ（民間検閲局）がその違法行為の実行者であり、占領期以後も日本は「閉された言語空間」に置かれ続け、思想的に自立しているとはいえない、と江藤は厳しく指摘する。

ＣＣＤの存在を明らかにした江藤の業績は評価できるにしても、民間検閲局の現場にいた棚町には、その指摘をすべて受け入れることができなかった。日本は

▲江藤 淳

＊55　高橋和巳（一九三一～七一）　小説家・中国文学者。社会的発言を行い、大学闘争に際して学生を支持して京都大学文学部助教授を辞す。代表作『我が心は石にあらず』『邪宗門』『憂鬱なる党派』『わが解体』など。全共闘世代に多くの読者を得た。

米国との戦争に敗れたのであり、敗戦の屈辱をしっかりとかみしめるべきだという。

大東亜戦争中の日本がなした占領地（フィリピン・シンガポール・マレーシアほか）での帝国陸軍駐兵部隊による検閲と比較して研究しろとまではいわない。だが、常識程度の知見における比較をいっさい排斥したのは明らかに他意がある。すなわち、江藤淳は、ＧＨＱの検閲は軍事占領下で行われた、世界では普遍的なものにすぎなかった事実を完全に抹殺するために、トリックを駆使している。

トリックというのは、検閲によって否定され、失われたものを強調するあまり、戦後にうちだされた世界的な理念そのものまですべて水に流している、つまりバランスを欠いているというのだ。日本国民および軍内に対する検閲は、ＧＨＱが進駐する以前にも、とくに大東亜戦争中に徹底して行われた。ＧＨＱ検閲は、「戦時下の、日本自身による日本国民への検閲」に比べてはるかに穏便で、控え目に見ても同レベルのものだったと棚町はいう。ただ、占領期間という時代的な制約があったとはいえ、外国による国内検閲を正当化できないのはいうまでもないとしながら。

占領後も、日米安保条約のもとで米軍による事実上の日本支配は続いた。たとえば、日米合同委員会という組織がある。表向きは米軍駐留にともなう日米地位協定（旧安保期は行政協定）についての協議と調整を行うため、米軍高官たちと日本側の関係省庁担当者が隔週で話し合う場とされている。ところが、実際はこの委員会が決定機関となり、日米両政府を縛る構造が日米双方で黙認されている。協議された内容は完全に非公開で、決定事項や議事録も日本の国会や国民には報告されず、公文書に残されない。いわば政府間に「密約」が存在するのだ。

こと在日米軍と米軍基地に関するかぎり、日本国憲法も、国権の最高機関である国会も、日米合同委員会という秘密会議によって無視されている。いまなお、日本列島全体が「米軍租界」同然となっている。アメリカに経済的・軍事的に従属する国はいくつもある。ただ、従属が自己目的化し、追従した姿勢を保ち続けている国は日本だけである。

日本が民主国家として独立するには、改めて占領期の検閲をめぐる歴史的な検証から始めなくてはならない。占領期においては、敗者の方が勝者より痛みをとおして豊かな教訓を得ているはずだ。敗者として日本人は何を学んだのか、まだ知らなくてはならないことがあまりに多すぎる。棚町から詳細な証言を得る機会を永遠に失ったことが改めて悔やまれる。

◉一粒の種——工業教育への夢

第二の「技術者教育」については第Ⅲ部のなかですでに詳しく触れた。

その総括的な話を「図書係教師の四十五年〜高専への遺言状〜」と題して、二〇〇二（平成十四）年七月十三日に講演してもらった。高専卒業生の全国ネットワークとして「ＨＮＫ（ヒューマンネットワーク高専）」という名のグループがある。著者が世話人をしていた縁で棚町にその全国集会（東京・六本木）の特別講義をお願いし、記録も残した。

その折、一部の高専生の間で評判になっていた「読書鍛錬術」を紹介し、棚町は「技術者養成に人文教養は不可欠」という持論について熱弁をふるった。内容はＤＶＤヒューマンネットワーク高専特別講義『図書係教師の四十五年〜高専への遺言状〜』（企画ＨＮＫ、制作・発売カヤ）に収録されている。

▲ＨＮＫ全国集会で熱弁をふるう（2002年7月13日）

棚町が他界した翌二〇一一年三月十一日、東日本大震災に伴い福島第一原子力発電所で日本を破滅させかねない事故が起きた。そのような惨事が現実に起きると、科学技術者と社会倫理をめぐる問題が戦後社会において不問に付され、回避され続けてきたことに改めて気づかされる。

科学技術を担う者は、経済的利得を超えて、社会への危険を察知し、それを伝える責務があることはいうまでもない。

科学史研究者・山本義隆*56は近著『近代日本一五〇年――科学技術総力戦体制の破綻』（岩波新書、二〇一八年）のなかで、福島の原発事故で日本の近代化の物語はひとつの結末を迎えたという。書名サブタイトルにある「総力戦」とは、平時も含め政治・経済・思想・文化などの全領域で戦われる長期持久戦のこと。敗戦の原因は「科学戦の敗北」にあり、戦後もその体制が継承され、官僚機構はほとんど無傷で残された。そして「科学技術の振興」が求められ、高度経済成長期もまた「戦後版総力戦」が展開されていく。

一九六〇年代後半の全国大学闘争（東大闘争）のリーダーでもあった山本は、そのような「科学技術」のあり方や「成長信仰」への見直しを問うている。成長の現実的条件が失われているとき無理に成長拡大をめざせば経済は軍事化し、「戦争のできる国」から「戦争を望む国」へと突き進むことになる。

山本はいう。

「福島の事故は、明治以来、「富国強兵」から「大東亜共栄圏」をへて戦後の「国際競争」にいたるまで一貫して国家目的として語られてきた「国富」の概念の、根本的な転換を迫っている」

さらに「増殖炉開発計画の事実上の破綻と、福島第一原発の事故」は「幕末・明治以来の一五〇年にわたって日本を支配してきた科学技術幻想の終焉を示している」とも。三・一一の福島第一原発事故は、一九四五年の大東亜戦争敗戦に続く、第二の「科学技術の敗戦」といえなくもない。

日本学術会議は二〇一三年、福島第一原発事故を踏まえて、「科学者の行動規範」と題する声明を出した。「科学者が真に社会からの信頼と負託に応えてきたかについて」の反省とともに、科学者が社会に対する説明責任《アカウンタビリティ》を果たし、社会へ自覚的に参画するとともに、その行動の倫理規範の確立を求めている。原子力発電に限らず、科学やその成果と発展を支える技術が人類・社会・国家における重大な危機管理のテーマであることは、もはやいうまでもないことだ。

大学で軍事研究を行うことは許されるのか？——科学者の代表機関である日本学術会議や各大学での議論も続いている。研究者は、研究費の不足に悩むがゆえに軍事関連予算であろうと手を出したいところだが、軍事研究は機密性が高く自由な研究ができなくなる懸念が残る。

学術会議の議論の過程で注目を浴びたのが、同会議会長・大西隆の発言である。「自衛目的に限定するなら、安全保障に関連する研究への学術界の協力を容認してよい」というのが彼の持論で、大西自身が学長を務める

＊56　山本義隆（一九四一〜　）科学史家・自然哲学者。駿河台予備学校物理科講師。大阪府出身。東大闘争のときの全学共闘会議議長。

豊橋技術科学大学は防衛装備庁による安全保障技術研究推進制度の第一号案件となった。推進制度で採択された防毒マスクのフィルターの研究は、化学工場の防災対策にも使える。したがって、民生的な研究費で進めることも可能性としてはあり得る。

日本の安全保障について国民はどう考え、科学者はどう受け止めているか。世論調査を見ると、自衛隊の存在を肯定的に捉えている人が圧倒的に多く、安全保障の研究も必要とされている。国の自衛に関する科学技術は、自国内である程度研究する必要があるだろう。ただ、どの程度の研究が、必要な安全保障の範囲なのか。自衛隊の活動範囲に制限があるため、その枠内で議論されていくべきだろう。科学技術の不可逆的進歩が古くから変わらない政治権力と結びつき、とんでもない暴発の危険が生じる恐れは消えない。

さらに昨今の科学者や技術者の倫理問題についていえば、わが国のモノづくりに対する信用と自信を揺るがすような重大テーマになっている。神戸製鋼所・三菱マテリアル・東レといった日本を代表するメーカーやグループ企業による製品検査データの改竄は、国際的な信頼と競争力の失墜を招いている。さらには新幹線など高速鉄道や航空機、あるいは宇宙事業での大事故につながりかねない。

山本は「日本の近代化の底の浅さ」を指摘しているが、背景には日本人特有の自然観や時代の目先の流れに乗ろうとする便乗感覚、ご都合主義があるのだろう。

これらのことを見直すためにも、棚町が提唱する「本を読む（広い視野をもつ）技術者を育てる」という取り組みが大切であることは間違いない。

科学技術と倫理、工学教育と教養、軍事技術のあり方をめぐる棚町の思いは「一粒の種」となって新たな形で芽を出そうとしている。その一つにリベラルアーツを重視する東京工業大学の試みが挙げられる。日本の工業教育の中心的な担い手になっている同大学で二〇一六年四月、「人間としての教養」を見直そうと「リベラルアーツセンター」が設けられた。

リベラルアーツを「人間としての教養」と捉え、日本の将来を担う若者たち一人ひとりが自らの視野を広げるとともに、自己を深める教育の場として位置づけている。理工系分野の高い資質をもちつつ、現代社会の諸問題に正面から立ち向かうことのできるリーダーを育成するため、「人間としての根っこを太くする」教育を担うという。センター長の上田紀行教授はいう。

「学生たちが自分自身の頭とハートから発する言葉で語ることができ、世界を展望する広い視野をもちながら、日本のどこでも、世界のどこでも通用する人間をめざす教育を行う。また、多様で複雑な現代社会において、しなやかな感性と強靭な知性をもって行動し、未来を創りだすことのできる人間を目標として、これからの教育を考えるためのさまざまな活動を実践する」

人は利潤追求だけでは心を十分に満たすことができない。仕事を長続きさせることもできない。根底に哲学と技術への深い教養があり、それらが相互に交響しあってこそ職業意識は育っていく。〈教養〉と〈工学〉を重視する教育を唱えた棚町の問いかけは、いまも重みを増している。

◉第三の〝洗脳〟

棚町の最大のテーマは、戦前の皇国少年から始まった自分から、敵国の手先であるＧＨＱ検閲官となった戦後の自分への転向体験を、どのように自分自身に納得させるかということだった。

棚町は亡くなる二年前に次のように書いている〔「ＧＨＱ演劇検閲のころ——一九四〇年代文学研究の基底を探って」『演劇研究』三十一号、二〇〇八年〕。

余命半年と自覚して、この七、八年にわたり発表した検閲咄し《ばな》の総括をこころざすうち、「八月十五日」は文学史の時代区分として明治維新よりはるかに重いと思うようになった。

戦前と戦後の間に横たわる「八月十五日」の断層を棚町はどのように跨いだのか。坂口安吾*57は戦後すぐに著した『堕落論』で、戦前期の日本は「人間は考える葦でなく、ただ歴史の渦に巻き込まれているというわけだ。〔中略〕日本人は歴史の前ではただ運命に従順な子供であったにすぎない」と書いている。冷静に考えれば米国と戦争などできるわけがない。それなのに戦争に突入するとは、日本人はどこかで考えることを放棄していたのではないか、と。棚町もまた、歴史の渦に巻き込まれた従順な子供だったにすぎないのか。棚町は戦前期の自分を振り返りながらいう。

こんな気持に追い込まれたのは、ここ二、三年はっきりしてきた「意図的に六十年前を忘れさせようとする「第三の洗脳」への危機感である。五十年前に初めて高校教員になったころ「三たび（度）許さじ（すまじ）原爆を」とよく歌っていた。三たび許さじ洗脳を……これが杞憂であることを祈ってやまない。

洗脳《せんのう》［英：brainwashing］とは、外部から強制力を用いてある人の思想や主義を根本的に変えさせること。もとは朝鮮戦争の捕虜収容所で行われたアメリカのＣＩＡ（中央情報局）による思想改造についての報告書や、中国共産党が労働改造所で行った思想改造法などをとおして知られるようになった言葉だ。いま風の言葉でいえばマインドコントロールと言い換えることができようか。

「洗脳された」側から敗戦後に「洗脳に加担した」側に回った棚町は、「この二つの経験を厳しく見つめることが唯一私にできることではないか」と考えた。戦中派として戦前・戦後の時代の転変をつぶさに見てきた彼は、平成の洗脳、「三たびの洗脳」をいったいだれが企図していると見たのだろうか。戦後六十年がすぎたからこそしっかり知らなくてはいけない、というのだ。

それを論証していく手掛かりとして、戦時中の能楽界の動きに関心を寄せた。その一部を国文学研究資料館の第三十一回国際日本文学研究集会（二〇〇七年十一月）で発表している。テーマは「一九四〇年代文学研究の基底――『迷路』を座標軸としてたどる能楽界の戦中期」とした。

野上彌生子が八年の歳月をかけて発表した『迷路』（一九五六年）という長編小説がある。二・二六事件から日中戦争におよぶ日本の暗部を、東大法科の学生・管野省三の変転を通して緻密に描いている。権力をもった政治家の生き方、財閥に嫁いだ女性の宿命、省三の友人たちの死、延安の中国赤軍とのつながり、軍部の策謀などを独自な筆致で綴り、最後に「これからの日本は、ああいう青年たちの世界になるかもしれない」という能楽者の醒めた言葉を吐かせて終わる。

棚町は、この作品をとおして世を拗《す》ねた能楽者の目から日本の進路を追体験し、自らを見つめようと努めた。

それ〔能楽界〕よりもはるかに強く、当時十代後半の旧制高校生の私自身の方が「洗脳」されていたと

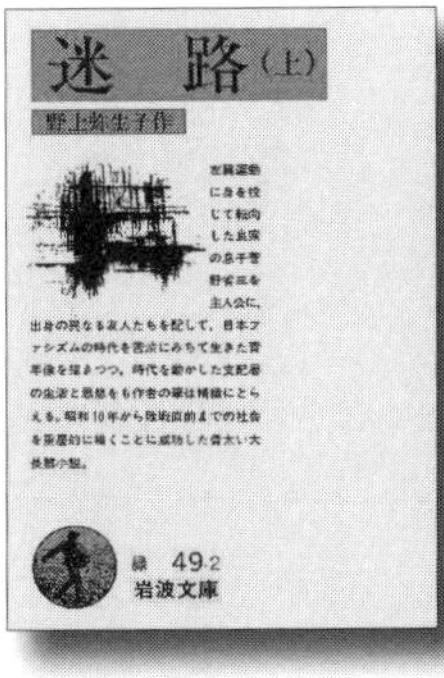

▲ 岩波文庫版

*57 坂口安吾（一九〇六～五五）小説家・評論家。戦前から戦後にかけて活躍。代表作に「桜の森の満開の下」「日本文化私観」など。

認めざるを得なくなった。洗脳の主は、市ヶ谷史観〈軍部史観のことか〉と断定するものではない。今のところ「ときの風」としか言い様がないもので、それを検討するのが本年これからの課題である。

「ときの風」に流され皇国少年として洗脳され、戦後は「軍国主義の下にあった日本人の洗脳以外の何物でもなかった」GHQ検閲に日本人スタッフとして積極的に加担した。その棚町が、GHQの洗脳作業が「じつに見事な成果をあげていると言わざるを得ない」と指摘するのは「小泉〈首相〉・ブッシュの会談」だった。「日本国とか日本の首相とかいうものは「なくなっている」」。日本は変わった、なんてものじゃない、一九四五年までの日本がきれいさっぱりなくなっていた」という。戦前の天皇と臣民の関係がいまは米国と日本の間で繰り返されている、と指摘するのだ。

◉三島由紀夫のこと

棚町の戦後を追ってきて、「三島事件」の存在がすっぽりと抜け落ちていることに気づいた。「はじめに」で触れたように三島と棚町は同年の生まれだ。いずれも上層階級の家庭で優等生として育ち、皇国青年だったが、二人は敗戦後、両極の道を歩んだ。GHQ検閲官としてアメリカ占領政策のもとで戦後民主主義に期待を寄せていく棚町に対し、三島は昭和天皇と戦争の死者たちとの関係に目を向け、それを自らのモラルの根源に置くようになった。それによって、戦後の繁栄を謳歌する日本人に究極的な問いかけを投げつけた。

棚町はかつての読書案内のリストに、森鷗外の小説『ヰタ・セクスアリス』（一九〇九年）とともに三島の自伝的小説『仮面の告白』（一九四九年）を加えてはいる。だが、棚町から三島の作品について論評を聞いたことはない。もっとも著者自身が問わなかったせいでもあるが、日本を「汚濁」させ、「頽廃」させたとして戦後の社会を呪詛していた三島を棚町は意識的に避け、気質的にも嫌っていたように思われる。

高度経済成長が発展していく一九六〇年代後半、三島は自作・自演の映画『憂国』（一九六五）を制作し、二・二六事件の青年将校や特攻隊の死者の魂にふれた『英霊の声』（一九六六）を書く。「昭和の歴史は敗戦によつて完全に前期後期に分けられたが、そこを連続して生きてきた私には、自分の連続性の根拠と、論理的一貫性の根拠を、どうしても探り出さなければならない欲求が生まれてきてゐた。」と三島はいう（作品集『英霊の声』所収「二・二六事件と私」）。

そして一九七〇年十一月二十五日、「三島事件」が起きた。三島は憲法改正のため自衛隊の決起を呼びかけた後に割腹自殺し、日本社会に大きな衝撃をもたらした。その日、二十一歳だった著者は、アルバイトで東京・築地の魚市場から西武系スーパーに魚を配達するトラックを運転していて、ラジオのニュースで事件を知った。三島の行動は当時の私には唐突で、理解の域をはるかに超えていたが、戦中派の同世代として生きた棚町の衝撃度はより深かっただろうと思う。出陣学徒を送る「壮行之辞」を述べた人間として「痛いところを突かれた」と思ったのではないだろうか。

著者と同世代の文芸評論家・加藤典洋は、『英霊の声』は日本の戦後にとり最も重要な作品の一つであると評価し、こんな感想を述べていた。「三島一人がいたお蔭で、日本の戦後は道義的に、大いなる茶番の時代となることからかろうじて免れた、といえるのではないか」（『新潮』二〇〇〇年十一月臨時増刊「三島由紀夫没後三十年」のアンケート「三島由紀夫と私」）

三島に関する棚町の言葉を直接に聞き出せなかったことは悔やまれるが、戦後社会について深く考えるきっかけとして三島と出会えたことは、著者にとって思わぬ副産物だった。

◉日本的な特性とは何か

いったい日本人の精神史を貫いているものは何か。日本の近代化で滅んでいった世界を異邦人の目をとおして綴った名著『逝きし世の面影　日本近代素描Ⅰ』（葦書房、一九九八年）のなかで、渡辺京二[*58]は日本人の特性として「知的訓練を従順に受け入れる習性や、国家と君主に対する忠誠心や、付和雷同を常とする集団行動癖や、さらには「外国を模範として真似するという国民性の根深い傾向」」があるという。そのような特性はどこからきているのだろうか。

その異邦人の日本観に二つの正反対の見方があることを、政治学者の丸山眞男[*59]は指摘している。一つは「日本ぐらいいつも最新流行の文化を追い求めて変化を好む国民はない」という見方であり、もう一つは「日本ほど頑強に自分の生活様式や宗教意識（あるいは非宗教意識）を変えない国民はない」という見方だ。それを丸山は「たえず外を向いてきょろきょろしている自分自身は一向に変わらない」（「原型・古層・執拗低音」）ものとし、外来文化の影響を受けながら日本的なものを残存させる「矛盾の統一」として日本思想史を捉えた。

さらに丸山は、民族神話の比較をとおして日本人の古層を流れる歴史意識を探っている（「歴史意識の古層」）。世界の神話の発生を「つくる」「うむ」「なる」の動詞からとらえ、「つくる」は一神教的な世界の創成物語であるのに対して、日本では世界が「なる」という発想をとる。歴史は次々に成りゆく「いきほひ」とみなすことで、「確たる理念や価値判断」を伴わない「なりゆきのままに」という姿勢を生み、日本では近代的な主体が確立しにくいと指摘する。

▲葦書房版

戦後、米国によって〝洗脳〟された感のある日本人だが、〝洗脳〟する側にいた棚町は自身のことをどう受け止めていたのか。従順な習性や付和雷同、外国の模倣といった日本人の特性がいったいなぜ変わりなく続いているのか。「時局対応能力」を自認していた棚町からそのことへの答えを聞く機会はなかったが、彼こそはその日本的な特性を一身に体現した人物だったのかもしれない。

いま思えば、〝洗脳〟された側から〝洗脳〟する側へ転換する間にはさまれた、中国での戦争体験をどのように見つめ、語るかがその問題に深くかかわっていたのではないだろうか。(国内にいた)三島との違いは、棚町が中国で現実に戦争を体験したことにある。わずかに戦争体験を振り返った「わたくしの終戦(北京)」と「わたくしの復員」という短い文章が、『演劇研究』三十一号に掲載されている。内容は前述したが、皇軍の一員として中国の戦地で何を見、何を考えたかについては、彼はついに黙したままだった。

◉中国で何を見たのか

棚町自身そのことに気づいていた。晩年、作家・火野葦平に深い関心を寄せ、その作品と人生を知ることを著者に強く勧めた。それはまるで棚町自らが語ることのできなかった中国での体験を、火野に代弁させようとするかのようだった。

私が九州に帰省するとき、「この文章を読んでほしい」と送ってきた資料がある。棚町の九大国文科の先輩

＊58　渡辺京二(一九三〇〜　)熊本市在住の在野の思想史家・評論家。主著はほかに『江戸という幻景』『黒船前夜』など。
＊59　丸山眞男(一九一四〜九六)政治学者・思想史家。専攻は日本政治思想史。戦後論壇でオピニオンリーダーとして活躍。

でもある山田輝彦（元福岡教育大学教授）による火野葦平論だ。その題は「兵隊は悲しきかなや——鎮魂・火野葦平」とある。

火野葦平は一九〇七（明治四十年）、福岡県遠賀郡若松町（現・北九州市若松区）で沖仲仕・玉井組を営んだ玉井金五郎の長男として生まれた。何度か映画化された自伝的作品『花と竜』でも知られている。山田が、「人間が「宿命」というものに、いかに翻弄されるものかということを、火野の生涯ほど象徴的に示している例は稀有である」というとおり、火野は戦中・戦後の時代の波に翻弄された。

▲火野葦平

一九三七（昭和十二）年、沖仲士の若親分であった火野は召集令状を受け、中国戦線に向かった。入隊ぎりぎりまで書き綴った『糞尿譚』で芥川賞を受賞。その後『麦と兵隊』は評判をよび、『土と兵隊』『花と兵隊』とあわせた兵隊三部作が三百万部を超える大ベストセラーになった。〝兵隊作家〟として人気を集めるが、やがて敗戦となり、絶頂から奈落へ転落、文筆家追放という過酷な裁きを受けた。

敗戦の日、火野は三十九歳だった。当時所属していた西部軍報道部の解散直後に一度は腹を切って自決しようとしたが、果たせなかった。敗北の衝撃が覚めやらない九月十一日・十三日の二回にわたり、没落した皇軍を悼む「悲しき兵隊」を朝日新聞に書いた。

敗北と屈辱の現実の中に胸を張つて立ち、勇気凛々たる姿勢をとりかへすことができるまでには、私のやうなものは更に多くの時間を要するにちがひない。ただこの時になつて、ひそかに私の自負し得ることは、戦争中もただ真実の心をもつて語つて来たし、これからも全く違つた心がまへを持つ必要などないといふことである。

この文章を紹介しながら山田は、「〔火野は〕まだ敗戦の衝撃の強い残響の中で、己れを相対化する余裕はなかった」という。「八月十五日の跨《また》ぎ」という言葉があるようにように、聖戦から敗戦への断層をいかに跨いでいくかが問題であった。文化人や芸術家のこの日の跨ぎ方はさまざまだが、「火野は本質的に言って、遂に跨ぎ得なかった。あるいは跨ぐことを拒んだと言えないだろうか」と山田は語っている。

火野に比べ、棚町の敗戦の跨ぎ方はまた〝絶妙〟なものだった。機をみるに敏というか、優等生として時代の波にうまく乗って占領軍の元に飛び込んだ。窮鳥懐《ふところ》に入らば猟師もこれ助く――。

一方、火野は一九四八（昭和二十三）年五月十六日から文化戦犯として追放指定を受け、二年後の一九五〇（昭和二十五）年十月十三日の追放解除に至るまで占領軍の厳しい検閲の下に置かれた。棚町とはまったく逆の立場に立たされていたのだが、棚町は火野の存在をつねに気にしていたようだ。

山田の文章で、棚町が赤色の傍線を引いている下りがあった。火野が中国からの帰還兵をとりあげた小説「春日」（一九四一年四月）のなかでの帰還兵の言葉だ。

　このような大きな変動の時代に、個人の生活にもっともらしい筋道を立てることは虚飾である。ただ人間として生きてゆく道は正直をおいてない。そのときどき正直にふるまってゆけば、矛盾だらけの行動になるかも知れぬ。それでよいのだ。／青春は理論ではない。弁証法でも唯物史観でもない。それは生きる情熱であり、生命力であり、野放図な精神の昂揚と氾濫だ。／誤謬の中からでも人間は成長できる。大切なものは良心であり、誠実だ。

そのときどきに正直であることが人生を生きる価値基準だ、という帰還兵の言葉に棚町はひときわ深く共感していた。

火野は公職追放が解除されたあと、九州男児の苛烈な生き方を描いた『花と竜』や、自らの戦争責任に言及した『革命前後』などを書き、ふたたび流行作家となった。だが、六〇年安保騒動で揺れていた一九六〇年一月、自殺する。遺書にはこう書かれていた。

死にます。
芥川龍之介とはちがふかも
知れないが、或る漠然とした
不安のために。
おゆるしください。
さようなら。

火野葦平にとって中国体験が心に深く傷として残り、戦後を生き抜くことが辛かったのか。山田はこんな指摘もしている。

余り人が問題にしないが、戦争責任に対する鬱屈した感情があった。兵隊作家という呼称は、圧搾衣《スレートジャケット》のように彼に貼りついて離れなかった。走り続けた後に、ふと虚無の影が心をよぎったとしても不思議ではない。〔略〕時あたかも第一次安保闘争の前夜、時代全体が戦後の戦犯追及と似た状況を呈していたこと

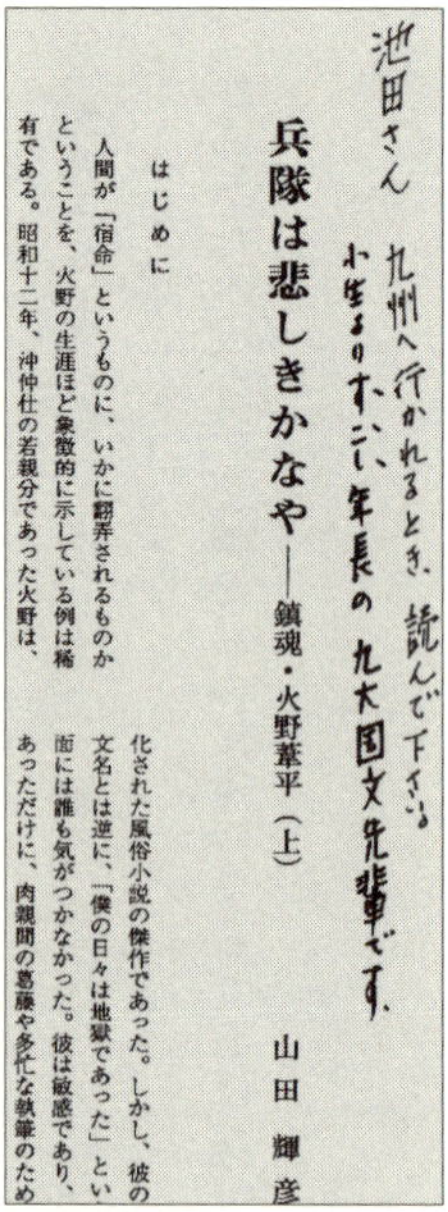
池田さん　九州へ行かれるとき、読んで下さい。小生より十二年長の九大国文先輩です。

兵隊は悲しきかなや——鎮魂・火野葦平（上）

山田輝彦

はじめに

人間が「宿命」というものに、いかに翻弄されるものかということを、火野の生涯ほど象徴的に示している例は稀有である。昭和十二年、沖仲仕の若親分であった火野は、

化された風俗小説の傑作であった。しかし、彼の文名とは逆に、「僕の日々は地獄であった」という面には誰も気がつかなかった。彼は敏感であり、あっただけに、肉親間の葛藤や多忙な執筆のため

▲最後の資料、火野葦平論

も考慮に入れるべきだろう。敗戦直後から始まった自己処罰と自己防衛の葛藤は自死を以てようやく終わったというべきだろうか。

この火野葦平論のコピーは、棚町が私に送ってくれた最後の資料である。

棚町は自ら総括をまとめるまでには至らず、数多くの記録、断章を残したまま世を去った。「そのとき棚町は何をしていたか」と自らの行動記録のみを記し、どこまでも「黒子」に徹しようと努めた。それらの資料をたどれば、数学青年だった棚町が、検閲官として大衆演劇や新劇活動に目を接するなかで「文学・演劇青年」として覚醒し、最後には「戦中派ライブラリアン」として生を全うしようとした軌跡が読み取れる。

研究紀要（『演劇研究』二十九号）にこう書き加えている。

終わりに、先師杉浦正一郎『コギト』の同人仲間、田中克己の一首をしるさせていただく。

この道を泣きつつ我の行きしこと
わが忘れなば誰か知るらん
――詩集『西健省』扉より

二〇一〇（平成二十二）年七月二十日、棚町知彌は肺炎のため他界した。八十四歳だった。

有明高専時代、中国戦線で亡くなった「太田伍長の遺書」を読書教育の憲章として掲げていたことが改めて脳裏によみがえる。大陸での記憶が棚町のなかに澱《おり》のように重く残されていたであろうことを、著者は信じて疑わない。

第九章　精神のランニングパス

◉記録する精神

長い間、私は師という存在を格別意識しないで生きてきた。

「頭にのせるものはなんでも嫌い」と無帽子・無宗教・無主義の三無主義を唱えた評論家・大宅壮一にあやかったわけでもないが、絶対的に帰依するものを必要としなかった。新聞社という組織に属し、上司と部下という上下関係のなかに置かれたときも、だれとも横並びで生きている感覚が強かった。だが、それは不遜なことだったかもしれない。

棚町の人生を〈旅〉しながら、「私だったらどう生きただろうか」と自らの人生を重ねて考えていくうち、私はいかに多くの人から影響を深く受けてきたかを実感させられた。身近にいる親しい人たちの物語を知らずに自分自身の人生を語ることはできない。物語とは、社会や歴史のなかで人が生きる姿を確かめ、語ることだから。自分の生き方を考えるには、まず〈他者〉を正しく認識すること。それを知らずに老いていけば、自らの人生は茫洋としたものになり、輪郭も見えてこない。その空虚さにたじろいでしまいかねない。棚町の世代、つまり私の父母たちの世代の思いをしっかりと受け止めよう。それなしに私たちの世代の姿は見えない。棚町

▲棚町の著作書

がその生涯をとおして後代に遺そうとしたものは何だったか。歴史をつなぐ〝縦糸〟というものがある。先人から学び、承継していく垂直の軸である。そこを流れる各時代の精神から何を学び、受け継いでいけばいいのか、改めて考えたい。

★

「この世では奇人と凡人がいる」。そう語る明治のジャーナリスト、宮武外骨《みやたけがいこつ》*60によると、「社会の形成は凡人の努力が基礎と成り、社会の進歩は奇人の活躍が根底と成る」そうだ。

此二者に優劣はない、そして凡人は同一径路を歩み、奇人は同一径路を歩まない、これを物質的に云うと、汽車や電車は同一径路を走る凡人の格であって、飛行家や山河跋渉《さんがばっしょう》の徒歩旅行者は奇人の格である、凡人は安全であって、奇人には危険が多い。

（『予は危険人物なり』）

多彩極まる人生を歩んだ奇人・外骨に比べると、多くの人は凡人の部類に入る。凡人は横道にそれることもなく、脱線もしない。棚町は多彩な曲折をたどっているものの、まずは安全な人生経路を歩んでいる。特段面白いエピソードがあるわけでもなく、凡人の部類に入る。ただつねに理想を求め、その体内をひときわ太い情熱の柱が貫いていた。

自ら「時局対応能力抜群」というほど、機を見るに敏な人である。のんびりしたマイペース派の著者は、棚

*60　宮武外骨（一八六七〜一九五五）　ジャーナリスト。多彩な言論活動を展開し、関東大震災以降は風俗史研究に活動の重点を移す。

町の数々の選択に驚嘆させられた。周囲から誉めたたえられる優等生であろうとして時々の社会的な要請を巧みに先取りし、つまりは時代の波にうまく乗り続けた。それだけに棚町の人生をたどれば、〈昭和〉の精神史が重なって見えてくる。

一方の外骨は、大阪で『滑稽新聞』や軽妙洒脱な雑誌を次々と発行したり、選挙運動を告発するために立候補したりと、反骨精神に満ちた多彩な社会活動を展開した。その後、関東大震災で明治・大正期に創刊された新聞・雑誌などの出版物がほとんど灰燼に帰したのを目の当たりにして、時代の貴重な記録としての新聞・雑誌を保存しようと全国各地を収集して回った。こうしてできたのが、東京大学法学部内にある「明治新聞雑誌文庫」である。

棚町もまた、思想検事だった父・丈四郎の記録や証言を残し、自らGHQ検閲官としてかかわった敗戦直後の演劇活動についての資料集をまとめた。昭和期の女性作家たちの著作者署名本を収集し、国立女性教育会館へ寄贈した。「棚町知彌コレクション～自署名本にみる昭和の女たち～」には女性作家の人柄をしのばせる署名が千名以上あり、一般へも公開されている。むろん収集規模において外骨にはるかに及ばないが、時代の記録を歴史に遺そうとする棚町の熱情には感動させられる。

◉〝洗脳〟の時代に

棚町の青春期をたどってまず驚かされたのは、旧制高校の教養レベルの高さだった。江戸期から明治・大正期までの古典・漢文に関する豊かな教養が受け継がれていた。かつての日本のエリートたちが古典に始まり小説・哲学書・教養書までじつによく読んでいたことを痛感したが、それなのにどうしてあの悲惨な戦争への流れを止められなかったのか。そんな素朴な感慨にとらわれた。

「戦中」派とされる世代は、激動期だったがゆえに一歳違うだけでその人の時代感覚が大きく異なってくる。棚町が思春期を迎えたころ、社会主義はもとより、自由主義思想にもとづく活動さえ政府による厳しい弾圧の前に壊滅していた。恵まれた社会的エリートの家庭に育った彼は、社会の矛盾を考えたり煩悶したりした経験を記していない。ひたすら時代に寄り添い社会の要請に応えようと懸命に、正直に生きるが、「優等生」になればなるほど視野狭窄にならざるを得ない。

熱烈な皇国少年だったことを振り返り、棚町は前章で触れたように「ときの風に洗脳された」と語っている。確かにそうではあったろう。だが、敗戦によってそれまでの自らの信念が根こそぎ奪われたとき、社会を見る目は一八〇度の転換を迫られたはずだ。天皇中心の八紘一宇という、日本を中心に世界が回っている「天動説」的な視点から、欧米世界から日本を相対化せざるを得ない「地動説」的な視点へ。そのとき「洗脳された」体験はどう受け止められたのだろうか。その後いかに生きるかの確信を持てるまでに、どんな葛藤があったのだろうか。

棚町より一歳年上の思想家・吉本隆明が熱烈な軍国主義者だったと告白していることは、よく知られている。吉本は東京工業大学で化学を学び、技術者として働いた経験の持ち主である。吉本は、天皇を信じ日本の不滅を疑わなかった自分が、見事に間違えてしまったという自覚から彼の戦後を出発し、この過ちの経験を無にしないことを自らの思想的な信条《モラル》とした。

敗戦後、吉本は「国家というものがなくても、けっこう生きてやれるものだという感じを、そこではじめてもった」（『吉本隆明が語る戦後55年』⑤、三交社、二〇〇一年）といっているが、それは棚町にとっても実感だったのではないだろうか。しかし棚町の場合、なぜ〝洗脳〟されたかを深く自問することもなく、ＧＨＱ検閲官として日本人を〝洗脳〟する側に身を移したように見える。「家族の生活を支え、生きていくため」という理由からGHQの検閲局が閉鎖されるまで勤め上げ、「ぼくは日本人雇用員のなかでトップの位置にいた」といささか誇らしげに語ってさえいた。占領軍にとっても棚町は聞き分けのよい、仕事のできる優等生だったのではないだろうか。

棚町は皇国青年からGHQ検閲官への転換というねじれを心に抱いたまま生き、のちに教壇から若い世代へ語りかけていくことになる。その際、戦前と戦後の断層を自分がどのように跨いだかを語ることは避けた。時代に翻弄され、他の選択肢も知らないまま過ごした自分について、語る言葉が見つからなかったのかもしれない。あるいは、先に紹介した戦後の文学作品に自分の思いを代弁させようとしたのか。

◉読書案内という手法

そのうえで棚町は、戦後の若者が自分の力で考え主体的に社会に関わることを促そうと、国語教育に取り組んだのだった。学生たちに語りかける言葉を探しているうちにたどりついたのが、読書教育という手法だ。国語という言葉は、「国を語る」とも読みうる。有明高専や長岡技術科学大で国語の授業の課題に『チボー家の人々』などを読むことを学生に課したが、それは長編小説を読むことをとおして国とは何か、状況のなかで人としてどう生きるかを考えさせるためだった。

二〇一七年ごろから吉野源三郎『君たちはどう生きるか』の漫画版（画・羽賀翔、マガジンハウス）が広く読まれ、原作も含めてベストセラーとなり、社会現象化した。宮崎駿監督が取り組んでいる新作長編アニメの題名もずばり『君たちはどう生きるか』である。背景に、現代社会で生きることに対する若い人たちの切実な渇望感、「生きづらさ」という問題があるようだ。学校教育では哲学や宗教をめぐって考える時間はなく、生き方を問う言葉は意外にも避けられている。生き方を考えることは受験勉強をしている若い人に疑問を投げかけることにつながりかねず、考えるのは進学先が決まってからでいい、と先送りするように社会や家庭から若い人に無言の圧力がかけられている。

私も高専時代に棚町からこの『君たち……』を薦められたことがある。だがちょっと「上から目線」で諭されるような気がして敬遠した。結局、読んだのは新聞記者になったずっと後のこと。そのときも中学生には難しい内容かと思ったが、棚町をとおして旧制中学の学力水準の高さに触れてみると、出版当時には必ずしもそう難しいとは受け止められなかったことがわかった。

先にも紹介したが、この本が世にでたのは一九三七（昭和十二）年、棚町が十二歳のときだった。旧制中学に通っている十五歳の少年・コペル君に対し、著者は「叔父さん」の立場から本当の勇気とは何か、人間とはどういう存在かを問いかけていく。多感で自意識過剰な思春期の世代に貧困・いじめ・暴力の問題などを投げかける。自分は特別な人間ではない、そもそも特別な人間なんていない、ひいては自分の国が特別で、他国を抑圧する権利がある、などということが誤りであることがよく分かる。

けれども当時、そのことは理解されなかったようで、結局ほとんどの人はわかっていなかった。対米英戦争が始まると出版もできなくなってしまった。

戦後、たしかに事態は一変した。自分の頭で考えること。正々堂々と生きること。豊かな心で感じたことを大切にし、自分の身近なところから社会の問題を考えたり、人生や自然や社会への理解を深めたりしていくこと。戦後民主主義の精神、倫理的な原典として、この本は教科書や副読本にも取り上げられ、読まれていった。

また過ちを重ねちゃあいけない。勇気を出して、他のことは考えないで、いま君のすべきことをするんだ。

この「叔父さん」の言葉を、棚町もまた自分の青春を振り返りながら学生たちに語りかけていきたかったのだろう。視点の転換を迫っていくことが読書案内の肝であった。この本をどのように読むべきか。政治学者の丸山眞男は、「『君たちはどう生きるか』をめぐる回想」として簡潔にこう書いている。

地動説は、たとえそれが歴史的にはどんなに画期的な発見であるにしても、ここではけっして、一回限りの、もう勝負が決まったというか、けりのついた過去の出来事として語られてはいません。それは、自分を中心とした世界像から、世界のなかでの自分の位置づけという考え方への転換のシンボルとして、したがって、現在でも将来でも、何度もくりかえされる、またくりかえさねばならない切実な「ものの見方」の問題として提起されているのです。（岩波文庫版）

世界を知ることは、私たちの主体のあり方の問題だ。それをとおして「どう生きるか」という課題に向き合わざるを得なくなる。天動説から地動説への転換は「不断にこれから努力して行かねばならないきわめて困難な課題」と丸山は強調している。

前述した吉本は、〈自己〉の主観によりかからず、〈世界〉が変わったことを認める、という態度をとった。しかし、ここにも大きな問題がはらまれている。過ちとは何か。正しさとは何か。それらはどうすれば検証可能なのか。〈自己〉を中心にして〈世界〉を見るのではなく、〈世界〉の側から〈自己〉を眺める、ということが正しいとしても、どうやってそれをやるのか。「君と世界が戦うとき、世界のほうに加担しろ」というフランツ・カフカ[*61]の言葉があるが、言い換えれば、いつでも誤っているのは自分ということになりはしないか。世界を教える国語教育は、またもやそれが〝洗脳〟につながりかねない危険も持っている。〝洗脳〟される側から〝洗脳〟の加担者へ、さらには自ら〝洗脳〟する側へ。良き方向へ他者を善導することもまた、表現は良くないが〝ブレーン・ウオッシング〟でないと言い切れない。棚町は〝洗脳〟を悪い方向へ導く行為だと考えたようだが、親が子を躾けることや、教師が生徒を感化することにも重なってくる。〝洗脳〟という問題を考えていけば、意識の高い者・進んだ者が低い者・遅れた者を善意によって正しい方向へ導くという範形《ステレオタイプ》を逃れることができない、という問題に突き当たってしまう。

そこには〈エリート主義〉のもつ落とし穴が避け難く存在している。そして〝洗脳〟に染まらない人間の主体性をいかに形成するのかという教育の課題にいきつかざるをえない。人と人が向き合い「教え、育む」という教育はどのように築いていくべきか。教育は「自己」と「他者」について正しく知ること、言葉で考えることから始まるのは言うまでもない。

棚町はかつて「歴史とは過去の諸事件と次第に現れて来る未来の諸目的との間の対話である」というE・H・カーの言葉を博多工業高校の記念誌の扉に掲げた。日本の教育はいまどんな理念を掲げているのだろうか。

◉道徳教育と主権者教育

二〇一八（平成三十）年四月、小学校で「道徳」が教科化された。中学校では二〇一九年から始まる。高校では

*61　カフカ（一八八三〜一九二四）二十世紀文学を代表するチェコ出身のドイツ語作家。『変身』『審判』など実存主義的作品で知られる。

二〇二〇年から新しい高校学習指導要領で「公共」という教科が実施される。

学校で「道徳」の時間が始まったのは、安倍首相の祖父・岸信介の内閣のとき。一九五八年から週一回の「道徳」が実施された。第一次安倍政権の二〇〇六年には教育基本法が改正され、新たに「公共の精神」という言葉が盛り込まれた。小・中学校にはある「道徳」が高校にないことを理由に、「公共」を設けるべきだという政治的な意向がはたらき、「現代社会」に代わって設けられた。ただ、社会を認識するための「現代社会」に比べると、「公共」には新しい社会の形成に積極的・能動的に関わっていく態度を養うという狙いが込められている。

十八歳選挙権や成人年齢の引き下げに合わせた「主権者教育」が高校の新学習指導要領の重要ポイントになっている。大人の入り口に立つ高校生が一人の主権者としての自覚を持つこと、政治を主体的に自分の問題として捉えること、それらが民主主義の未来を支える重要な鍵となる。

この「公共」とともに、主権者教育の三点セットとして挙げられているのが「歴史総合」「地理総合」だ。「歴史総合」は、日本史と世界史と抱き合わせ、近・現代を中心に据えている。世界史のなかで日本を相対化し、人権・平和・民主主義がどのように勝ち取られ、どう現代につながっているかをしっかり認識することが主眼である。主権者教育のベースをなす教科でもある。「地理総合」は、世界地理のなかで日本地理を学び、食料・エネルギー・気候変動など地球規模の問題を見る視野を求めている。

こうした歴史や地理に関する視野の広い理解をベースに、「公共」という教科をとおして社会の形成者としての資質を養うことになれば、いい主権者教育が可能になるという期待も抱かせる。棚町が社会に巣立つ高校生に向けた〈最後の授業〉への思いが、現在の主権者教育につながっているのかもしれない。けれども、光あるところには影もある。

教科書検定基準では領土問題だけでなく、歴史認識について「教科書に政府の見解だけを書け」というふうに変えられていると元文科省事務次官・前川喜平氏[*62]は指摘している。「学校教育の場において「わが国の主張はこうであるけれども、それと異なる主張をしている国もある」と言うのではなく、「わが国の主張が正しいのだ」という形に変えることは「立場の違いを話し合って議論する」という前提を教育が否定することになる」と。

ただ、前川氏はこうも付け加えている。「学習指導要領解説でちゃんと「一方的な考え方を押し付けてはいけない」とか「考えて議論するということが必要だ」としている。実際、国の形を教育から変えていきたいという勢力は、政治の世界でどんどん強まっている」（「時事オピニオン」ロングインタビューより）。

批判的に思考する態度を養うことの重要さは、言うまでもない。権力者や権威ある人が言うことをそのまま鵜呑みにする人間ばかりになったら民主主義は機能しないからだ。「自分で考える」力を持った人を育てることが本来の主権者教育であり、「これはこうだ」と一方的な考え方を刷り込むのは真の教育とはいえない。それこそは〝洗脳〟である。

だが、為政者の目には、そんなふうに考える「目覚めた主権者」は困ると見えるらしい。

十八歳選挙権が施行される前の二〇一五年十月、主権者教育に関して文科省から通知が出された。その通知では、学校の中でも外でも生徒に対し政治活動を規制できるとしている。高校生にも基本的人権があるというなら、表現の自由も言論の自由もあるはずだ。むろん、学校に「施設管理権」があるとしても、教育の場であることを考えれば生徒が主体的に考えたことを表現するのに最大限の保証をするべきだろう。校庭で社会的

＊62　前川喜平（一九五五〜　）元文科省事務次官。加計学園問題をめぐる文書について「あったものをなかったことにできない」と発言。

な発言をしたりビラを配ったりすることは、容認どころか促進してもいいぐらいだ。しかし文科省の通知では、学校の中では規制を求め、学校外の政治活動についても届け出制を課すなど、高校生の政治活動を過度に制限しようとしているとしか思えない。

教員に対しても同様だ。「こういう意見もある。君たちはどう考えるか。議論しよう」と問題提起をしてもいいはずだが、「生徒に不用意に影響を与えるな」として萎縮効果を狙っている。そもそも教員自身に自分の政治的見解がなければ、「主権者教育」などできるはずもない。

「道徳教育元年」を迎えた時節に合わせるかのように、二〇一八年には政権内の「道徳性」が厳しく問われる事態が頻発した。

国有財産を〝お友だち〟に優遇した疑惑が広がり、公文書の秘匿や改竄、さらに政治家・官僚のスキャンダルが相次いで露呈した。この国の統治機構全体がおかしくなって〝底なし沼〟と化し、皮肉にも国の根幹にかかわる政治モラルの崩壊が道徳教育の最適の教材になった。

現在の政界・官界・経済界のなかにも確かに優秀なエリートはたくさんいる。だが、古典や小説の類はあまり読んでいそうにない。多くの政治家たちは目先の利害調整に憂き身をやつし、日常的な権力闘争に明け暮れて、長いスパンで考える思想や哲学に触れる訓練がなされていない。小学生のときから塾通いに追われ、中学・高校と厳しい受験競争に勝ち抜かなければその地位につくことができないのだから、当然ではあろう。学歴が高くても、書物や活字をまったく寄せ付けない人も少なくない。

こういったエリートたちの品性の堕落の背景には、知性の退廃がある。エリートは接待や金銭に惑わされて実利的・利那的な快楽の方向に流れ、それを押しとめる知性や理性を持ち合わせていない。人間を合理性の枠でしかとらえられず、人のもつ複雑な感情や過去の歴史からの教訓を学んでいないのである。

◉ 文学の力

頭のいい人はいつの世にもたくさんいるが、優等生とされる人に限って時代の先端に身をまかせていくにつれ時代の波形が見えなくなる。時勢に流されず、自立して考える姿勢を保つにはどうすればいいのだろうか。人間は、自由を求めながらも簡単に滅私奉公してしまう存在だ。それを国家によって強制される存在でもある。その意味でほんとうに自由な個人というものは存在しないし、組織や国家に帰属してしか人は生きていけない。また人間は、正しさだけで生きられるものでもない。他者や特定の理念のために生きるものでもあり、それらの葛藤の中で生きることを強いられている。

品性や教養について考えるうちに、二〇一七年度ノーベル文学賞を受賞したカズオ・イシグロ[*63]の言葉が浮かんだ。彼は、人々の心の奥に秘められている〈記憶〉を掘り起こし、耕していくことも文化であり、小説にはそのことが可能だとテレビのインタビューで語っていた。

イシグロが書く物語には、〈記憶〉が通奏低音のように繰り広げられている。現在から過去を回想する形で、違和感やむなしさといった人間の感情を細やかに描く。あやふやな記憶や思い込みをもとに会話が重ねられ、読み進めるうちに人間の弱さやお互いの記憶のずれが浮かび上がってくる。イシグロは五歳まで過ごした日本の生活をたどることで、周囲のイギリス人とは違った視点で世界を見ることができたという。著書『忘れられた巨人』（早川書房）をめぐって、発売記念の講演会（二〇一五年六月八日）でこう語っている。

＊63　カズオ・イシグロ（一九五四〜　）長崎県出身の日系英国人小説家。日本名・石黒一雄。代表作『日の名残り』。ノーベル文学賞受賞。

21世紀は非常に多くの情報が行き交う時代ですが、気持ちを分かち合うためには、お互いに何を感じているのかを伝え合わなければいけません。例えば、多くの人が飢饉で亡くなったことに対し、その事実だけではなく、飢えるとはどういうことなのか、何を感じるのか。子どもが飢えて死んでいくさまを見ている親の痛み、苦しみはどのようなものか。そういうことを伝えたいのです。

時代や空間を超え、〈記憶〉をとおして伝えられる人間の感情。それは普遍的で、変わることのないものではないか、とイシグロはいう。普通の暮らしの中で私たちの心を励まし、慰め、ゆさぶるのは、過去の鮮やかで細やかな〈記憶〉だ。表面的なデータだけでは汲みとれない人間性への深い理解が求められている。古典や小説を読み、過去の物語を知ることで、現在の課題に取り組んでいかねばならない。そのような人間の叡智が、時代を切り開くリーダーたちに求められていることはいうまでもない。

◉「公共性」とファシズム

「平成」という時代が終わり、「昭和」という時代がさらに遠くになろうとしている。棚町が徴兵免除の誤りを指摘し、召集に応じて戦線に向かったときの思いを現代に伝えるのは難しい。だが、生き死によりもっと大事なものを信じていた時代が確かにあったのだ。

最初は正しい戦争だと信じ、ごく自然に戦争に協力していた。やがて自主的かつ積極的に戦争協力させられていく。それが戦争の怖さである。「私は洗脳されない」「詐欺にはひっかからない人間だ」というような感じで「戦争が起こりそうになったら事前に反対できる」と考えるなら、戦争阻止の役に立たない。現代がどのように動いているかを見究めるのは、かなり難しい。

棚町が〝洗脳〟されたというその時代の勢いをどう捉えるか。社会全体が個々人を飲み込み、一定の考えに染めていく背景には、権力者による「思想戦」が展開されたとみることもできる。メディアを取り込み、国民すべてを動員していく国家の総力戦体制がそれにあたる。メディア研究者の佐藤卓己京都大学教授が著書『ファシスト的公共性――総力戦体制のメディア学』（岩波書店、二〇一八年度毎日出版文化賞受賞）をとおして提起した課題は重い。

第一次大戦後、ドイツのヒトラー政権によるラジオなどのメディアを通じた情報操作が市民の「参加」と「共感」を軸にファシズムを出現させた。戦前の日本も同様に、総力戦体制による情報宣伝政策が実施されていた。「ファシスト的公共性」とは、一見すると形容矛盾のようでもある。これまでファシスト（ファシズム）は悪であり、公共性は善といったイメージで単純に捉えられてきたが、佐藤教授はいう。「ドイツのヒトラー政権を生んだのは大衆の政治参加による民主主義でした。また、理性的な対話に基づく市民的公共性以上に、広場に集まった群衆による街頭公共性が力を振るった歴史を忘れてはなりません」

ラジオが威力を発揮したのも「共感による合意を求めるファシスト的公共性」に適合したからだと論じている。近衛文麿首相が総裁を務めた日本放送協会でも、ナチス政権の宣伝技術をまねたヒトラー・プログラムによってラジオ放送を行った。「ラジオから流れるのはなんでも正しい」「ラジオの声は神の声」と国民に受け止められたという。

佐藤教授は、「思想戦のかけ声の下で整理統合されたメディアと情報体制は、ほとんど無傷で占領体制に組み込まれた」と指摘する。さらにその「日本軍国主義の情報統制体制」は占領軍の情報管理にも、さらにその後の高度成長期にも適合していたと見ている。しかし福島第一原発事故を機に、政界・財界・メディアがそろって「原発の安全」を唱えてきた欺瞞性が露呈された。

本当のところ、世界はどうなっているのか。何が事実なのか。二〇一六年のトランプ米大統領の登場で「ポスト・トゥルース（脱・真実）」といった新しいポピュリズム現象が現れた。フェイク（虚偽の）ニュースがあふれ、それによって人々の政治行動が左右される状況が見られる。それはすでに戦前の日本にあったものではなかったか。これから新たなファシズムが起こるとして、けっして悪のイメージをまとって出てくるわけではない。

戦争は平和である
自由は屈従である
無知は力である

これらはジョージ・オーウェル[*64]の近未来小説『一九八四年』で描かれた全体主義国家のスローガンだ。そこには「二重思考」という考え方が出てくる。あることを正しいともいえるし、まちがっているともいえると考える不思議な思考法である。平和を守るために軍事力を強化し、集団的自衛権の行使を可能にする。いや、「専守防衛」という立場にあっても他国への十分な交戦能力（先制攻撃能力）を保持しないと平和を守れない、という考え方にまで拡張しうる。

国家のための個人なのか、個人のための国家なのか。日本の歴史・伝統・家族が重視される一方、基本的人権や思想・表現の自由をめぐって制約もかけられつつある。政治をめぐる暴走・暴言が広がり、「反知性主義」

の傾向も指摘される。めぐりめぐって、この日本の姿はどこかオーウェルの予言的な小説に似てきてはいないだろうか。私たちはいま、しっかりと「国のかたち」に目を凝らすべきときなのだが、見るべきものをほんとうに見ているだろうか。

世界を見渡すと、トランプ大統領出現に象徴される「自国第一主義」が声高に叫ばれる一方、国家対国家ではなく国家対テロ組織の戦争が広がり、従来以上に戦争の危険性が広がっている。かつての日本の特攻思想の背景をなした「生きることは死ぬことだ」「悠久の大義に殉じたものは永遠に生きる」という風潮も生まれつつある。「そのような危険思想の予防接種をしておきたい」と考える作家・佐藤優は、戦時中に学生たちを戦地に送り出したときに歴史的・哲学的根拠となった哲学者・田辺元《はじめ》*65や、文部省編纂の国体論であった『国体の本義』（昭和十二年）をとりあげ、日本の国家論の見直しを迫っている。

戦前、西田幾多郎と並んで京都学派の一方の雄をなした田辺は、学生に対する講義（『歴史的現實』、一九四〇年）をとおして「お国のために死ね」と学生を戦地に送った。だが、田辺自身は敗戦前の七月、空襲に安全な北軽井沢へ退避し、戦後は隠遁的生活を送った。学者に限らず、また政治家はむろんのこと、軍部の要人も激戦地で若者に檄を飛ばしながら露骨な逃避を図った。

佐藤は著書『日本国家の神髄——禁書「国体の本義」を読み解く』（二〇〇九年）で、「「国体の本義」は、国体明徴運動の結果、生まれかねない非合理的、神憑り的な観念論を阻止するために、欧米思想と科学技術の成果を日本が採り入れることを大前提に、現代国際社会で日本国家と日本人が生き残ることを考えた当時の日

＊64　オーウェル（一九〇三〜五〇）　英国の作家・ジャーナリスト。『動物農場』『カタロニア讃歌』でも知られ、全体主義や管理社会を告発。
＊65　田辺元（一八八五〜一九六二）　哲学者・京都大学名誉教授。西田幾多郎とともに京都学派を代表した。一九五〇年に文化勲章受賞。

本の英知の結集である」と述べている。いま、日本の精神性を打ち出し、新しい神話を生み出すことによって、日本人はふたたび〈死〉を克服するようになるのだろうか。

「イデオロギーは人を殺す」とアルベール・カミュはいう（『自由の証人』）。人の思考を停止させるすべてのイデオロギーを拒否するには、脳力を鍛えなくてはならない。それには本を読み、世界の動きをよく見、自分で考え続けることだ。そのために長く読み継がれてきた古典があり、文学があり、本がある。

ただし、ヒトラーも大変な読書家だったという話だ。知性は知識の量によるのではない。ファシズム的政治の再来を防ぐには、情報を集めること自体より、俗ウケを狙った不確かな情報を見抜いてそれを取り除きうる眼力を鍛えることが重要である。

◉AI時代の教養と歴史意識

大衆消費社会・高度情報社会では情報が洪水のようにあふれかえり、〈文化〉は商品として消費される。それまで〈文化〉を善導してきた良きもの、すなわち「教養主義」や「エリート主義」は完全に死滅したわけではないものの、次第に価値や輝きを失い、社会や教育を牽引できなくなった。この先に来るものは何か。

大学生の読書に関するアンケート調査（二〇一八年、全国大学生協連）では、一日の読書時間がゼロと答えた学生が五三パーセントとなり、半数を超えた。二〇〇四年に調査項目に読書時間が加えられて以降、初めての事態だという。若い人が接するメディアは本や雑誌からスマホに変わり、細切れの情報を短時間で取得する風潮が広がっている。「活字離れ」というより、紙の本という存在感が重たすぎて若い人たちに敬遠されるようでもある。棚町ならどう反応するだろう。

大学で芥川賞・直木賞の受賞をネタに「青春と読書」というテーマで語りかけたことがある。その席で学生から「文学は高齢者のものでしょう。私たちはバイトや就職活動に忙しく、本を読む時間がありません」と言われ、そのあっけらかんとした口ぶりに絶句させられた。フランス文学者・鹿島茂もまた東京大学で講義中、学生から「先生、ドストエフスキーって何ですか?」と質問され、「ついにその日がやってきた」と書いている（毎日新聞書評）。鹿島は面白おかしく誇張したのかもしれないが、笑いごとではない。〝その日〟は確実に近づこうとしている。

「日本の中高校生の多くは、中学校の教科書の文章を正確に理解できない」「多くの仕事がAＩ（人工知能）に代替される将来、読解力のない人間は失業するしかない」。気鋭の数学者・新井紀子（国立情報学研究所教授）は著書『AＩ v.s 教科書が読めない子どもたち』（東洋経済新報社、二〇一八）で、日本人の決定的な教科書読解力の不足を明らかにした。AＩより優位にたてるはずの人間は読解力で十分な能力を身につけておらず、日本の教育が育てているのはいまだにAＩに代替される能力だという。そこで新井は「人間らしく、そして生きものらしく柔軟になること」「AＩが得意な暗記や計算に逃げずに、意味を考えること」を提言している。

小説や書物を時間をかけて読むことが結論を急ぎがちな現代人の感性に合わなくなっているとすれば、私たちの言葉はいつしかやせ細り、薄っぺらなものになる。インターネットで検索すればなんでも手っ取り早くわかるといったところで、それは錯覚にすぎない。世界を知ることは考えることを伴うのだから。とはいえ、そう語れば語るほど周囲から冷眼視され、時代の潮流《トレンド》から取り残されていくようでもある。

この棚町の評伝を書いているとき、読書教育熱にかぶれ、有明高専の図書係の机でガリ切り（謄写版印刷で鉄筆を使って蠟《ロウ》原紙へ文字を書き込むこと）をしていた棚町の思い出がよみがえった。著者もまたガリを切るのが大好きで、小学校の学級新聞作りにも熱中して取り組んでいた。緻密な棚町と粗忽者の私とでは性格が異なるが、そういう手作り印刷物への執着だけは共通していた。

著者がコラム集『ほんの昨日のこと――余録抄二〇〇一～二〇〇九』（みずのわ出版）を棚町に送ったとき、「炭鉱のテーマに始まり、本屋さんで終わっていて、いかにも君らしい」という返事が届いた。「本屋の気持ちがわかるようになったんだね」と喜ぶ棚町の声が聞こえる気がして、うれしかった。知らないうちにライブラリアンの心情が私の中にも巣食っていたといえなくもない。

著者は「図書館を使った調べる学習コンクール」（主催・公益財団法人図書館振興財団など）で二十年にわたって最終審査委員を務めている。図書館を活用して子供たちに主体的・対話的な深い学びをしてもらおうというもので、毎年冬に行われる最終審査会が楽しみだ。「おや、これはなんだろう?」。ふと、疑問が浮かんだ時から見知らぬ世界への旅が始まる。心に湧きあがったその感覚を手放さず、答えへの入口を探しながら、汗をかきかきペダルを漕ぐ子供たちの姿が目に浮かぶ。ワクワク、ドキドキする子供たちの「いのち」のときめきが伝わってくる。そんなみずみずしい感性と豊かな想像力を持つ子供たちを、どうすれば育むことができるか。教育の世界に深くかかわってきた著者にとっての、変わらぬ自問である。

「いつでも自分が本当に感じたこと、真実心を動かされたことから出発し、その意味を考えていく」

棚町式国語教育では、各自の読書ノートに共感した部分をひたすら書き写すよう指示された。そしてしばらく時間をおいてから、その文章に向き合うことを求められた。それはいつしか私の日々の習性となり、ずっと大切にしてきたことである。

棚町自身は文学者としてというより、科学者としての姿勢を貫いた。自分の内面を一応カッコに入れ、自己と時代を客観的に冷静に見つめようとした。そのうえで棚町はこう強調していた。「すべてを信じないほうがいい。本であれ、私であれ。だけど学び続けることは人生の最大の楽しみであり、社会への動きには冷静に目を凝らさなければいけない」と。

棚町が他界した二〇一〇年ごろを境に、急激にスマートフォンの時代に変わってきたと「はじめに」で書いた。開けばなんでも答えてくれるスマホを手にした世代に読書案内は通用しないし、棚町式読書教育などは時代錯誤の極致ともいえる。三十年余り続いた〈平成〉も終わりを迎え、〈昭和〉はいっそう遠くなろうとしている。それとともに人格・人情・情緒・教養・主体性……といった人間にとって大切な要素が希薄になり、消えようとしているようにも思える。

歴史を見つめること、それは自分という存在に過去と未来の橋渡しをする役割があるということだ。父の世代がどう生きたかを見つめ批評することで、現在の自分と現代への捉え返しも可能となる。父や母たちが生きていた時代のエートス（精神）とは何であったか。そのことを問い直していくことが歴史のバトンを引き継ぐことにほかならない。棚町から受け取ったボール（時代精神）を、子の世代の私を含めた団塊の世代はどのように受け止め、次の走者にどう渡せばいいか。いまなお戸惑うばかりである。

ラグビーでは、楕円形のボールを次々と後方へパスしながら、全体としては前へ、敵陣へと進んでいく。私からのランニングパスをひょいと受け取ってくれる若い人々はいるのだろうか。ひょっとしたらこの本を読む見知らぬ読者のなかにいるのかもしれない。

棚町知彌略年譜

西暦	和暦	年齢	棚町家関係事項	社会の出来事
一八九〇	明治23		11月 丈四郎、福岡県三井郡味坂村で佐々木正蔵（衆議院議員）四男として誕生	7月 第一回総選挙
一九〇二	明治35		4月 久留米・明善中学入学	1月 日英同盟調印
一九〇七	明治40		9月 第五高等学校入学	2月 足尾銅山暴動
一九一〇	明治43		9月 東京帝国大学法律学科入学	8月 韓国併合調印
一九一二	大正元		1月 福岡県三井郡小郡村の棚町五十吉の婿養子となり、長女ユキと結婚	1月 中華民国成立 7月 明治天皇崩御
一九一四	大正3		6月 東京帝国大学法律学科（英法専修）を卒業 8月 司法官補	6月 第一次世界大戦始まる
一九一六	大正5		3月 東京地裁検事局勤務 8月 大阪地裁検事局へ	12月 夏目漱石没
一九二五	大正14	0	8月 **知彌誕生** 10月 東京区裁の上席検事	治安維持法、普通選挙法通過
一九二九	昭和4	4	8月 東京控訴院検事	11月 金解禁

西暦	和暦	年齢	棚町家関係事項	社会の出来事
一九三一	昭和6	6	8月 東京地裁次席検事	8月 満州事変
一九三二	昭和7	7	1月 大審院検事事務取扱 4月 知彌、成蹊学園入学	3月 満洲国建国宣言
一九三三	昭和8	8	3月 欧米出張。外務省事務嘱託	3月 小林多喜二虐殺
一九三四	昭和9	9	2月 欧米より帰朝。大審院検事に	4月 司法省、思想検事を置く
一九三六	昭和11	11	6月 長崎地裁検事正	2月 二・二六事件
一九三七	昭和12	12	12月 名古屋地裁検事正	7月 日中戦争始まる
一九三八	昭和13	13	4月 知彌、成蹊学園尋常科（中等科）進学 12月 丈四郎死去（享年五十）	4月 国家総動員法公布
一九四一	昭和16	16		12月 太平洋戦争始まる
一九四二	昭和17	17	4月 成蹊高校文科甲類（英語）に進む	6月 ミッドウェー海戦
一九四三	昭和18	18		12月 学徒出陣
一九四四	昭和19	19	10月 北海道帝国大学理学部数学科入学 12月 入営のために休学	7月 サイパン守備隊全滅
一九四五	昭和20	20	8月 北京・安定門場外の陸軍通信学校で敗戦を迎える	8月 原爆投下・ソ連参戦・終戦
一九四六	昭和21	21	3月 米国陸軍第三地区民間検閲局勤務（演劇担当主任）	1月 天皇人間宣言

西暦	和暦	年齢	棚町家関係事項	社会の出来事
一九四八	昭和23	23	6月　演劇雑誌『リドウ』発刊	4月　新制高校発足
一九四九	昭和24	24	11月　民間検閲局閉鎖により退職	10月　中華人民共和国設立
一九五〇	昭和25	25	1月　外資系石油会社に就職	6月　朝鮮戦争勃発
			4月　九州大学文学部国語国文学科入学	
一九五一	昭和26	26	10月　飯尾昭子と結婚	9月　対日平和条約・日米安全保障条約調印
一九五三	昭和28	28	4月　九州大学大学院（旧制）文学研究科入学	3月　スターリン没
一九五四	昭和29	29	2月　長男久弥誕生	3月　ビキニ水爆実験
一九五五	昭和30	30	3月　九州大学大学院修士課程修了	10月　日本社会党統一
			4月　福岡市立博多工業高校教諭	11月　自由民主党結成
一九五七	昭和32	32	2月　次男文弥誕生	10月　ソ連人工衛星一号
一九六〇	昭和35	35		安保闘争・三池争議激化
一九六三	昭和38	38	4月　国立有明高専助教授（国語）	11月　三井三池三川鉱ガス爆発。四五八人死亡、戦後最大の炭鉱事故
一九六六	昭和41	41	『近世太宰府天満宮連歌史』で科学研究費取得	8月　中国文化大革命
一九六七	昭和42	42	4月　国立有明高専教授	10月　第一次羽田闘争
一九六八	昭和43	43	4月　学生主事補（～一九七〇年度）	東大・日大から大学闘争拡大

西暦	和暦	年齢	棚町家関係事項	社会の出来事
一九七〇	昭和45	45	『太宰府天満宮連歌史研究』で科研費取得 『北野杜古代記録の芸能史研究』（同～一九七一年度）	11月　三島由紀夫自決
一九七二	昭和47	47	『天満宮の連歌史・芸能史研究』（同～一九七三年度）	3月　連合赤軍事件発覚
一九七三	昭和48	48	9月　文部省在外研究員として欧米視察	10月　第四次中東戦争、石油ショック騒動
一九七六	昭和51	51	4月　山口大学教養部教授	2月　ロッキード事件
一九七八	昭和53	53	4月　長岡技術科学大学工学部教授	5月　成田空港開港
一九八一	昭和56	56	4月　国立国文学研究資料館教授	3月　神戸でポートピア博
一九八九	平成元	64	4月　園田学園女子大学近松研究所所長	1月　昭和天皇崩御 天安門事件・ベルリンの壁崩壊
一九九五	平成7	70		1月　阪神淡路大震災 3月　地下鉄サリン事件
一九九九	平成11	74	3月　近松研究所退職	1月　EC統合市場
二〇一〇	平成22	84	7月20日　**肺炎のため死去**（享年八十四）	9月　尖閣列島沖で中国船が海保庁巡視船に衝突
二〇一一	平成23		9月　国立女性教育会館内に「棚町知彌コレクション」コーナー開設	3月11日　東日本大震災・福島第一原発事故発生

参考文献

【棚町関連論文】

●「棚町知彌氏にきく――占領下の福岡博多を中心とする、演劇検閲と地方演劇の状況」『歌舞伎研究と批評』二十五号、平成十二年六月、宮田繁幸・岩井眞實・永井美和子による聞書

●「昭和二十三年、大板井で編集された演劇雑誌『リドウ』のことども」『背に廻った未来小郡市制30周年野田宇太郎文学資料館15周年記念誌』平成十四年十二月、井上洋子・長野秀樹・入口敦志による聞書

●「棚町知彌氏に福岡検閲局時代を聞く」『平和文化研究』（長崎総合大学長崎平和文化研究所）二十七集、平成十七年、横手一彦による聞書

●「棚町知彌氏に福岡検閲局時代を聞く――その二」『敍説Ⅱ』（花書院）十号、平成十八年一月、横手一彦による聞書

●「日本の敗戦期と敗戦後に生きる――豊島猛、山地久造、棚町知彌の三氏に聞く」『平和文化研究』二十八集、平成十八年、横手一彦による聞書

●『九州地区演劇　占領期GHQ検閲台本　目録――西日本自立演劇史考』『演劇研究』（早稲田大学坪内博士記念演劇博物館）二十九号、平成十八年三月

●「GHQ演劇検閲のころ――一九四〇年代文学研究の基底を探って」『演劇研究』三十一号、平成十九年三月

●「一九四〇年代文学研究の基底――『迷路』を座標軸としてたどる能楽界の戦中期」『手紙と日記―対話する私／私との対話―』第31回国際日本文学研究集会会議録、平成二十年三月

●「能楽界の戦中期――一九四〇年代の基底を尋ねて」『演劇研究』三十二号、平成二十年三月

●「終戦の日まで五年／終戦の日より五年――一九四〇年代の演劇界情報・鶏肋」『演劇研究』三十三号、平成二十一年三月

【一般図書】

●長田　弘『世界は一冊の本』晶文社、一九九四
●長田　弘『われら新鮮な旅人 詩集』思潮社、一九六五
●吉野源三郎『君たちはどう生きるか』岩波文庫、一九八二
●村上信彦『音高く流れぬ』（三一書房・全四巻）一九五八
●半藤一利『昭和史　1926～1945』平凡社、二〇〇九
●半藤一利『昭和史　戦後編1945～1989』平凡社、二〇〇九
●河原　宏『日本人の「戦争」』講談社学術文庫、二〇一二
●加藤陽子『戦争の日本近現代史』講談社現代新書、二〇〇二
●辺見　庸『完全版　1★9★3★7』上・下巻、角川文庫、二〇一六
●荻野富士夫『思想検察』岩波新書、二〇〇〇
●荻野富士夫『多喜二の時代から見えてくるもの――治安体制に抗して』新日本出版社、二〇〇九
●荻野富士夫『特高警察』岩波新書、二〇一二
●鶴見俊輔『戦時期日本の精神史 1931～1945年』岩波書店、一九八二
●鶴見俊輔『戦後日本の大衆文化史 1945～1980年』岩波書店、一九八四
●鶴見俊輔『鶴見俊輔集』筑摩書房、一九九一～二〇〇一
●久保田万太郎『久保田万太郎全集』全15巻、中央公論社、一九六七～一九六八
●吉本隆明『高村光太郎』講談社文芸文庫、一九九一
●丸山眞男『増補版　現代政治の思想と行動』未來社、一九六四
●丸山眞男『戦中と戦後の間　1936～1957』みすず書房、一九七六
●丸山眞男『忠誠と反逆――転形期日本の精神史的位相』ちくま学芸文庫、一九九八
●橋川文三『近代日本政治思想の諸相』未來社、一九六八

●橋川文三『増補　日本浪曼派批判序説』未來社、一九六五
●橋川文三・松本三之介『近代日本政治思想史Ⅱ』有斐閣、一九七〇
●渡辺京二『逝きし世の面影』葦書房、一九九八
●井上光晴『井上光晴作品集』全3巻、勁草書房、一九六五
●坂口安吾『坂口安吾全集』全17巻＋別巻、筑摩書房、一九九八〜二〇〇〇
●火野葦平『火野葦平戦争文学選』（全7巻、社会批評社、二〇一三〜二〇一五
●江藤　淳『閉された言語空間――占領軍の検閲と戦後日本』文春文庫、一九九四
●江藤　淳『一九四六年憲法――その拘束』文春学藝ライブラリー、二〇一五
●甲斐　弦『GHQ検閲官』葦書房、一九九五
●山本武利『占領期メディア分析』法政大学出版局、一九九六
●山本武利『GHQの検閲・諜報・宣伝工作』岩波現代全書、二〇一三
●磯田光一『戦後史の空間』新潮選書、一九八三
●加藤典洋『戦後入門』ちくま新書、二〇一五
●加藤典洋『増補　日本人の自画像』岩波現代文庫、二〇一七
●高橋　敏『国定忠治』岩波新書、二〇〇〇
●佐藤　優『人間の叡智』文春新書、二〇一二
●佐藤　優『日本国家の神髄――禁書「国体の本義」を読み解く』扶桑社、二〇〇九
●佐藤　優『学生を戦地へ送るには――田辺元「悪魔の京大講義」を読む』新潮社、二〇一七
●保坂正康『父が子に語る昭和史』PHP研究所、一九九〇
●保坂正康『昭和史の怪物　七つの謎』講談社現代新書、二〇一八
●吉野孝雄『過激にして愛嬌あり――宮武外骨と『滑稽新聞』』ちくま文庫，一九九二

●山折哲雄『教えること、裏切られること』講談社現代新書、二〇〇三
●新井紀子『AI vs.教科書が読めない子どもたち』東洋経済新報社、二〇一八
●池田知隆『新聞記者』実業之日本、一九九二
●ショウペンハウエル（渡部昇一編訳）『【新訳】読書について』PHP研究所、二〇一二
●池上彰・上田紀行・中島岳志・弓山達也『平成論――「生きづらさ」の30年を考える』NHK出版新書、二〇一八
●前川喜平・青砥恭・関本保孝・善元幸夫・金井景子・新城俊明『前川喜平　教育のなかのマイノリティを語る』明石書店、二〇一八
●中谷　巌『「AI資本主義」は人類を救えるか――文明史から読みとく』NHK出版新書、二〇一八
●10・8山﨑博昭プロジェクト編『かつて10・8羽田闘争があった』［寄稿篇］［記録資料篇］合同フォレスト、二〇一七～一八
●山本義隆『近代日本一五〇年――科学技術総力戦体制の破綻』岩波新書、二〇一八
●佐藤卓己『ファシスト的公共性――総力戦体制のメディア学』岩波書店、二〇一八
●毎日ムック『戦後50年』毎日新聞社、一九九五

【雑誌・論集】

●山田輝彦『兵隊は悲しきかなや――鎮魂・火野葦平』上・下　文学批評　誌『敍説』第Ⅷ号、一九九三、河伯洞記念誌『あしへい』創刊号再録、創言社、二〇〇〇
●『有明高専十年史』国立有明工業高等専門学校、一九七四
●『有明高専二十年誌』国立有明工業高等専門学校、一九八三
●『吾等讃えんその名成蹊　旧制成蹊高等学校八十周年記念誌』社団法人成蹊会、二〇〇五

＊このほか多数の新聞・雑誌を参照しました。

おわりに

「乞《こう》、御批正」

封筒の表紙に独特の文字で書き記して、棚町さんは晩年、論文やあちこちに書き綴った資料を私の手元に送ってきた。会えばいつも、自分はお酒を一滴も飲めないくせに、呑ン兵衛の私に四、五時間にわたって昔話を語り明かした。フンフンとうなずきながら酒を飲み続けるだけの私を相手に、よくも話題が続いたものだ。私は一度だって「棚町さんのことを書きますよ」と言った覚えはない。それなのに「お前はいずれ、私のことを書くだろう」と勝手に思い込んでいたようだ。

棚町さんは徹底した資料の保存魔である。幼少期の学校の調査書、通信簿、はがきや手紙、各種証明書、役所との交渉記録など、残している資料は膨大にあった。それに比べ、日記など個人的な感想やそのときどきの思いを率直に綴った文章が少ない。すべては事実、資料をして語らしめよといわんばかりに、行動の記録は丁寧に残している。事実としてこのような足跡をたどったので、それをもとに判断してほしい、ということだろう。

どこかに「自分で自分のことを語ることは卑しいこと」との思いがあったのかもしれない。その一方、自分のことをもっと知ってほしい、という願いも強く持っていた。もちろん、自分を語ることが卑しいはずはない。けれども、自己を凝視し、おのれを語ることは容易なわざではない。芥川龍之介の箴言集《アフォリズム》『侏儒《しゅじゅ》の言葉』に次のようなものがある。

文を作らんとするものはいかなる都会人であるにしても、その魂の奥底に野蛮人を一人もっていなければならぬ。

野蛮なところのない人物の評伝など無味乾燥だ。人間としての感情や生理がともなわない伝記は、社会的に生きてきた証拠資料という程度の意味しかない。だが、体験が絶対視されれば、救いがたいほどの視野狭窄に陥りがちとなる。陳腐な正論や自慢話は、当人の意に反して耳障りのいいものにはならない。成功者の手柄話はいつしか鼻についてしまう。

評伝を書くことは、対象と自分との間、自分と周囲の人間との間に鋭い刀を入れ、鮮やかな切り口から噴き出す血を浴びることである。自分をさらけ出すだけではなく、他人、とくに親しい人さえも切り刻み、返り血を浴びることに甘んじなければならない。自分という人間に巣くっている俗物性も露出する。それはけっして生半可なことではない。

私はビタミンで、栄養は本そのものにある。

棚町さんはつねづね、「こんなものがあるけど読んでみたら。あとは君らの責任だが」と言って多彩な本を差し出してきた。それは、若い人への〝洗脳〟に自分は直接手を汚したくないとの思いがあったのかもしれない。私は栄養ではない。栄養を吸収して〝洗脳〟されたとすれば、責任は作者とともに本に触れた君たち自身にある、と言いたかったのだろうか。「私はビタミンにすぎない」と居直るこの表現は、じつに絶妙だ。

▲母校・有明高専で講演する著者（2006年）

棚町さんは数々の歴史的現場に立ち会っている。では、そのような体験をとおして棚町さんは何を感じ、どのように生きてきたのか。改めて聞きたくなることが少なくない。そのような内省は私にも欠けているだけに、強くそう思う。昭和史について野上彌生子『迷路』を、戦争体験については野間宏『真空地帯』や大西巨人『神聖喜劇』、大岡昇平『俘虜記』を読むように薦められた。晩年には九州の作家・火野葦平の作品を読んでほしいと語った。棚町さんはそれらの書物に自分の人生を投影し、作品をとおして自分への理解を深めてくれと願ったようだ。

晩年、昭和期をとおしてさまざまな女性が執筆し、署名した本を集めた。自筆署名の文字を介して人物像をしのび、赤裸々な生き方に惹かれたようだ。女性は男性に比べて世間体を気にせず、率直に自分を語っている。そのことをうらやましく思っていたのかもしれない。棚町さんは「私の昭和史を書きたい」と言いながら結局のところ自らは書かず、著者に委ねようとした。

棚町さんが亡くなって八年。私も年を重ね、自分なりに人生の宿題の整理に取り掛からなくては、と思っていたとき、部屋の片隅に押し込んでいた段ボール箱に詰まった棚町資料が現れた。「これが私に関するデータベース。これを活用してそろそろ昭和の記録をまとめてほしい」。そんな棚町さんの声がどこからか聞こえてきた。

しかし、いざ書こうとすると評論するには難しい人だと戸惑った。数々の論文はあっても、棚町自身の生の言葉でまとめられた作品論はない。断片的な言葉や写真は資料として残されているが、言葉の行間や写真の裏側に潜んでいる思いを掬《すく》い上げるのは容易なことではない。そこに、下手に失敗する自分を許せないとする棚町の矜持を見ることもできる。どうしても手堅く守り、振る舞おうするしかなかった。それらは、数学少年として育ち、大学数学科を選んだ棚町の理系的側面、何よりも揺るがない事実そのものをみつめようとする精神、そして生来の厳格さが働いてのことか。文理両面に長けていても、どちらかといえば理の人なのだ。

いま、私自身も年を重ねるほど、青春期のことがあざやかに浮かんでくる。青春の生き方を振り返ることを晩年のテーマにした棚町さんのことを思うとき、脳裏に浮かぶのが次の有名な詩の一節だ。

年をとる　それは青春を
歳月のなかで組織することだ
ポール・エリュアール（大岡信訳）

「組織する」というと少し硬い言葉のようだが、その詩の中では新鮮で、心に響いてくる。青春期、さまざまな想念に惑わされ、さまよい、こんがらがってしまった思考の糸をときほぐし、それを組み立て直して織り上げていく。人生経験を重ねていく縦糸に、日々の思いを横糸として織り込んでいくうち、やがて一枚の夕ペストリー（壁掛け）ができあがる。そこに描き上げられる個性的な絵柄が人の生涯なのだろう。さらにいえば、矛盾に満ちているほうがより魅力的で、人間的な人生かもしれない。

その詩を知るまで、私は「総括する」という言葉に深くとらわれ過ぎてきた。若いころの夢や悩み、苦しみや恥、そのすべてを「総括」という形で決着をつけ、過去のことととして切り離すのではなく、歳月の中に取り込んで再構築していく。そのほうがごく自然に人生が見えてくる。

棚町さんの評伝を作成するにあたり、棚町さんがあちこちに書き綴っていた断片的な資料をジグソーパズルの小片をはめ込むようにして年代記を綴った。それぞれの資料をどう読むべきか、わかりにくいことも多々あった。結果的に、評伝というより資料を羅列した覚え書きのようになってしまった。もっと丁寧にご家族や友人の方々に取材すれば、より陰影に満ち、膨らみのある棚町像が浮かび上がったことだろう。

それでも棚町さんの人生を俯瞰すると、それぞれの時代とともに生きようとする彼の「心棒」が通っているのがわかる。その場その場を懸命に生き、目前に示された課題に対してがむしゃらに、ひたむきに立ち向かっている。その熱気が棚町さんのすべてかもしれない。人間としての深みや幅、生身の人間としての表と裏、それらをじっくり観察できていないとすれば、著者の力不足というしかない。

★

棚町さんが亡くなった翌二〇一一年三月十一日、東日本大震災と福島第一原発事故が起きて以後、秘密保護法、安保法制が次々と施行され、国家による統制が強化されている。関東大震災後の二年後に治安維持法が成立し、軍国主義に移行していったあの昭和初期と似てきたように思えなくもない。「平和を成す」ともいえる平成の世も残りわずかとなり、明治維新から百五十一年目となるのを機に、新たな元号とともに新しい時代が始まろうとしている。

「昭和」は四書五経の一つ『書経』堯典の「百姓昭明、協和萬邦」に由来し、「国民の平和および世界各国の共存繁栄を願う」ことを意味する。その昭和前期に平和から戦争へどのように時代が流れていったのか。昭和の年号とともに年を重ねた戦中派の人生の記録をたどることで、私もほんの少しだが理解することができたように思う。

ここまで書いてきて、「三たび〝洗脳〟を許してはならない」という棚町さんの声が聞こえてくる。棚町さんはまだ生きているように思える。亡くなったのはほんとうだとしても、死んでいることと生きていることでは、どのくらい違うのだろう。遠いようで近いような、妙な感じがする。

そうはいっても、そろそろ手を振ってお別れする時間がきたようだ。ひとまずここで筆を擱《お》く。この記録が次世代の人々へ〈戦中派〉の人生を伝える一助となっていれば、うれしい。

この本のタイトル「読書と教育」をめぐる棚町イズムは、あらためて私の体内にも深く貫かれていることを実感させられている。大学では政治学を専攻する一方で教職課程を取得し、東京・中野二中で教育実習まで受け、教職への関心を持ち続けた。結局、「広角レンズで社会を見たい」と新聞記者の道を選んだが、教育問題をライフワークとして追い続けてきた。

そのことが縁で大阪市の教育委員として教育行政にもかかわり、退職後は「市民による学びと交流の場」をめざして大阪自由大学を二〇一二年七月に立ち上げた。いまは多彩な講演会、講座、歴史散歩などの催しのほかに読書カフェを毎月一回開き、いろんな人との出会いを楽しんでいる。つまるところ、「一書生」として生きる楽しみを棚町さんに教え込まれていたようでもある。棚町先生、ありがとう。

この棚町知彌伝をまとめるにあたり、棚町さんの資料を快く提供いただいた昭子夫人や実弟の棚町祥吉さん、校正をしていただいた石上凞《ひろ》子氏のほか、三室勇、田中道雄、瀬戸洋、入口敦志、横手一彦、水田かや乃の各氏のご協力に、あらためて深く感謝の意を表します。また、編集者の森ひろし氏にご助力をいただいた。森氏の的確な助言と精力的な編集作業がなければ、完成にこぎつけることはできなかった。最後に、厳しい出版状況にもかかわらず快く刊行を引き受けてくださった株式会社現代書館・菊地泰博社長に心から御礼を申し上げます。

二〇一九年三月二十二日

池田知隆

▶戦中派ライブラリアンの肖像

▲師弟対酌シテ相軽ンズ…

池田知隆《いけだともたか》

ジャーナリスト、一般社団法人大阪自由大学理事長。

一九四九年熊本県に生まれる。国立有明工業高等専門学校電気工学科、早稲田大学政治経済学部政治学科卒。毎日新聞社入社後、社会部、学芸部副部長、編集委員などを経て、論説委員兼学芸部編集委員を最後に二〇〇九年定年退職。大阪市教育委員会委員長、追手門学院大学客員教授を歴任し、関西大学、同志社女子大学などで講師を務めた。著書に『どうなる！大阪の教育――橋下・教育基本条例を考える』（編著、フォーラム・A）、『ほんの昨日のこと 余録抄2001～2009』（みずのわ出版）、『団塊の〈青い鳥〉』（現代書館）、『日本人の死に方・考』（実業之日本社）などがある。

E-mail peb00015@nifty.com

池田知隆オフィシャルサイト http://ikedatomotaka.main.jp

大阪自由大学ホームページ http://kansai.main.jp

読書《どくしょ》と教育《きょういく》

戦中派《せんちゅうは》ライブラリアン・棚町知彌《たなまちともや》の軌跡《きせき》

二〇一九年四月十五日 第一版第一刷発行

著者 池田知隆

発行者 菊地泰博

発行所 株式会社現代書館

東京都千代田区飯田橋三―二―五

郵便番号 102-0072

電話 03（3221）1321

FAX 03（3262）5906

振替 00120-3-83725

組版・装丁 森編集事務所

印刷所 平河工業社（本文）

東光印刷所（カバー）

製本所 積信堂

ISBN 978-4-7684-5855-6

定価はカバーに表示してあります。乱丁・落丁はおとりかえいたします。

http://www.gendaishokan.co.jp/